McGRAW-HILL·LECTURA

Contributors

The Princeton Review, Time Magazine

The Princeton Review is not
affiliated with Princeton
University or ETS.

McGraw-Hill School Division
A Division of The McGraw·Hill Companies

McGraw-Hill School Division
Two Penn Plaza
New York, New York 10121

Printed in the United States of America

ISBN 0-02-184844-0
   3 4 5 6 7 8 9 027/043 04 03 02 01

Macmillan/McGraw-Hill Edition

McGRAW-HILL·LECTURA

Autores

María M. Acosta

Kathy Escamilla

Jan E. Hasbrouck

Juan Ramón Lira

Sylvia Cavazos Peña

Josefina Villamil Tinajero

Robert A. DeVillar

McGraw-Hill
McGraw-Hill
School Division

New York   Farmington

Vivencias

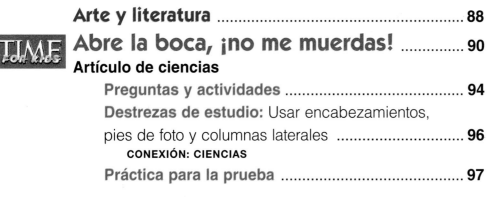

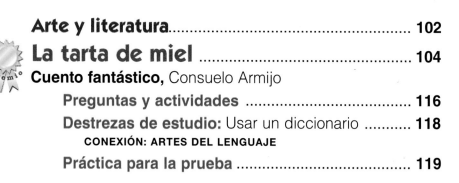

UNIDAD 2

Hombro con HOMBRO

UNIDAD 3

Vuelo de voces

Sorpresas

UNIDAD 5

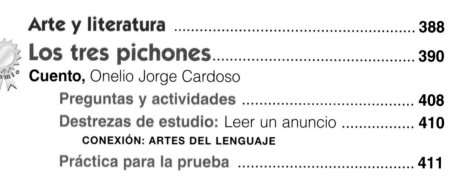

Haz un plan

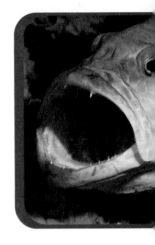

13

Nuevas ideas

Vivencias

FUEGO INFANTIL

La abuela de los ojos apagados
nos narraba en las noches de velada
lances de caballeros embriagados
de romance, de novias y de espada.

Y cuentos de palacios encantados
por la varilla mágica de un hada...
diabólicos, de monstruos espantados,
divinos, de princesa sonrosada.

Y una noche de rayos y de truenos,
su hueca voz llena de ritmos buenos,
en lenta gradación se iba extinguiendo.

El perro aulló. —¡Tan!— dijo la campana,
una ráfaga entró por la ventana
¡y la abuelita se quedó durmiendo!

Luis Palés Matos

Arte y Literatura

Al igual que un cuento, una pintura puede mostrar una época y un lugar, y presentar personajes en un ambiente determinado.

Observa la pintura. ¿Cómo es el paisaje? ¿Qué elementos usa el artista para crear una escena apacible? ¿Cómo crees que se sienten las personas de la pintura? ¿Qué te hace pensar eso?

Cierra los ojos. ¿Qué elemento de la pintura te viene a la mente? ¿Por qué crees que recuerdas precisamente ese elemento?

Recogiendo berros a la orilla del río
William F. Witherington
Galería Owen Edgar, Inglaterra

El Lago Perdido

Allen Say

El verano pasado fui a vivir con papá.

Desde la mañana hasta la noche, papá se pasaba el día trabajando en su habitación. Algunas veces trabajaba hasta los fines de semana. Papá, que no era un gran hablador, no decía ni una palabra cuando estaba ocupado.

Yo pasaba la mayor parte del tiempo en casa porque, además de que hacía demasiado calor como para salir a jugar, no conocía a nadie en la ciudad. En un mes ya había terminado todos los libros que había traído y estaba cansado de mirar televisión.

Una mañana, para no estar de brazos cruzados, me puse a recortar fotos de unas revistas viejas. Recorté fotografías de montañas, ríos y lagos; en algunas, se veía gente pescando y remando en canoas. Verlas me hacía sentir menos calor, así que las clavé con tachuelas en mi habitación.

Pasaron dos días antes de que papá se diera cuenta de que había puesto las fotos. Cuando las vio, se puso a mirarlas una por una.

—Bonitas fotos —me dijo.

—¿Estás enojado conmigo, papá? —le pregunté. Sabía que él guardaba las revistas para usarlas en su trabajo.

—No te preocupes, Lucas —me contestó—. Justo estaba planeando que pintaran el apartamento.

Papá creyó que me refería a la marca que dejarían las tachuelas en las paredes.

Ese sábado, papá me despertó muy temprano y me dijo que nos íbamos a acampar. ¡Estuve listo en un instante! Me dio a probar un par de botas de montaña sin estrenar, que me quedaron perfectas.

En el pasillo, nos esperaban una mochila enorme y otra más pequeña, ya listas.

—¿Qué tienen adentro, papá? —le pregunté.

—Después lo verás —me contestó—. Tenemos un largo viaje por delante.

En el auto no me atreví a hacer más preguntas. Papá estaba siempre como de mal humor por las mañanas.

—¿Quieres un sorbito? —me dijo y me pasó su taza. Era la primera vez que me daba a beber café. Tenía muchísima azúcar.

—¿A dónde vamos? —le pregunté finalmente.

—Vamos al Lago Perdido, hijo.

—¿Es que acaso un lago puede estar perdido?

—Está perdido porque nadie lo ha encontrado —dijo papá con una sonrisa—. Hace muchos años, tu abuelo y yo solíamos ir a ese lago. Era "nuestro" lago. Así que no le cuentes a ninguno de tus amigos dónde queda.

—Nunca —le prometí—. ¿Cuántos días vamos a estar en el lago?

—Unos cinco días... quizás una semana.

—¿Vamos a dormir al aire libre durante una semana entera?

—Ésa es la idea.

—¡Ay, mi madre!

Llegamos a las montañas por la tarde.

—De aquí al lago hay que caminar un buen trecho, hijo
—me advirtió.

—No hay problema —le dije—. ¿Hay peces en el lago?

—Espero que sí; de lo contrario no sé qué iremos a cenar.

—¿No trajiste comida?

—Por supuesto que no. Aquí vamos a vivir de lo que nos
brinde la naturaleza.

—¡Ah... !

Papá debe haber estado bromeando porque, al ver la expresión de mi cara, empezó a reírse. El lago no podía estar demasiado lejos; lo sabía porque su mochila era tan pesada que yo no podía ni levantarla.

Él subía como una cabra de monte, a buen paso por el camino, silbando sin parar. Yo, en cambio, comencé a jadear en seguida. Sentía que mi mochila se hacía cada vez más pesada y empecé a quedarme atrás.

Papá se paró a esperarme varias veces, pero no me
dejó quitarme la mochila. Decía que si me la quitaba, después
iba a estar demasiado cansado para continuar.

Cuando llegamos al lago era casi la hora de la cena.

El lugar me recordaba el parque que había cerca del
apartamento de papá. Él había dejado de silbar y tararear.

—Bienvenido al Lago *Encontrado* —murmuró.

—¿Qué pasa papá?

—¿Acaso quieres acampar con ese gentío?

—A mí no me importa.

—Pues a mí sí.

—¿Quieres que volvamos a casa?

—¡De ninguna manera!

Sin siquiera quitarse la mochila, dio media vuelta y
empezó a caminar.

En poco tiempo dejamos atrás el lago.

Luego empezó a llover. Papá me dio un poncho para que no me mojara, pero a mí lo único que me importaba era saber dónde íbamos a pasar la noche y qué íbamos a cenar. De repente, ya no me parecía tan buena la idea de ir a acampar.

Sentí una gran alegría cuando papá se detuvo y armó la tienda de campaña. El viento y la lluvia batían la lona, pero dentro estábamos calentitos y muy a gusto. Además, papá había traído comida. Cenamos salami y albaricoques secos.

—Lamento que hayan encontrado el lago, papá —le dije.

Papá movió la cabeza y dijo: — ¿Sabes qué, Lucas? En el mundo ya no quedan más lugares secretos.

—A lo mejor si continuamos escalando, podremos encontrar nuestro propio lago —le propuse.

—Seguro que allá arriba hay muchos lagos, pero ninguno será tan especial como ése.

—Tenemos una semana entera para encontrar uno aún más especial, papá.

—¿Y por qué no? A lo mejor encontramos un lago que no está ni en el mapa.

—¡Seguro que sí!

Comenzamos nuestra búsqueda temprano en la mañana. Cuando se disipó la niebla vimos a otros excursionistas que iban delante de nosotros. Al verlos, papá se puso de mal humor.

—Me parece a mí que vamos a seguir a campo traviesa, compañero —me dijo.

—¿Y si nos perdemos?

—Un hombre precavido nunca sale sin su brújula.

Nos salimos del camino y empezamos a caminar.
Montañas y colinas se extendían en todas direcciones. Era
un lugar un poco solitario; parecía como si papá y yo
fuéramos los únicos habitantes del planeta.

Más tarde seguimos caminando por un bosque.

Al mediodía paramos en un arroyo, almorzamos a la
orilla del agua y bebimos de la helada corriente. Me puse a
lanzar piedras al agua y en los pozos vi peces que se
movían velozmente, como sombras.

—¿Papá, no te parece que éste es un buen lugar para
acampar?

—Creí que estábamos buscando nuestro lago.

—Ah, sí... —murmuré.

El bosque parecía interminable.

—No quiero que te asustes, hijo —empezó a decir papá—, pero estamos en una zona donde hay osos. Para no sorprenderlos, lo mejor será que hagamos mucho ruido. Si nos oyen, se irán para otra parte.

¡Qué momento de contármelo! Empecé a gritar tan fuerte como pude. Ni siquiera papá podía contra un oso. Pensé en la gente que estaba divirtiéndose tranquilamente a la orilla del lago, y en el arroyo lleno de peces. ¡Aquél sí era un lugar perfecto para acampar! Tampoco hubiera estado del todo mal quedarnos en el Lago Perdido.

Ya era de noche cuando salimos del bosque. Me sentí mejor después de que hicimos una fogata; los animales salvajes no se acercarían al fuego. Papá hizo una carne con crema y hongos que le quedó deliciosa.

Llegó la hora de acostarnos y me sentí en la gloria dentro de mi saco de dormir. Nos pusimos a contar estrellas fugaces. De repente, temí que no encontráramos nuestro lago.

—¿En qué estás pensando, Lucas? —me preguntó papá.

—En que no sabía que eras tan buen cocinero —le dije.

—Si no era más que comida deshidratada —me dijo riéndose—. Cuando volvamos a casa te voy a cocinar algo bien especial.

—Papá, ¿sabes que aquí pareces otra persona?

—¿Más simpática o menos simpática?

—Mucho más.

—¿Y por qué crees que sea eso?

—Porque hablas más.

—Pues tendré que hablar más a menudo.

Su respuesta me hizo sonreír; después, me quedé dormido.

Cuando papá me despertó, el sol estaba saliendo y le daba a todo un tono dorado, amarillo y anaranjado. ¡El lago estaba justo frente a nosotros!

Por largo rato nos quedamos mirando cómo la luz de la mañana se hacía cada vez más clara en el reflejo del agua. Papá no dijo ni una palabra. Entonces me di cuenta de que yo tampoco tenía nada que decir.

Después del desayuno, subimos una montaña para ver nuestro lago desde arriba. No se veía un alma. Ahora sí parecía que papá y yo éramos los únicos habitantes del planeta.

Esta vez me encantó esa sensación.

CONOZCAMOS A
ALLEN SAY

Para el escritor e ilustrador
Allen Say las ilustraciones
son su fuente de inspiración.
De hecho, él hace las ilustraciones
antes de escribir el texto o
incluso de saber de qué va a
tratar la historia. *El Lago Perdido*
surgió de una serie de dibujos
que Allen hizo sobre una excursión, y del recuerdo de un
paseo a un lago de montaña en el que le llamó la atención
la cantidad de basura acumulada.

Allen comenzó muy temprano su carrera artística. De
pequeño, soñaba con hacer tiras cómicas, y a los trece
años ya trabajaba creando el fondo para los dibujos
animados de un famoso artista japonés. Años después,
Allen se mudó a Estados Unidos. Aquí siguió
trabajando como artista y comenzó a escribir
e ilustrar cuentos.

Otros libros de este autor son: *El
Chino*, un cuento sobre Bill Wong, el
primer torero chino; y *Tree of Cranes*,
un libro que dedicó a Noro Shinpei,
el artista japonés con el que tuvo su
primer trabajo y que fue también su
maestro.

Preguntas y actividades

1. ¿Dónde tiene lugar el cuento?

2. ¿Cómo se comportan los personajes en los dos ambientes del cuento?

3. ¿Qué cosas te indican que el papá de Lucas quiere mucho a su hijo? Explica tu respuesta.

4. ¿De qué trata el cuento?

5. Imagínate que Lucas llega al sitio que muestra la pintura de las páginas 18-19. ¿Qué les contaría sobre su excursión a las personas de la pintura?

Escribir una narración personal

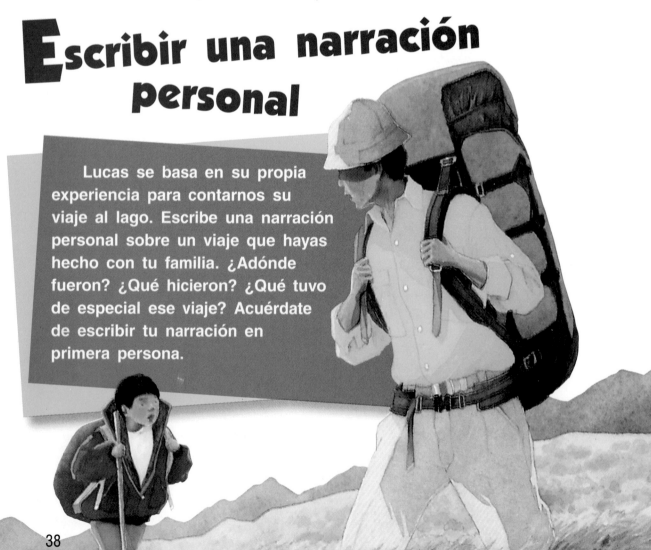

Lucas se basa en su propia experiencia para contarnos su viaje al lago. Escribe una narración personal sobre un viaje que hayas hecho con tu familia. ¿Adónde fueron? ¿Qué hicieron? ¿Qué tuvo de especial ese viaje? Acuérdate de escribir tu narración en primera persona.

Usar una brújula

El papá de Lucas llevó una brújula para orientarse en las montañas. Usa tú una para saber en qué dirección están algunos lugares de tu comunidad con respecto a tu casa. Haz una lista de sitios, por ejemplo, tu escuela, un parque o la casa de un amigo, y usa la brújula para ver en qué dirección están. Anota lo que averigües en una hoja.

Mirar un mapa

¿Dónde buscarías un lugar que sólo tú conocieras? Mira un mapa de Estados Unidos y encuentra tu propio "lago perdido". Usa la escala del mapa para determinar qué distancia tendrías que viajar para llegar a un sitio despoblado, al que no lleguen caminos. ¿Cómo podrías llegar hasta ese lugar?

2 mi

2 km

Investigar

En el cuento, Lucas y su papá caminan por una zona donde hay osos. Busca información sobre estos animales en una enciclopedia o en un libro de la biblioteca. ¿Qué clase de osos hay en la región donde vives? ¿Cómo viven? ¿Qué comen? ¿Qué debes hacer si aparece un oso cuando estés acampando? Haz un informe y preséntalo ante tus compañeros.

Usar las partes de un libro

¿En qué parte de este libro buscarías en qué página comienza *El Lago Perdido*? La respuesta es: en el contenido. Al igual que muchos de tus libros, éste consta de distintas partes.

Al comienzo del libro encontrarás el contenido. El **contenido** es una lista de los nombres de los capítulos o las unidades, y las selecciones, y el número de página en que comienzan. Al final del libro, el **glosario** proporciona el significado de las palabras importantes del texto. El **índice** presenta una lista de temas y nombres.

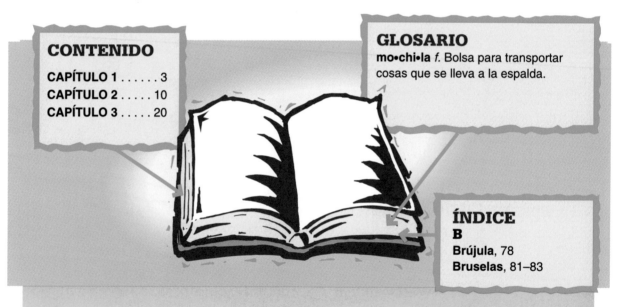

CONTENIDO

CAPÍTULO 1 3
CAPÍTULO 2 10
CAPÍTULO 3 20

GLOSARIO
mo•chi•la *f.* Bolsa para transportar cosas que se lleva a la espalda.

ÍNDICE
B
Brújula, 78
Bruselas, 81–83

Usa el modelo para responder a las siguientes preguntas.

1 ¿En qué parte buscarías cuántos capítulos tiene un libro?

2 ¿En qué parte buscarías el significado de la palabra *mochila*?

3 ¿En qué parte buscarías cómo se usa una brújula?

4 ¿Por qué crees que un libro tiene un glosario?

5 ¿Cómo te ayudan las distintas partes a entender un libro?

INDICACIONES:

Lee el texto. Luego lee cada una de las preguntas.

MODELO

Roberto juega a la pelota

Roberto llegó al patio de la escuela y se encontró en medio de un juego de pelota. Roberto, que acababa de mudarse al lugar y no conocía a nadie en la escuela, miró a los niños con timidez desde donde estaba.

Una niña de su edad se le acercó y le dijo: —Me llamo Katy. Creo que no te había visto antes. ¿Eres nuevo en la escuela?

—Sí —contestó Roberto sonrojándose.

—¿Sabes jugar a la pelota? —Katy siguió hablando sin darle tiempo de contestar—. Nosotros jugamos todo el tiempo. ¿Quieres jugar con nuestro equipo?

—Me encantaría —dijo Roberto con alegría.

1 ¿Cuál es la idea principal del pasaje?

A Roberto se hace amigo de Katy.

B Roberto acaba de mudarse al lugar.

C Katy juega a la pelota.

D Roberto se siente tímido.

2 Al principio del pasaje, Roberto miró a los niños con timidez porque

F no le gustaba la escuela.

G la escuela era muy grande.

H no sabía jugar a la pelota.

J no conocía a nadie.

Explica en qué te basaste para elegir tus respuestas.

41

Arte y Literatura

Algunas veces los artistas usan su obra para hacernos reflexionar sobre problemas de la vida real y sus posibles soluciones.

~~~

Observa el mural. ¿Qué están haciendo las personas? Mira sus rostros. ¿Qué te transmiten? ¿Crees que están cansados? ¿Qué te hace pensar eso?

~~~

Fíjate en los carteles que están en los guacales. ¿Qué dicen? ¿Por qué crees que la pintora eligió escribir esas palabras? ¿Qué crees que quiso decirnos acerca de los problemas a que se enfrentan las personas que trabajan en el campo?

"Pizcadores", detalle del Mural Guadalupe
Judith F. Baca, 1990
Parque Leroy, Guadalupe

Conozcamos a

Francisco Jiménez

La infancia de Francisco Jiménez estuvo llena de traslados. El primero ocurrió en 1947 cuando sólo tenía cuatro años. Su familia se mudó a California desde San Pedro Tlaquepaque, México. En California trabajaba como bracero y esto lo obligaba a trasladarse de un lugar a otro buscando empleo en las cosechas.

Pero a pesar de tantos obstáculos, Francisco Jiménez se aficionó al estudio. Consiguió graduarse por la Universidad de Santa Clara en California, y en 1972 se doctoró por la Universidad de Columbia.

Ahora Jiménez es editor, escritor y además, es profesor en la Universidad de Santa Clara.

Cajas de cartón

Francisco Jiménez

Era a fines de agosto. Ito, el contratista, ya no sonreía. Era natural. La cosecha de fresas terminaba, y los trabajadores, casi todos braceros, no recogían tantas cajas de fresas como en los meses de junio y julio.

Cada día el número de braceros disminuía. El domingo sólo uno —el mejor pizcador— vino a trabajar. A mí me caía bien. A veces hablábamos durante nuestra media hora de almuerzo. Así es como aprendí que era de Jalisco, de mi tierra natal. Ese domingo fue la última vez que lo vi.

Cuando el sol se escondió detrás de las montañas, Ito nos señaló que era hora de ir a casa.

—Ya hes horra —gritó en su español mocho.

Ésas eran las palabras que yo ansiosamente esperaba doce horas al día, todos los días, siete días a la semana, semana tras semana, y el pensar que no las volvería a oír me entristeció.

Por el camino rumbo a casa, papá no dijo una palabra. Con las dos manos en el volante miraba fijamente hacia el camino. Roberto, mi hermano mayor, también estaba callado. Echó para atrás la cabeza y cerró los ojos. El polvo que entraba de fuera lo hacía toser repetidamente.

Era a fines de agosto. Al abrir la puerta de nuestra chocita me detuve. Vi que todo lo que nos pertenecía estaba empacado en cajas de cartón. De repente sentí aún más el peso de las horas, los días, las semanas, los meses de trabajo. Me senté sobre una caja, y se me llenaron los ojos de lágrimas al pensar que teníamos que mudarnos a Fresno.

Esa noche no pude dormir, y un poco antes de las cinco de la madrugada, papá, que a la cuenta tampoco había pegado los ojos en toda la noche, nos levantó. A pocos minutos los gritos alegres de mis hermanitos, para quienes la mudanza era una gran aventura, rompieron el silencio del amanecer. Los ladridos de los perros pronto los acompañaron.

Mientras empacábamos la loza del desayuno, papá salió para encender la "Carcanchita". Ése era el nombre que papá le dio a su viejo *Plymouth* negro del año 38. Lo compró en una agencia de carros usados en Santa Rosa en el invierno de 1949. Papá estaba muy orgulloso de su carro. "Mi Carcanchita", lo llamaba cariñosamente. Tenía derecho a sentirse así. Antes de comprarlo, pasó mucho tiempo mirando otros carros. Cuando al fin escogió la "Carcanchita", la examinó palmo a palmo. Escuchó el motor, inclinando la cabeza de lado a lado como un perico, tratando de detectar cualquier ruido que pudiera indicar problemas mecánicos. Después de quedar satisfecho con la apariencia y los sonidos del carro, papá insistió en saber quién había sido el dueño. Nunca lo supo, pero compró el carro de todas maneras. Papá pensó que el dueño debió haber sido alguien importante porque en el asiento de atrás encontró una corbata azul.

Papá estacionó el carro enfrente de la choza y dejó andando el motor.

—¡Listo! —gritó.

Sin decir palabra, Roberto y yo comenzamos a
acarrear las cajas de cartón al carro. Roberto cargó las
dos más grandes y yo las más chicas. Papá luego cargó
el colchón ancho sobre la capota del carro y lo amarró con
lazos para que no se volara con el viento en el camino.

odo estaba empacado menos la olla de mamá. Era una olla vieja y galvanizada que había comprado en una tienda de segunda en Santa María el año en que yo nací. La olla estaba llena de abolladuras y mellas, y mientras más abollada estaba, más le gustaba a mamá. "Mi olla", la llamaba orgullosamente.

Sujeté abierta la puerta de la chocita mientras mamá sacaba cuidadosamente su olla, agarrándola por las dos asas para no derramar los frijoles cocidos. Cuando llegó al carro, papá tendió las manos para ayudarla con ella. Roberto abrió la puerta posterior del carro y papá puso la olla con mucho cuidado en el piso detrás del asiento. Todos subimos a la "Carcanchita". Papá suspiró, se limpió el sudor de la frente con las mangas de la camisa, y dijo con cansancio: —Es todo.

Mientras nos alejábamos, se me hizo un nudo en la garganta. Me volví y miré nuestra chocita por última vez.

Al ponerse el sol llegamos a un campo de trabajo cerca de Fresno. Ya que papá no hablaba inglés, mamá le preguntó al capataz si necesitaba más trabajadores.

—No necesitamos a nadie —dijo él, rascándose la cabeza—, pregúntele a Sullivan. Mire, siga este mismo camino hasta que llegue a una casa grande y blanca con una cerca alrededor. Allí vive él.

Cuando llegamos allí, mamá se dirigió a la casa. Pasó por la cerca, por entre filas de rosales, hasta llegar a la puerta. Tocó el timbre. Las luces del portal se encendieron y un hombre alto y fornido salió. Hablaron brevemente.

Cuando el hombre entró en la casa, mamá se apresuró hacia el carro y exclamó: —¡Tenemos trabajo! El señor nos permite quedarnos allí toda la temporada —dijo un poco sofocada de gusto y apuntando hacia un garaje viejo que estaba cerca de los establos.

El garaje estaba gastado por los años. Roídas por comejenes, las paredes apenas sostenían el techo agujereado. No tenía ventanas y el piso de tierra suelta ensabanaba todo de polvo.

Ésa noche, a la luz de una lámpara de petróleo, desempacamos las cosas y empezamos a preparar la habitación para vivir. Roberto enérgicamente se puso a barrer el suelo; papá llenó los agujeros de las paredes con periódicos viejos y con hojas de lata. Mamá les dio de comer a mis hermanitos. Papá y Roberto entonces trajeron el colchón y lo pusieron en una de las esquinas del garaje.

—Viejita —dijo papá, dirigiéndose a mamá—, tú y los niños duerman en el colchón; Roberto, Panchito y yo dormiremos bajo los árboles.

Muy tempranito por la mañana al día siguiente, el señor Sullivan nos enseñó dónde estaba su cosecha y, después del desayuno, papá, Roberto y yo nos fuimos a la viña a pizcar.

A eso de las nueve, la temperatura había subido hasta cerca de cien grados. Yo estaba empapado de sudor y mi boca estaba tan seca que parecía como

si hubiera estado masticando un pañuelo. Fui
al final del surco, cogí la jarra de agua que
habíamos llevado y comencé a beber.

—No tomes mucho, te vas a enfermar
—me gritó Roberto.

No había acabado de advertirme cuando sentí
un gran dolor de estómago. Me caí de rodillas y la
jarra se me deslizó de las manos.

Solamente podía oír el zumbido de los insectos. Poco
a poco me empecé a recuperar. Me eché agua en la cara
y en el cuello y miré el lodo negro correr por los brazos
y caer a la tierra que parecía hervir.

Todavía me sentía mareado a la hora del almuerzo. Eran las dos de la tarde y nos sentamos bajo un gran nogal que estaba al lado del camino. Papá apuntó el número de cajas que habíamos pizcado. Roberto trazaba diseños en la tierra con un palito. De pronto, vi palidecer a papá que miraba hacia el camino. Susurró alarmado:
—Allá viene el camión de la escuela.

Instintivamente, Roberto y yo corrimos a escondernos entre las viñas. El camión amarillo se paró frente a la casa del señor Sullivan. Dos niños muy limpiecitos y bien vestidos se apearon. Llevaban libros bajo el brazo. Cruzaron la calle y el camión se alejó. Roberto y yo salimos de nuestro escondite y regresamos adonde estaba papá.

—Tienen que tener cuidado —nos advirtió.

Después del almuerzo volvimos a trabajar. El calor oliente y pesado, el zumbido de los insectos, el sudor y el polvo hicieron que la tarde pareciera una eternidad. Al fin las montañas que rodeaban el valle se tragaron el sol. Una hora después estaba demasiado oscuro para seguir trabajando. Las parras tapaban las uvas y era muy difícil ver los racimos.

—Vámonos —dijo papá señalándonos que era hora de irnos.

Entonces, tomó un lápiz y comenzó a figurar cuánto habíamos ganado ese primer día. Apuntó números, borró algunos, escribió más. Alzó la cabeza sin decir nada. Sus tristes ojos sumidos estaban humedecidos.

Cuando regresamos del trabajo, nos bañamos afuera con el agua fría, bajo una manguera. Luego nos sentamos a la mesa hecha de cajones de madera y comimos con hambre la sopa de fideos, las papas y las tortillas de harina blanca recién hechas. Después de cenar nos acostamos a dormir, listos para empezar a trabajar a la salida del sol.

Al día siguiente, cuando me desperté, me sentía magullado, me dolía todo el cuerpo. Apenas podía mover los brazos y las piernas. Todas las mañanas cuando me levantaba me pasaba lo mismo, hasta que mis músculos se acostumbraron a ese trabajo.

Era lunes, la primera semana de noviembre. La temporada de uvas se había terminado y ya podía ir a la escuela. Me desperté temprano esa mañana y me quedé acostado mirando las estrellas y saboreando el pensamiento de no ir a trabajar y de empezar el sexto grado. Como no podía dormir, decidí levantarme y desayunar con papá y Roberto. Me senté cabizbajo frente a mi hermano. No quería mirarlo porque sabía que él estaba triste. Él no asistiría a la escuela hoy, ni mañana, ni la próxima semana. No iría hasta que se acabara la temporada de algodón, y eso sería en febrero. Me froté las manos y miré la piel seca y manchada de ácido enrollarse y caer al suelo.

Cuando papá y Roberto se fueron a trabajar, sentí un gran alivio. Fui a la cima de una pendiente cerca de la choza y contemplé a la "Carcanchita" en su camino hasta que desapareció en una nube de polvo.

Dos horas más tarde, a eso de las ocho, esperaba el camión de la escuela. Por fin llegó. Subí y me senté en un asiento desocupado. Todos los niños se entretenían hablando o gritando.

Estaba nerviosísimo cuando el camión se paró delante de la escuela. Miré por la ventana y vi una muchedumbre de niños. Algunos llevaban libros, otros juguetes. Me bajé del camión, metí las manos en los bolsillos, y fui a la oficina del director. Cuando entré, oí la voz de una mujer diciéndome: "*May I help you?*" Me sobresalté. Nadie me había hablado inglés desde hacía meses. Por varios segundos me quedé sin poder contestar. Al fin, después de mucho esfuerzo, conseguí decirle en inglés que me quería

matricular en el sexto grado. La
señora entonces me hizo una serie
de preguntas que me parecieron
impertinentes. Luego me llevó al
salón de clases.

El señor Lema, el maestro
de sexto grado, me saludó
cordialmente, me asignó
un pupitre, y me presentó
a la clase. Estaba tan
nervioso y asustado en
ese momento, cuando
todos me miraban, que
deseé estar con papá y Roberto
pizcando algodón. Después de pasar
la lista, el señor Lema le dio a la clase la asignatura de
la primera hora.

—Lo primero que haremos esta mañana es terminar
de leer el cuento que comenzamos ayer —dijo con entusiasmo.

Se acercó a mí, me dio su libro y me pidió que leyera.

—Estamos en la página 125 —me dijo.

Cuando lo oí sentí que toda la sangre me subía a la
cabeza; me sentí mareado.

—¿Quisieras leer? —me preguntó en un tono indeciso.

Abrí el libro en la página 125. Mi boca estaba seca.
Los ojos se me comenzaron a aguar. No podía empezar. El
señor Lema entonces le pidió a otro niño que leyera.

Durante el resto de la hora me empecé a enojar más y
más conmigo mismo. "Debí haber leído", pensaba yo.

Durante el recreo me llevé el libro al baño y lo abrí en la página 125. Empecé a leer en voz baja, imaginándome que estaba en clase. Había muchas palabras que no sabía. Cerré el libro y volví al salón.

El señor Lema estaba sentado en su escritorio. Cuando entré, me miró sonriéndose. Me sentí mucho mejor. Me acerqué a él y le pregunté si me podía ayudar con las palabras desconocidas.

—Con mucho gusto —me contestó.

El resto del mes pasé mis horas de almuerzo estudiando inglés con la ayuda del buen señor Lema.

Un viernes, durante la hora del almuerzo, el señor Lema me invitó a que lo acompañara a la sala de música.

—¿Te gusta la música? —me preguntó.

—Sí, muchísimo —le contesté entusiasmado—. Me gustan los corridos mexicanos.

Él cogió una trompeta, la tocó un poco y luego me la entregó. El sonido me hizo estremecer. Me encantaba ese sonido.

—¿Te gustaría aprender a tocar este instrumento? —me preguntó.

Debió haber comprendido la expresión de mi cara porque antes de que yo le respondiera, añadió: —Te voy a enseñar a tocar esta trompeta durante las horas de almuerzo.

Ese día casi no podía esperar el momento de llegar a casa y contarles las nuevas a mi familia. Al bajar del camión, me encontré con mis hermanitos que gritaban y brincaban de alegría. Pensé que era porque yo había llegado, pero al abrir la puerta de la chocita vi que todo estaba empacado en cajas de cartón...

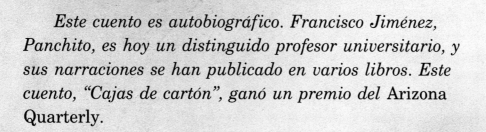

Este cuento es autobiográfico. Francisco Jiménez, Panchito, es hoy un distinguido profesor universitario, y sus narraciones se han publicado en varios libros. Este cuento, "Cajas de cartón", ganó un premio del Arizona Quarterly.

Preguntas y actividades

1 ¿Qué tipo de trabajo realizan Panchito y su familia?

2 Describe el primer día de trabajo de Panchito en la cosecha del señor Sullivan.

3 ¿Cómo crees que se sintió Panchito cuando encontró la chocita llena de cajas al volver de la escuela en Fresno? ¿En qué te basas para pensar eso?

4 ¿De qué trata el cuento?

5 Compara a Panchito con Lucas, el protagonista de "El Lago Perdido". ¿En qué se parecen? ¿En qué se diferencian?

Escribir una anotación en el diario

Imagínate que eres Panchito y que regresas a casa de la escuela muy emocionado. Escribe una anotación en el diario contando lo que piensas y lo que sientes cuando ves que todo está empacado en cajas de cartón.

Usar un mapa de productos agrícolas

Cuando se acabó la cosecha de fresas, Panchito y su familia tuvieron que irse a Fresno, California, en busca de trabajo. ¿Dónde hay sembrados de verduras y frutas en tu estado? Busca un mapa que muestre la producción agrícola de tu estado. Haz una lista de las verduras y las frutas que se cultivan, y de dónde se encuentran.

Grabar una canción

A Panchito le encantaban los corridos mexicanos. Los corridos son una composición musical que se canta a dos voces, típica de algunos países latinoamericanos. ¿Conoces algún corrido mexicano? Busca un corrido mexicano que te guste y grábalo para que tus compañeros lo escuchen.

Investigar

Panchito y su familia eran braceros. Trabajaban recogiendo distintas verduras y frutas, y se mudaban de un lado a otro dependiendo de dónde había cosechas. ¿Cómo crees que era la vida de Panchito y su familia? Busca información sobre los braceros en una enciclopedia o en tu libro de estudios sociales y haz un informe sobre la vida de estos trabajadores. Conversa con tus compañeros sobre lo que averiguaste.

Usar un glosario

¿Sabes lo que es un *bracero*? ¿Sabes qué significa la palabra *capataz*? El autor de esta selección usa algunas palabras que es posible que no conozcas. Para saber qué significan puedes consultar el glosario.

El **glosario** está al final del libro y es como un pequeño diccionario que sólo contiene palabras de los cuentos. El glosario te indica cómo se divide la palabra en sílabas y qué significa en el cuento. En un glosario las palabras aparecen en orden alfabético.

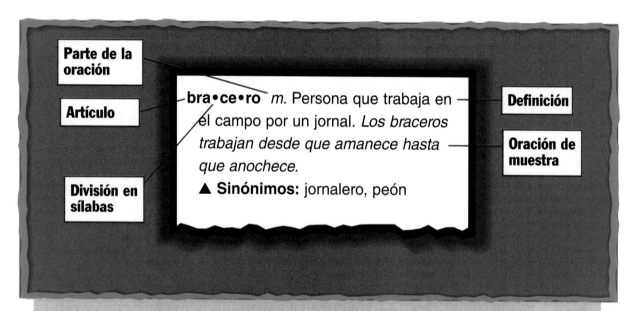

Parte de la oración

Artículo

División en sílabas

bra•ce•ro *m.* Persona que trabaja en el campo por un jornal. *Los braceros trabajan desde que amanece hasta que anochece.*
▲ **Sinónimos:** jornalero, peón

Definición

Oración de muestra

Usa el modelo para responder a las siguientes preguntas.

1 ¿Qué significa la palabra *bracero*?

2 ¿Qué parte de la oración es *bracero*?

3 ¿Cuáles son los sinónimos de *bracero*?

4 ¿Cuántas sílabas tiene la palabra *bracero*?

5 ¿En qué ocasiones usarías un glosario en lugar de un diccionario?

INDICACIONES:

Lee el texto. Luego lee cada una de las preguntas.

MODELO

Un día en la feria

Andrés y Lin saltaron del auto y atravesaron corriendo el estacionamiento. Aunque estaban ansiosos por montarse en los juegos mecánicos, antes de entrar se detuvieron a mirar el cartel de la feria para decidir en cuál querían subirse primero.

Gran Feria
del Condado

Atracciones azules: cuestan $2
Montaña rusa
Sombrero gigante

Atracciones verdes: cuestan $1
Rueda de la fortuna
Casa del terror
Carritos chocones

No pueden subirse niños de menos de 3 pies de altura.

La feria cierra a las 5:30 p.m.

1 ¿Cuánto es lo mínimo que deben medir los niños para poder montarse en los juegos mecánicos de la feria?

A 3 pies

B 2 pies

C 1 pie

D 1 pie y medio

2 ¿Qué es lo que NO hay en la feria?

F montaña rusa

G sombrero gigante

H casa del terror

J paseos a caballo

Arte y Literatura

Al igual que los cuentos y los ensayos, las obras de arte pueden tener una idea principal y detalles que justifican dicha idea.

~

Observa esta antigua colcha estadounidense. ¿Qué ves? ¿Qué historia cuenta la colcha? ¿Qué nos dice sobre un lugar y su gente? ¿Cuál es la idea principal de la historia que cuenta la colcha?

~

Fíjate en cada uno de los cuadrados. ¿Cómo contribuye cada uno a enriquecer la historia que cuenta el conjunto? ¿En qué cuadrado te gustaría estar si pudieras entrar en uno? ¿Por qué?

Colcha de la familia Burdick-Childs, 1876
Museo de Shelburne, Shelburne, VT

CONOZCAMOS
a Richard y Jonah Sobol

Durante muchos años, Richard Sobol viajó a distintos sitios para fotografiar la lucha contra la caza de focas. Aunque en uno de sus viajes a Canadá el mal tiempo le impidió tomar fotos, Richard sabía que algún día regresaría.

En su siguiente viaje, Richard llevó consigo a su hijo Jonah. Después de pasar un día entero en el hielo con las focas, Jonah tenía muchas preguntas e ideas, que dieron forma a *El viaje de las focas*.

Richard hizo también un libro para niños sobre los elefantes africanos. Él quiere que sus libros inspiren a los niños a respetar la fauna salvaje.

EL VIAJE DE LAS FOCAS

Richard y Jonah Sobol ■ Fotografías de Richard Sobol

El ciclo de vida de la foca de Groenlandia es una de las grandes maravillas de la naturaleza. Cada otoño, estas focas inician un viaje extraordinario en el que recorren más de tres mil millas. Durante los meses del invierno, cientos de miles de focas de Groenlandia adultas cruzan constantemente las aguas llenas de icebergs para trasladarse desde sus territorios de verano en el noroeste del Atlántico, justo debajo del Polo Norte, hasta las banquisas de hielo que flotan en el golfo de San Lorenzo, en el este de Canadá. Una vez que llegan a los inmensos bancos de hielo invernal, cada foca hembra reclama un lugar donde dar a luz a una cría. Así, cada primavera, nacen miles y miles de focas de Groenlandia, más de las que nadie pueda jamás llegar a contar, transformando este desierto helado en una enorme guardería.

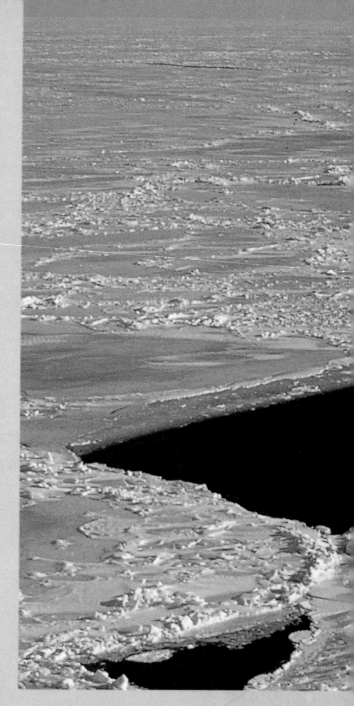

Al mismo tiempo, una segunda colonia de crías se forma en las banquisas de hielo del Mar de Barents, frente a la costa norte de Rusia; mientras una tercera, un poco más pequeña, hace lo mismo al este de Groenlandia.

Este año me tocó ir a Charlottetown, en la Isla del Príncipe Eduardo, donde se encuentra el campamento base del que salen los científicos para observar las focas recién nacidas. Era la tercera vez que una agencia francesa me mandaba a tomar fotos de las focas. La primera vez había sido en 1981, cuando me propuse mostrar la crueldad de la caza de focas. Esta vez mi trabajo consistía en mostrar cómo comienzan su vida en medio del hielo las focas recién nacidas.

Invité a venir conmigo a Jonah, mi hijo de ocho años, que había estado soñando con ver las focas. "¿De verdad puedo ir contigo?", me dijo incrédulo cuando lo invité. Después vinieron aún más preguntas: "¿Voy a ver focas recién nacidas?" "¿Hará mucho frío?" "¿Cómo vamos a llegar hasta el hielo?". Respondí tantas como pude y finalmente le aseguré que lo que iba a observar en el viaje le daría las mejores respuestas.

La única manera de llegar adonde estaba la colonia de focas (unas cien millas al norte de la Isla del Príncipe Eduardo) era en helicóptero. Jonah se sentó junto al piloto, quien, después de despegar, le mostró en un mapa a dónde íbamos. Sin embargo, el

mapa mostraba un mar azul y no uno blanco, cubierto de hielo, como el que habíamos estado sobrevolando esta mañana de marzo. Habíamos dejado atrás los campos cubiertos de nieve de la Isla del Príncipe Eduardo y ahora volábamos sobre grandes retazos de hielo separados por pequeñas tiras de mar abierto.

Ansiosamente, escudriñábamos el horizonte en busca de la primera señal de las focas, cuando el piloto sonrió y señaló hacia abajo diciendo: "Miren, allí están. Las focas han vuelto". Debajo de nosotros, empezaron a aparecer minúsculas manchas color café que salpicaban el hielo. Instantes después, parecía

que volábamos sobre un inmenso helado de vainilla espolvoreado con chocolate.

Apenas bajamos del helicóptero, escuchamos el llanto suave de las crías hambrientas, el único sonido que flotaba en la quietud del congelado paisaje. Aunque era primavera, el aire estaba helado (la temperatura era de cinco grados bajo cero) y el viento laceraba la piel. La nieve crujía y cedía bajo nuestras pesadas botas. Caminamos con cuidado para no caer en los agujeros redondos que había en el hielo, por donde las focas madres entraban y salían del agua para buscar alimento (pequeños camarones o peces) o para nadar un rato.

Las focas son excelentes nadadoras; sin embargo, al igual que el resto de los mamíferos, necesitan aire para respirar. Aunque pueden aguantar la respiración por largos periodos de tiempo y sumergirse a gran profundidad, las focas salen a la superficie después de unos minutos, por uno de los agujeros que hay en el hielo, para llenarse los pulmones de aire y constatar que las crías estén bien.

A medida que nos acercábamos a un pequeño grupo de focas, comenzamos a oír un chillido agudo y penetrante, como el de un gato en la noche. Subimos por una gran colina de hielo para ver de dónde venía. Más arriba vimos una foca hembra retorciéndose de un lado a otro, una y otra

vez. Parecía muy contenta por la manera en que se movía y chillaba. Entonces Jonah me tiró de la manga señalando un cachorro recién parido que, aún mojado y amarillento, yacía junto a su madre.

El cachorro no era en lo más mínimo la adorable bolita blanca que esperábamos encontrar. Este ser escuálido tendría que pasar uno o dos días al sol antes de convertirse en un lozano bebé foca o "abrigo blanco" (nombre con el que se los conoce). Jonah dijo entonces que sentía pena por él, que había tenido que dejar el calor del vientre de su madre para estar ahora sobre el hielo. A continuación, la madre se acercó para tranquilizar y calentar al indefenso y pegajoso animal, cuya respiración veíamos dibujarse en el aire. Así mientras madre e hijo se acurrucaban bajo la tibia luz del sol, pudimos ver con claridad la banda oscura con forma de arpa sobre los costados y el dorso de la foca madre.

Para sobrevivir en este nuevo mundo, las crías de las focas de Groenlandia nacen con un poco de grasa que queman de inmediato para calentar sus cuerpos. Sin embargo, será la leche materna la que les permitirá desarrollar una gruesa capa de grasa que las protegerá del frío en el que nacen. Observamos admirados a la madre poniéndose de costado y al cachorro deslizándose hacia ella en busca de la leche. Inmóvil sobre el hielo, el cachorro mamó por diez minutos sin parar, tal y como necesitaría hacerlo unas cinco a seis veces al día.

La leche de foca tiene diez veces más grasa que la de las vacas o la de los seres humanos. Una cría bien alimentada pasará de pesar unas veinte libras, al momento de nacer, a pesar casi ochenta para cuando es destetada unos doce días después.

Cuando el cachorro termina de mamar, la mamá frota su nariz contra la de él. Este "beso de reconocimiento" sirve para que la madre se familiarice con el olor de su cachorro. Como una mamá foca está rodeada de docenas de crías, debe reconocer el olor particular de la suya para que ésta pueda sobrevivir. Cada foca sólo tiene leche suficiente para amamantar a un cachorro y sólo dará de mamar al suyo.

A pocos metros vimos una mamá foca dándole una "clase" de natación a su cachorro. Ella lo empujaba con suavidad hacia el agua mientras el cachorro gemía y gemía. Una vez en el agua, el cachorro flotaba como un corcho. El cachorro tenía tanta grasa que no podía hundirse. "Parece que tuviera puesto un salvavidas", comentó Jonah al tiempo que la madre se lanzaba al agua. Era como si jugaran a alcanzarse y tocarse: primero la madre se hundía en el agua y aparecía en otro sitio unos segundos después. Entonces el cachorro chapoteaba torpemente hasta alcanzarla y después se frotaban la nariz mutuamente.

Es importante que los cachorros aprendan a nadar bien, ya que pasarán la mayor parte de sus vidas en el agua (las focas de Groenlandia pasan sólo entre cuatro y seis semanas al año sobre el hielo). A las dos semanas de nacer, el cachorro ya ha sido destetado y tiene que encontrar

su propio alimento en las gélidas aguas del Atlántico. El destete es repentino. Sin ningún tipo de advertencia, un día la madre se sumerge en el agua luego de darle de mamar al cachorro y nunca regresa. Aunque siempre serán parte de la misma colonia, el cachorro deberá aprender con rapidez a valerse por sí mismo.

Mientras las hembras paren y amamantan a los cachorros, los machos guardan distancia y se reúnen en grupos alrededor de los espacios abiertos de agua entre el hielo. Una vez destetados los cachorros, las hembras vuelven a reunirse con los machos para aparearse. Resulta sorprendente que el ciclo completo de nacimiento, amamantamiento y apareamiento de unos animales tan grandes, tome sólo unas dos semanas.

En abril, cuando el hielo se derrita y se rompa, la colonia se reunirá para emigrar hacia el norte, hasta sus cazaderos de verano en los mares del Ártico. Los jóvenes cachorros, que para entonces habrán perdido sus finos abrigos blancos, nadarán rezagados tras la colonia, alimentándose de pequeños camarones mientras avanzan. A medida que crezcan y se hagan mejores nadadores, podrán sumergirse en el agua y empezar a atrapar peces pequeños para complementar su dieta. Una foca de Groenlandia adulta puede pesar hasta trescientas libras.

Durante los próximos años, el hogar de los cachorros estará en los territorios del Atlántico Norte, justo debajo del Círculo Polar Ártico. Allí, los cachorros comerán, crecerán y desarrollarán su capacidad de nadar, hasta que tengan edad de reproducirse. Para cuando cumplan unos cinco o seis años de edad y llegue el otoño, sabrán que es el momento de acompañar a las focas adultas en su largo viaje hacia el sur. Así, todos juntos regresarán al hielo donde nacieron. Al final de sus vidas (las focas de Groenlandia viven un promedio de veinticinco años) la mayoría habrá recorrido más de setenta y cinco mil millas en sus idas y venidas por el océano.

Jonah y yo vimos cientos de focas en las muchas horas que pasamos explorando el hielo. Hacia el final de la tarde el cielo se oscureció y los pilotos comenzaron a calentar los motores del helicóptero. Ya casi había llegado la hora de irnos; sin embargo, había algo más que Jonah quería hacer: "¿Papá, puedo cargar a una foca antes de irnos?", me preguntó en voz baja.

En vez de ir hacia el helicóptero, comenzamos a caminar en dirección contraria y una vez más subimos por la empinada colina de hielo, en busca de un cachorro juguetón. Allí estaba esperándonos una hermosa "abrigo blanco", gordita y complacida en su primera semana de vida. Jonah caminó hacia ella lentamente, y cuando estuvo a su lado se agachó para acariciarla. Fui hacia ellos y puse la foca en las piernas de Jonah. "Siento su respiración, papá", dijo Jonah con una sonrisa de oreja a oreja. "Sus bigotes me hacen cosquillas y su pelaje blanco es como una cobijita."

Es triste pensar que este pelaje era, precisamente, lo que buscaban los cazadores cuando merodeaban por el hielo para matar despiadadamente a las focas. Con el pelaje que le arrancaban a las "abrigo blanco" hacían pantuflas, guantes y hasta muñecas. Durante veinte años, la gente que quería salvar a las focas se enfrentó en el hielo

con los cazadores para que dejaran de matar a estos animales. Además, informaron al mundo entero de la manera cruel en que morían los cachorros y urgieron a las personas a no comprar productos hechos con piel de foca. Así, más y más gente fue dejando de comprar estos productos y los cazadores, al no encontrar mercado para sus pieles, se vieron obligados a dejar de cazar focas en esta zona. Hay, sin embargo, otros sitios donde aún los cazadores manchan el hielo con la sangre de estos adorables animales. En este sentido, los cachorros que nacen en el golfo de San Lorenzo son afortunados. Además, por primera vez en cientos de años, hay leyes que protegen esta guardería de focas y establecen que allí sólo pueden oírse los gritos de los cachorros hambrientos y no el ruido seco de los garrotes de los cazadores.

Había llegado la hora de partir. Delicadamente, Jonah puso la foca de nuevo en el piso y le dio una palmadita con suavidad. Mientras

caminábamos, se dio media vuelta para mirarla por última vez. "Adiós, foca", dijo. "Ahora sé que los sueños pueden hacerse realidad."

En nuestro vuelo de regreso a la Isla del Príncipe Eduardo, vimos cómo los bordes del hielo se iban suavizando, y cómo el intenso reflejo blanquecino se convertía en manchas de acuarela rosa y gris en la débil luz de la tarde. Pronto el hielo se derretirá y las focas volverán al norte. Durante los meses del verano, la gente nadará y navegará por este mismo canal. El próximo invierno, el hielo se volverá a formar, invitando una vez más a las focas. La magia de la naturaleza atraerá también a los seres humanos. De hecho, cada año, más turistas se aventuran al hielo para ver a las focas. Durante estas pocas semanas, seres humanos y focas comparten una experiencia muy especial. Pareciera que las focas supieran que estos visitantes vienen en son de paz y que no hay por qué temerles. Así es como debe ser.

Otros datos sobre las focas

Las focas de Groenlandia pertenecen a una orden de mamíferos llamada pinnípedos [*Pinnipedia*] que se divide en tres familias:

Familia *Otariidae*, compuesta de osos marinos y leones marinos, conocida también como de las "focas con orejas".

Familia *Odobenidae*, a la que pertenecen las morsas.

Familia *Phocidae*, a la que pertenecen las focas.

En la familia *Phocidae* encontramos la foca de Groenlandia, la foca monje, el elefante marino boreal, la foca leopardo, la foca cangrejera y la foca de casco, entre otras. Estas focas tienen las aletas traseras alargadas. Se las conoce como "focas sin orejas" porque carecen de oído externo.

El nombre científico de la foca de Groenlandia es *Pagophilus groenlandicus*. El peso promedio de una foca de Groenlandia adulta es de 300 libras, su longitud es de 5 pies y medio, y vive unos 30 años.

Las focas de Groenlandia viven en tres áreas del Atlántico Norte: la costa este de Canadá (cerca de Labrador y Terranova), en el Mar Blanco (frente a la costa de Rusia) y entre Jan Mayen y Svalbard (al este de Groenlandia). Se estima que en la actualidad hay entre unos 2.25 y unos 3.5 millones de focas a nivel mundial.

León marino

Morsa

Elefante marino

Morsa

Foca de banda

Oso marino
del norte

Foca común

Foca monje de Hawai

Elefante
marino
del norte

León marino de California

Oso marino
de Guadalupe

Foca barbuda

Foca gris

Foca de casco

Océano Atlántico

León marino
de Sudamérica

Oso marino
de Sudamérica

¿Dónde viven las focas?

Focas

Morsas

FOCAS CON OREJAS

Osos marinos

Leones marinos

Elefante marino del sur

Foca de Weddell

Foca de Ross

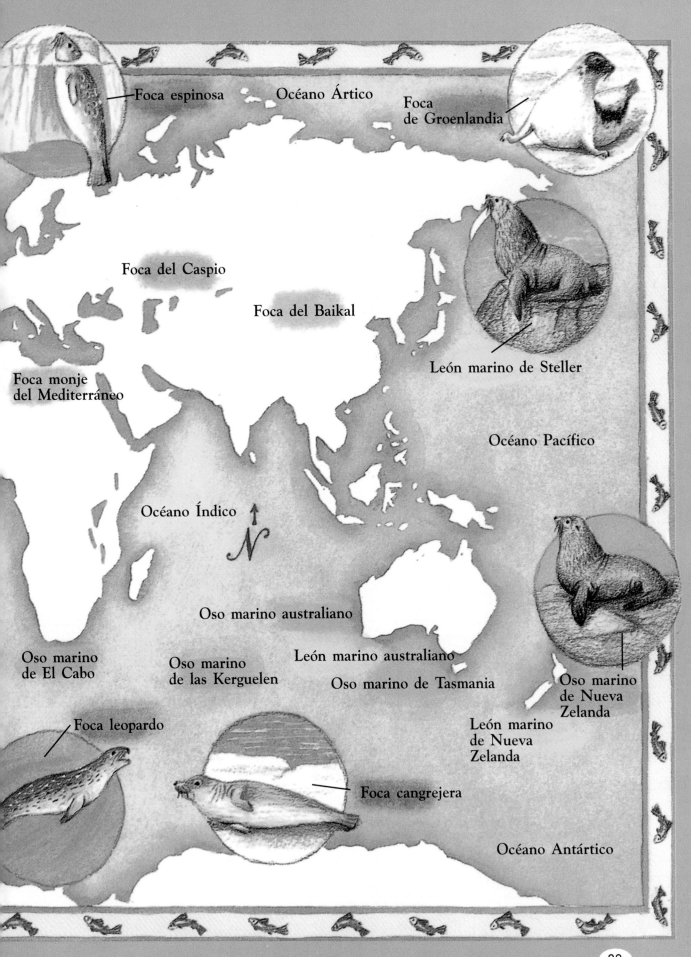

Foca espinosa

Océano Ártico

Foca de Groenlandia

Foca del Caspio

Foca del Baikal

León marino de Steller

Foca monje del Mediterráneo

Océano Pacífico

Océano Índico

N

Oso marino australiano

Oso marino de El Cabo

Oso marino de las Kerguelen

León marino australiano

Oso marino de Tasmania

Oso marino de Nueva Zelanda

León marino de Nueva Zelanda

Foca leopardo

Foca cangrejera

Océano Antártico

Preguntas y actividades

1. ¿Para qué viajan a Canadá Jonah y su padre?

2. ¿Cómo ha mejorado la vida de las focas desde 1981?

3. ¿Crees que las fotografías enriquecen la información que da el texto? ¿Cómo?

4. ¿Cuál es la idea principal de esta selección?

5. ¿Qué tienen en común Jonah y Lucas, el protagonista de "El Lago Perdido"? Explica tu respuesta.

Escribir un ensayo con fotografías

Jonah y su papá hicieron un viaje para ir a ver las focas. Escribe sobre un viaje que hayas hecho. Describe dónde fuiste, qué hiciste y lo que aprendiste. Cuenta los sucesos en el orden en el que ocurrieron. Incluye fotografías si las tienes o haz dibujos.

Hacer un cartel

Cada año, personas amantes de los animales se reúnen para protestar contra la caza de cachorros de foca. Diseña un cartel para apoyar esta causa. Escribe un buen eslogan que llame la atención de la gente.

Leer un mapa

Busca en un mapa de Canadá el lugar donde Jonah y su padre fueron a ver las focas. Usa la escala del mapa para localizar el sitio exacto, y recuerda que estaba a unas cien millas al norte de la Isla del Príncipe Eduardo. Cuéntale a un compañero o compañera dónde crees que estaban las focas.

Investigar

Jonah y su padre fueron a Canadá para observar las focas de Groenlandia. Escoge un animal salvaje, por ejemplo, una ballena, un tigre o un oso, e investiga sus costumbres en una enciclopedia o en un libro de la biblioteca.

85

Usar un índice

Supón que estás leyendo un libro de la biblioteca para escribir un informe sobre las focas. No tienes mucho tiempo y sólo estás buscando información sobre un tipo de foca, la foca de Groenlandia. ¿Qué sección del libro consultarías para saber rápidamente dónde están los datos que buscas? Consultarías el índice.

El **índice** está al final de un libro y presenta una lista en orden alfabético de los temas del libro. Al lado de cada tema se muestra la página en la que aparece.

"Abrigo blanco", 127, 133
Foca de Groenlandia, 121, 127, 128, 133, 134
Groenlandia, 122
Helicóptero, 122-125, 133
Isla del Príncipe Eduardo, 122, 123, 134-135
Leche, foca, 128, 129, 131
Rusia, 122

Usa el modelo para responder a las siguientes preguntas.

1 ¿En qué páginas encontrarías información sobre las focas de Groenlandia?

2 ¿En qué páginas buscarías qué es un "abrigo blanco"?

3 ¿En cuál encontrarías información sobre Groenlandia?

4 ¿En qué páginas es posible que encuentres información sobre cómo viajar para ver focas de Groenlandia?

5 ¿Cómo puede ayudarte un índice a encontrar información con rapidez?

INDICACIONES:

Lee el texto. Luego lee cada una de las preguntas.

MODELO

La decisión de Jaime

Jaime sabía muy poco sobre cómo criar peces tropicales. Afortunadamente, su amigo Manuel había estado leyendo libros sobre ese tema.

—Los peces tropicales viven en climas más cálidos que los de otras zonas —dijo Manuel—. Por eso debes mantener templada el agua de la pecera.

—Tiene sentido lo que dices —replicó Jaime. Pensó entonces que criar estos peces sería más complicado de lo que había pensado. Quizás no eran la mascota ideal para él.

—Te puedo prestar mi libro —dijo Manuel, al notar que Jaime no estaba muy seguro sobre si criar peces u otro animal.

1 ¿Cuál es la idea principal del segundo párrafo?

A El agua está templada.

B Manuel tiene un libro sobre los peces tropicales.

C Jaime quiere un pez.

D Los peces tropicales necesitan vivir en agua templada.

2 Según el pasaje, ¿por qué no estaba seguro Jaime de que los peces eran la mascota ideal para él?

F En realidad quería un perro.

G Sabía muy poco sobre cómo criarlos.

H No le gustaban los peces.

J No sabía leer.

Arte y Literatura

La primera vez que mires este cuadro japonés seguramente verás un feroz tigre. Si lo miras con más atención, podrás ver un paisaje y unas olas que rompen con violencia.

Observa el cuadro. ¿Qué piensas del tigre? ¿Crees que está a punto de saltar? De ser así, ¿qué problemas crees que le causaría a la gente del lugar? ¿Qué podrían hacer para resolverlos? Fíjate en las olas. ¿Qué problemas podría causarle a la gente la subida del agua?

Observa el cuadro una vez más y explica qué sientes al mirarlo.

Tigre
Kishi Ganku, hacia 1784
Colección de E. A. Barton, Inglaterra

Abre la boca, ¡no me muerdas!

De verdad, ¡no te dolerá!

Conoce a un dentista que cura dolores de muelas y de colmillos

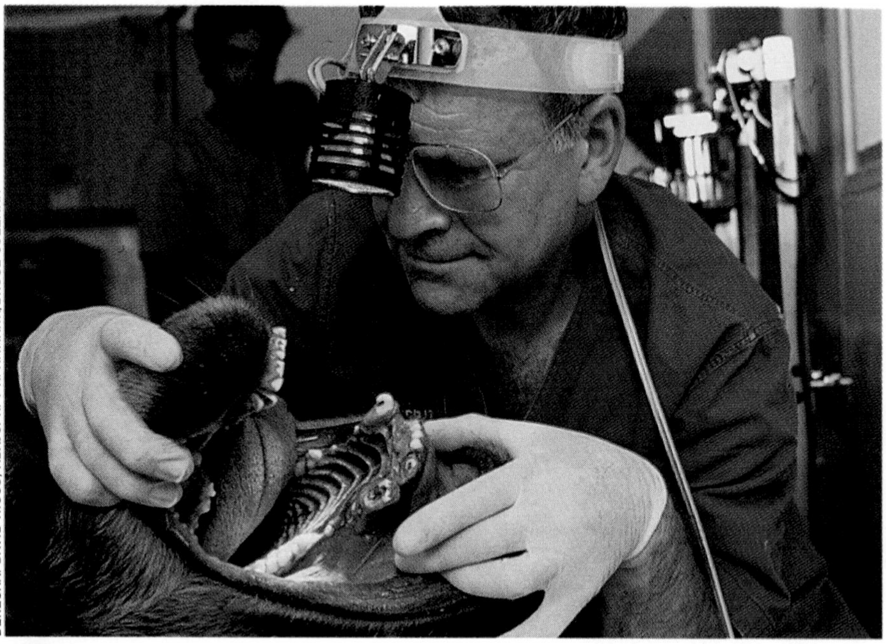

CUBIERTA: GERARD LACZ/PETER ARNOLD; DERECHA: DAVID HIGGS; ABAJO: K. Y K. AMMANN/BRUCE COLEMAN

El doctor Peter Kertesz examina a Mitsos, un oso que solía bailar en un circo.

El doctor Peter Kertesz, un dentista de Londres, Inglaterra, tiene los pacientes más salvajes del mundo. Después de atender de lunes a jueves a seres humanos, el doctor Kertesz reserva los viernes para atender a pacientes de cuatro patas. La mayoría con unos dientes *enormes.*

El doctor Kertesz es parte de un pequeño grupo de dentistas que atiende a todo tipo de animales con dientes.

Todo comenzó cuando un veterinario lo llamó para preguntarle si podía sacarle un diente a un gatito. Kertesz le dijo que sí y en poco tiempo estaba sacándole dientes a felinos más grandes, como leones, tigres y jaguares.

El doctor Kertesz no se limitó a eso y pasó a atender a elefantes (con molares del tamaño de un ladrillo), camellos, osos, monos, lobos y hasta ballenas. En total ha tratado unos 50 tipos de animales.

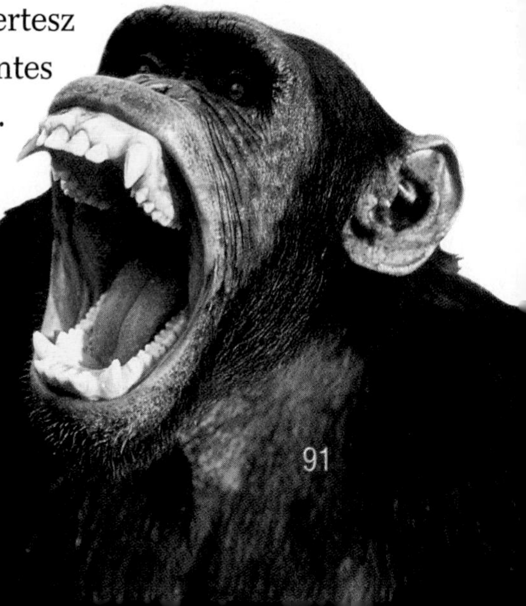

Los monos muestran los dientes y las encías para sonreír.

Cuando visita al dentista, a este gorila le tranquiliza que le agarren la mano.

El doctor Kertesz muestra con orgullo su equipo médico.

¿LO SABÍAS? SABOREA LOS SIGUIENTES DATOS

- Los reptiles mudan de dientes constantemente.
- Los animales herbívoros como, por ejemplo, elefantes, jirafas y ovejas, tienen dientes muy anchos y planos para masticar la comida.
- Los animales carnívoros como, por ejemplo, leones, tigres y lobos, tienen dientes largos y afilados que les sirven para morder la comida.
- Los perros y los gatos tienen tanto dientes afilados para morder la comida, como dientes planos para masticarla.
- Los dientes de las ratas y los castores crecen constantemente, pero se mantienen "limados" a su tamaño ideal porque estos animales siempre están mascando algo.
- A los elefantes les salen seis dentaduras completas a lo largo de unos sesenta años.

Cuando los atiende, les da una medicina para tranquilizarlos y para que no les duela el tratamiento. El doctor Kertesz dice que los más fáciles de tratar son los animales grandes, porque tienen la boca bien amplia. Los más difíciles son los cerdos hormigueros, porque su hocico sólo se abre una pulgada.

LEONES Y TIGRES Y OSOS . . . ¡AY, AY, AY!

El doctor Kertesz ha atendido a animales de circos, zoológicos y clínicas veterinarias de muchos países del mundo. En Rusia una vez atendió a tigres siberianos, en España trató a un elefante, en Inglaterra atendió a un gorila y a un jaguar, además de mapaches, venados y zorros.

Un dolor de muelas puede hacer que un animal deje de cazar, comer y hasta aparearse. El tigre, por ejemplo, es uno de los animales más feroces y hambrientos de la jungla hasta que se le rompe un colmillo. Esto puede ser un problema grave porque un tigre que no puede comer se debilita y se convierte en presa fácil de otros animales.

Gracias al trabajo del doctor Kertesz, muchos animales viven vidas más largas y saludables. Incluso los animales de zoológico, donde hay menos peligros que en la selva, se benefician de tener una dentadura saludable. Después de todo, muchas enfermedades pueden comenzar en los dientes y las encías, y extenderse por el resto del cuerpo de un animal.

El puma usa sus afilados dientes para comerse a sus presas.

INVESTIGA
Visita nuestra página web:
www.mhschool.com/

CONEXIÓN
*inter*NET

Preguntas y actividades

1. ¿Qué trabajo poco común realiza el doctor Kertesz?

2. ¿Por qué los animales necesitan ir al dentista?

3. ¿Qué problemas tiene que solucionar el doctor Kertesz para poder hacer su trabajo?

4. ¿Cuál es la idea principal de este artículo?

5. Supón que el doctor Kertesz conoce al doctor Dolittle, el personaje de libros y películas que habla con los animales. ¿Qué crees que se dirían? ¿Crees que hablar con los animales ayudaría al doctor Kertesz a realizar su trabajo? ¿Por qué?

Escribir sobre una experiencia

El doctor Kertesz ha tenido muchos encuentros interesantes con animales. Escribe sobre una experiencia que hayas tenido con un animal. Da detalles sobre lo que pasó. No te olvides de contar cómo te sentiste.

Hacer un fichero de trabajos

El Dr. Kertesz es un dentista que atiende a personas y animales. ¿Cómo se llega a ser dentista? ¿Qué hacen los dentistas? Para responder a estas preguntas entrevista a tu dentista o invítalo a hablar ante tu clase. Luego, crea un fichero de trabajos con tus compañeros. Escribe la descripción de su trabajo en una tarjeta de fichero y ponla en el fichero de trabajos. Añadan tarjetas a medida que vayan encontrando información sobre otros trabajos.

Hacer un cartel

Todos necesitamos un buen dentista. Haz un cartel en el que invites a la gente a ir al dentista y a cuidarle la dentadura a sus mascotas. Saca ideas del artículo que acabas de leer.

Investigar

Algunos de los pacientes del Dr. Kertesz viven en zoológicos. ¿Cómo son los zoológicos? Visita un zoológico de tu localidad o consulta una enciclopedia, un video o un libro para averiguar cómo son los zoológicos de hoy en día. Conversa con tus compañeros sobre lo que aprendiste.

Usar encabezamientos, pies de foto y columnas laterales

Los hipopótamos y los osos bailarines no son los únicos que necesitan cuidarse los dientes. Observa esta página de un libro sobre la higiene dental. Fíjate en cómo está organizada la información. Los **encabezamientos** te ayudan a encontrar la información. Los **pies de foto** y las **columnas laterales** contienen datos adicionales.

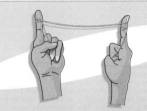

Usa un trozo de hilo dental de 18 pulgadas de largo. Enróllate los extremos en un dedo de cada mano.

Cómo limpiarte los dientes

De ser posible, cepíllate después de cada comida. Usa el hilo dental por lo menos una vez al día.

Cómo cepillarte los dientes

❶ Usa un cepillo de dientes suave.

❷ Coloca el cepillo en ángulo para cepillarte.

Usa el modelo para responder a las siguientes preguntas.

❶ ¿Cuántos pasos para cepillarte los dientes se mencionan?

❷ ¿Cuántos encabezamientos hay en la página? ¿Cuáles son?

❸ Observa el dibujo y lee el pie de foto. ¿Qué información adicional te proporciona este último?

❹ ¿Por qué se colocó la información sobre cómo cepillarse los dientes en una columna lateral?

❺ ¿Cómo facilitan la lectura los encabezamientos, los pies de foto y las columnas laterales?

Sugerencia
para exámenes

Repite el pasaje usando
tus propias palabras.

INDICACIONES:

Lee el texto. Luego lee cada
una de las preguntas.

MODELO

Atención niños del barrio

Como el señor Pérez necesita
que lo ayuden a arreglar su casa,
ha inventado un sistema en el
que los niños del barrio obtienen
puntos por ayudarlo, y a cambio
pueden ganarse una visita a un
sitio divertido. El señor Pérez va
a mantener un registro de
cuántos puntos <u>acumula</u> cada
niño y niña.

SITIOS PARA VISITAR:

La playa:	90 puntos
La feria:	60 puntos
El teatro:	40 puntos

COSAS PARA HACER:

Limpiar ventanas:	25 puntos
Pintar el garaje:	90 puntos
Pintar el porche:	35 puntos

Las tareas y los puntos pueden
repartirse. Hasta tres niños por
visita.

1 ¿De qué trata el pasaje?

   A De cómo pueden los niños
repartirse los puntos.

   B De cómo ir a la playa.

   C De cómo el señor Pérez
encuentra ayuda para
arreglar su casa.

   D De cómo limpiar el porche.

2 ¿Qué significa la palabra
<u>acumula</u> en el pasaje?

   F quiere

   G junta

   H pierde

   J pide

Explica en qué te
basaste para elegir
tus respuestas.

97

PREGÓN

¡Acérquense por aquí!
¡Cambio y compro
compro y vendo
un cuento por otro cuento!

En mi costal de remiendos
traigo cuentos, cuenticuentos,
leyendas, coplas, en fin,
cosas de los tiempos idos
—para volverse a vivir—
y cosas de los tiempos nuevos.

¿Quién me cambia?... ¡Cambio y vendo
un cuento por otro cuento!

En mi costal de hilos viejos
traigo cuentos de conejos.

En mi costal de hilo parches
traigo cuentos de tlacuaches.

En mi costal con tirantes
traigo cuentos de elefantes.

En mi costal de hilo y pluma
traigo cuentos de la luna.

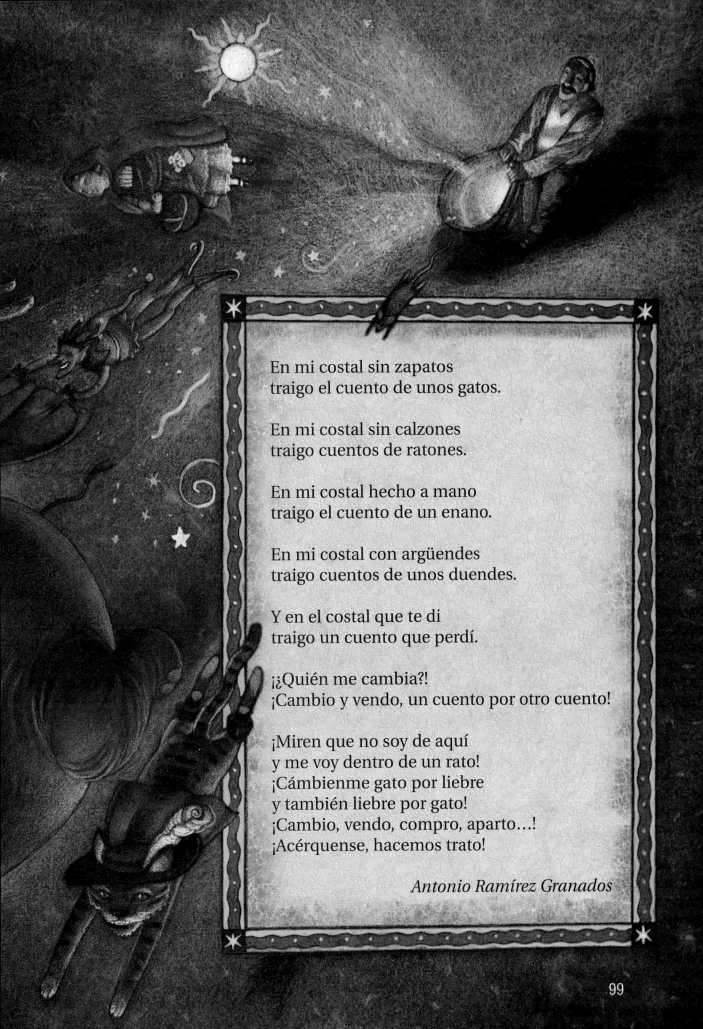

En mi costal sin zapatos
traigo el cuento de unos gatos.

En mi costal sin calzones
traigo cuentos de ratones.

En mi costal hecho a mano
traigo el cuento de un enano.

En mi costal con argüendes
traigo cuentos de unos duendes.

Y en el costal que te di
traigo un cuento que perdí.

¡¿Quién me cambia?!
¡Cambio y vendo, un cuento por otro cuento!

¡Miren que no soy de aquí
y me voy dentro de un rato!
¡Cámbienme gato por liebre
y también liebre por gato!
¡Cambio, vendo, compro, aparto…!
¡Acérquense, hacemos trato!

Antonio Ramírez Granados

Hombro con HOMBRO

DOS VENADITOS...

Dos venaditos que se encontraron,
buenos amigos los dos quedaron;
grandes amigos los dos quedaron,
dos venaditos que se encontraron.

Los cazadores que los persiguen
no los alcanzan, aunque los siguen,
pues nada pueden, aunque los siguen,
los cazadores que los persiguen.

Nicolás Guillén

Arte y Literatura

Muchos cuadros nos presentan una escena dentro de una historia. Como si fueran un cuento, nos invitan a adivinar qué sucederá con los "personajes" a continuación.

~~~~~~

Observa el cuadro. ¿Qué es lo primero que capta tu atención? ¿Por qué? ¿Qué están haciendo las dos mujeres? ¿Qué crees que harán a continuación? ¿Qué te hace pensar eso?

~~~~~~

Fíjate en los colores que usa el artista. ¿Por qué crees que eligió vestir a las dos mujeres de la misma manera? ¿Crees que estas dos mujeres harán mañana este mismo trabajo? Explica tu respuesta.

Dos tehuanas
Diego Rivera, 1934

LA TARTA DE MIEL

Consuelo Armijo

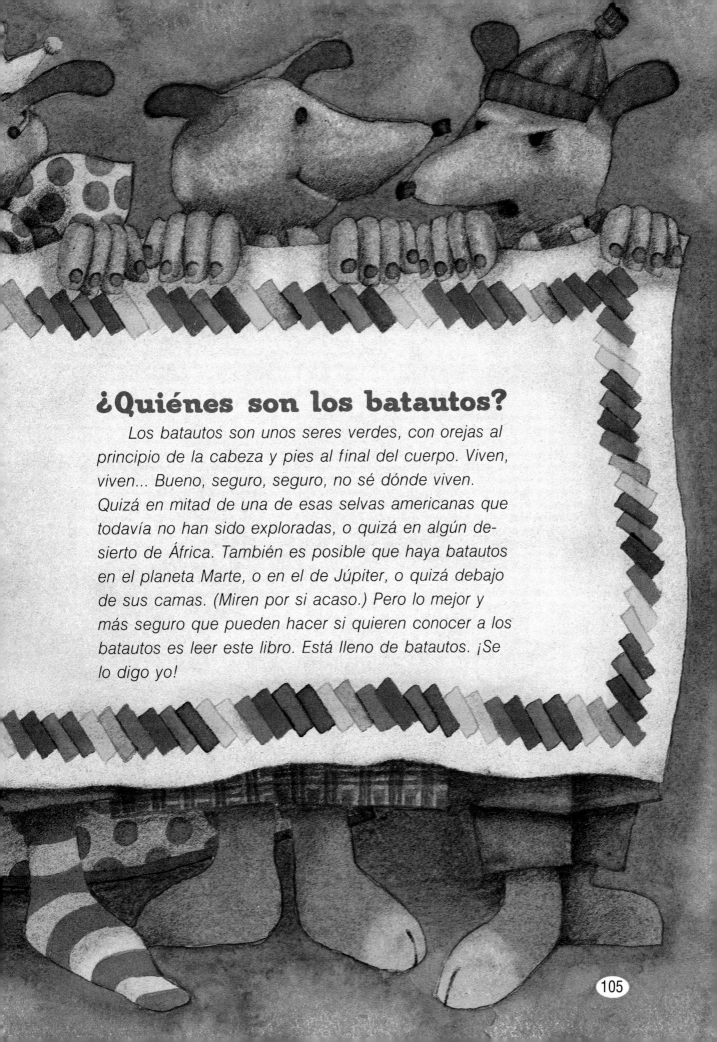

¿Quiénes son los batautos?

Los batautos son unos seres verdes, con orejas al principio de la cabeza y pies al final del cuerpo. Viven, viven... Bueno, seguro, seguro, no sé dónde viven. Quizá en mitad de una de esas selvas americanas que todavía no han sido exploradas, o quizá en algún desierto de África. También es posible que haya batautos en el planeta Marte, o en el de Júpiter, o quizá debajo de sus camas. (Miren por si acaso.) Pero lo mejor y más seguro que pueden hacer si quieren conocer a los batautos es leer este libro. Está lleno de batautos. ¡Se lo digo yo!

¡Cómo llovía aquella tarde! Además había truenos, relámpagos y viento. Era lo que se dice una tarde de perros.

Peluso estaba convidado a merendar tarta de miel en casa de Buu, pero Buu vivía al otro lado del bosque, y a Peluso, cuando se mojaba, le daba reuma. El pobre Peluso prefería no ir, pero se imaginó a Buu trabajando la mañana entera en la cocina para preparar la tarta. Seguro que se había gastado todas sus provisiones de miel y que ahora estaba esperándolo para poder merendar juntos. Peluso suspiró y se dispuso a salir. No quería desilusionar a Buu. Además él nunca comprendería que no fuera, porque aunque Buu tenía el corazón más bueno que ser alguno haya tenido en este mundo, tenía un defecto: no comprendía bien las cosas. Eso es lo que Peluso, que creía conocer en seguida a todos los batautos, había pensado de él desde la primera vez que lo vio. Por eso se había prometido a sí mismo defender siempre a Buu y ser siempre su amigo.

Peluso abrió la puerta de su casa, y ya iba a salir, cuando algo mojado se le incrustó en la barriga haciéndole caer sentado.

—Buenas tardes —dijo Buu sacudiendo su chorreante cuerpo sobre el pobre Peluso, de tal suerte que éste no acababa de enterarse si había caído fuera o dentro de su casa.

—Buenas tardes, Buu —contestó Peluso muy asombrado—.
Gracias por venir a pesar de la lluvia —agregó, armándose
ya un lío con todo.

—¡Pero Peluso, si he venido precisamente por eso! Me
acordé de tu reuma y pensé que sería mejor que fuera yo el
que viniera —y Buu se volvió a sacudir.

—¡Qué amable de tu parte! —dijo Peluso sacudiéndose
el agua que Buu se había sacudido.

—Bah, no tiene importancia. Así he estrenado mi impermeable —y Buu enseñó su impermeable, que había traído doblado debajo del brazo.

"Verdaderamente" pensó Peluso, "es una pena que Buu comprenda tan poco las cosas".

El pobre Buu se acercó al fuego tiritando de frío. Peluso, que ya empezaba a darse cuenta de la situación, le trajo corriendo una toalla y le dio una fricción. Ahora sólo había una cosa que preocupaba a Peluso: ¿qué le iba a dar de merendar a Buu? No tenía nada preparado y el pobre Buu se merecía una buena merienda después de ese remojón. ¿Cómo le iba a decir que no tenía nada? Además, Buu no lo entendería.

Así que Peluso, confiando que una inspiración viniera en su auxilio, dijo a Buu con la mejor de sus sonrisas:
—Siéntate en la butaca y ponte cómodo, querido Buu, mientras yo voy arriba a preparar la merienda.

Una vez en su pequeña cocina, Peluso encontró la situación difícil. Él, por lo general, era austero en sus comidas. Aquella mañana había traído las provisiones de la semana: siete grandes patatas. Las tenía en una repisa puestas en fila. Ahí estaba la patata del lunes, la del martes, la del miércoles y la de todos los demás días, pero...

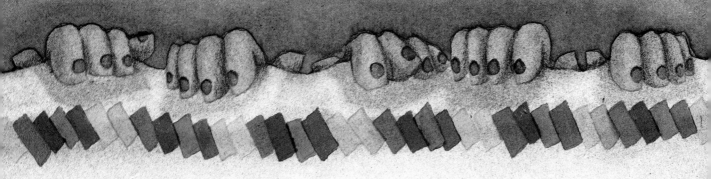

¡Nadie da a sus invitados patatas para merendar! De repente se acordó de que tenía una tableta de chocolate. Sí, la tenía desde un día que decidió convidarse a sí mismo y trajo dos tabletas. Una se la comió ese día, y la otra la guardó por si acaso decidía convidarse otra vez. Estaba dentro de un bote en la repisa más alta.

Peluso cogió un taburete, se subió encima y sacó del bote la pastilla. Era una pastilla pequeña; con ella no tendrían para merendar los dos, pero Peluso la derritió al fuego, luego peló las patatas y las fue colocando unas sobre otras con muy buen pulso, formando una torre, y entonces vertió el chocolate derretido sobre ellas.

"Ya está" se dijo, "tarta de chocolate. La de miel es mejor, pero ésta no estará mal".

Con mucho cuidado para que la torre no se derrumbara, Peluso se dispuso a bajar las escaleras. Ya iba por la mitad del camino cuando, por causas ajenas a todas las voluntades, la patata de más arriba, que formaba el remate de la tarta, dio un pequeño salto y cayó al suelo. Quiso el destino que Peluso fuera a poner el pie encima de la patata, y, en ese mismo instante, se organizó una reñida carrera escaleras abajo entre Peluso y la patata. A cierta distancia les seguía el resto de las patatas y el plato que las contuvo, armando un estruendo capaz de romper los tímpanos más resistentes. ¡Para que luego hablen de la bomba atómica!

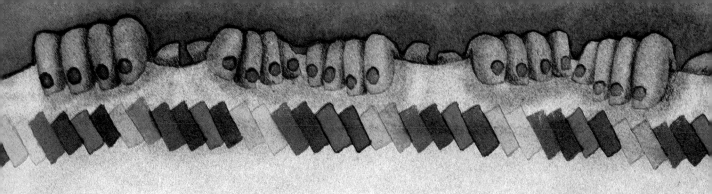

—¡Oh Peluso —dijo Buu con su habitual candidez—, qué
deprisa bajaste las escaleras! Se ve que tienes hambre.

Peluso levantó la cabeza y abrió la boca para contestar
algo, pero no lo hizo y permaneció con la boca abierta. ¡Sobre
la mesa acababa de ver la tarta de miel más hermosa que
jamás viera en su vida!

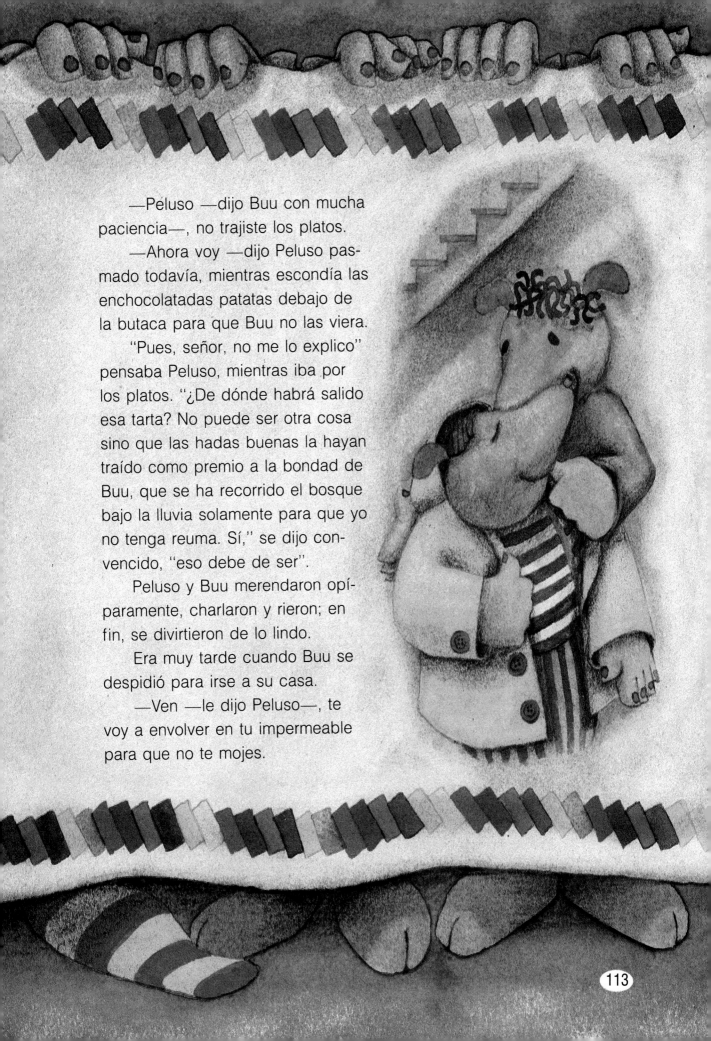

—Peluso —dijo Buu con mucha paciencia—, no trajiste los platos.

—Ahora voy —dijo Peluso pasmado todavía, mientras escondía las enchocolatadas patatas debajo de la butaca para que Buu no las viera.

"Pues, señor, no me lo explico" pensaba Peluso, mientras iba por los platos. "¿De dónde habrá salido esa tarta? No puede ser otra cosa sino que las hadas buenas la hayan traído como premio a la bondad de Buu, que se ha recorrido el bosque bajo la lluvia solamente para que yo no tenga reuma. Sí," se dijo convencido, "eso debe de ser".

Peluso y Buu merendaron opíparamente, charlaron y rieron; en fin, se divirtieron de lo lindo.

Era muy tarde cuando Buu se despidió para irse a su casa.

—Ven —le dijo Peluso—, te voy a envolver en tu impermeable para que no te mojes.

Buu iba a decir que sería mejor limpiar antes el impermeable, puesto que había traído envuelta en él la tarta, y todo el mundo sabe lo pegajosa que es la miel, pero antes de que lo dijera, Peluso ya lo estaba envolviendo, y había tanto cariño y buena voluntad en sus ojos, que Buu sonrió y le dijo:

—Muchas gracias, Peluso; qué bien lo has hecho; seguro que así no me mojo.

Antes de acostarse, mientras se frotaba con un cepillo de crin de camello para quitarse la miel de su cuerpo, Buu pensaba en la suerte que era tener un amigo tan bueno y que lo quisiera tanto como Peluso.

"Sólo tiene un defecto" pensó mientras se restregaba fuertemente, "que a veces no comprende las cosas".

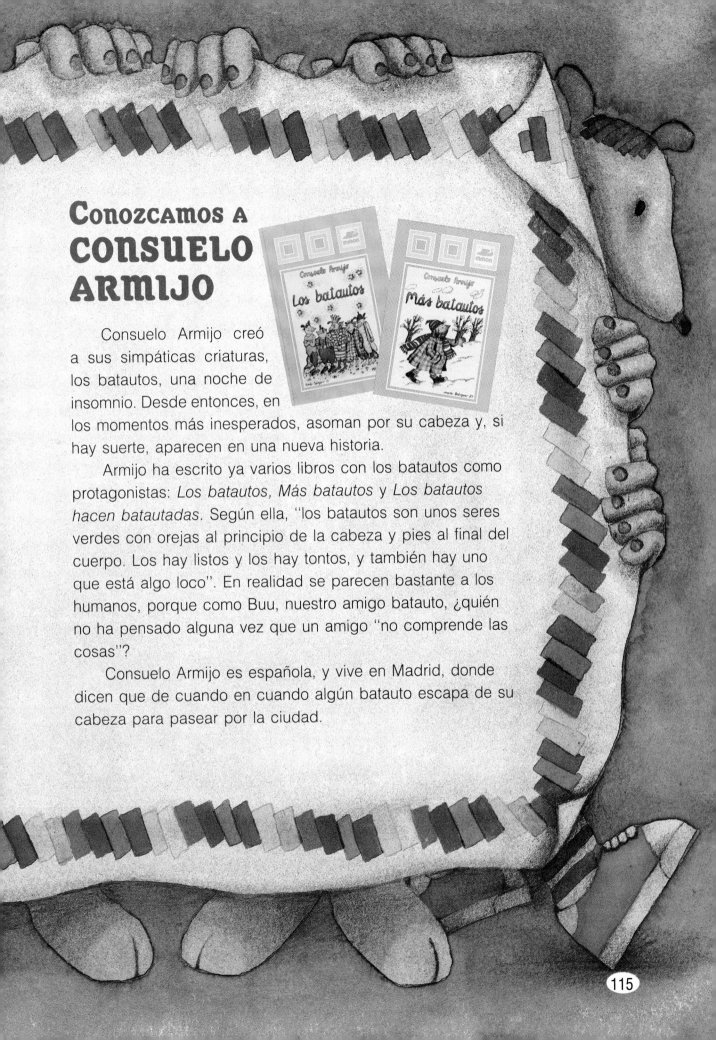

Conozcamos a CONSUELO ARMIJO

Consuelo Armijo creó a sus simpáticas criaturas, los batautos, una noche de insomnio. Desde entonces, en los momentos más inesperados, asoman por su cabeza y, si hay suerte, aparecen en una nueva historia.

Armijo ha escrito ya varios libros con los batautos como protagonistas: *Los batautos, Más batautos* y *Los batautos hacen batautadas*. Según ella, "los batautos son unos seres verdes con orejas al principio de la cabeza y pies al final del cuerpo. Los hay listos y los hay tontos, y también hay uno que está algo loco". En realidad se parecen bastante a los humanos, porque como Buu, nuestro amigo batauto, ¿quién no ha pensado alguna vez que un amigo "no comprende las cosas"?

Consuelo Armijo es española, y vive en Madrid, donde dicen que de cuando en cuando algún batauto escapa de su cabeza para pasear por la ciudad.

Preguntas y actividades

1 ¿Por qué va Buu a casa de Peluso?

2 ¿Cómo sabes que Peluso y Buu son buenos amigos?

3 ¿Por qué piensan los dos amigos que el otro "no comprende las cosas"?

4 ¿Cuál es la idea principal de este cuento?

5 ¿Te recordó "La tarta de miel" a algún otro relato humorístico que hayas leído? ¿En qué se parecen ambos cuentos?

Escribir una carta

¿Te pareció que los batautos tenían cualidades humanas? Escríbele una carta a un familiar o amigo en la que compares a los batautos con los seres humanos. No te olvides de mencionar tanto las semejanzas como las diferencias.

Hacer un mapa

Para llegar a casa de Buu, Peluso tiene que atravesar el bosque. ¿Cómo te imaginas el bosque del cuento? Haz un mapa del bosque que separa las casas de los dos amigos y muestra el camino que tienen que recorrer cuando se visitan. Coloca una clave del mapa, una rosa de los vientos y la escala que usaste. No te olvides de incluir plantas, animales y riachuelos.

Dibujar criaturas imaginarias

Los batautos son seres verdes con orejas al principio de la cabeza y pies al final del cuerpo. Ahora te toca a ti inventar otras criaturas imaginarias. Haz un dibujo en el que muestres cómo son físicamente tus seres fantásticos. ¡No te olvides de inventarles un nombre!

Investigar

Buu prepara una hermosa tarta de miel. La miel es una sustancia pegajosa y dulce que producen las abejas. Consulta una enciclopedia o Internet para obtener más información sobre la miel: ¿con qué la hacen las abejas?, ¿para qué la hacen? Conversa con tus compañeros sobre lo que investigaste.

Usar un diccionario

Peluso le pide a Buu que se siente en una butaca mientras prepara la merienda. ¿Sabes qué significa la palabra *butaca*? Puedes buscarla en el diccionario.

Un **diccionario** te indica el significado de las palabras y cómo se dividen en sílabas. Además, dice qué parte de la oración es la palabra que estás buscando y, algunas veces, te muestra cómo usarla en una oración. Algunos incluso traen dibujos de las palabras.

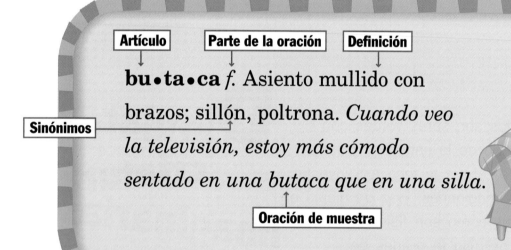

| Artículo | Parte de la oración | Definición | Ilustración |

bu•ta•ca *f.* Asiento mullido con brazos; sillón, poltrona. *Cuando veo la televisión, estoy más cómodo sentado en una butaca que en una silla.*

Sinónimos

Oración de muestra

butaca

Usa el modelo para responder a las siguientes preguntas.

1 ¿Qué significa la palabra *butaca*?

2 ¿Cuántas sílabas tiene?

3 ¿Qué parte de la oración es?

4 ¿Significan lo mismo las palabras *poltrona* y *butaca*? ¿Cómo lo sabes?

5 ¿Cuándo debes buscar una palabra en el diccionario?

INDICACIONES:

Lee el texto. Luego lee cada una de las preguntas.

MODELO

Las vasijas de Aquiles

Un día, Aquiles miró las hermosas vasijas que tenía colocadas una junto a otra sobre una repisa y dijo: —Ya he hecho vasijas de todas las formas y tamaños posibles. He hecho vasijas redondas, cuadradas, grandes y pequeñas. No importa cómo moldee la arcilla, ya he agotado todas las posibilidades.

—Quizás podrías pintar tus vasijas —sugirió su padre—. Las vasijas más bonitas que he visto tenían pintadas figuras de personas y animales o paisajes.

Aquiles sonrió y se levantó de un salto.

—¡Vuelvo enseguida! —gritó—. ¡Tengo que llegar a la tienda donde venden pintura antes de que cierre!

1 ¿Cómo es probable que sean las vasijas que hará Aquiles de ahora en adelante?

A iguales a las que venía haciendo

B con figuras de personas y animales o paisajes

C más grandes que las que venía haciendo

D más pequeñas que las que venía haciendo

2 ¿Cómo se sintió Aquiles cuando miró las vasijas que había en la repisa?

F furioso

G alegre

H emocionado

J frustrado

Arte y Literatura

Las películas pueden transportarnos
a lugares que sólo existen en
nuestra imaginación. Además,
nos pueden hacer participar en
aventuras con las que solamente
podemos soñar.

Observa esta escena de la película
El mago de Oz. ¿Qué está
pasando? ¿Qué crees que pasará a
continuación? ¿Cómo llegarán
Dorothy y sus amigos a Ciudad
Esmeralda? ¿Qué pasará una vez
que lleguen allí?

Mira la escena una vez más.
¿Cómo sabes que el sitio y algunos
de los personajes no son reales?
¿Cómo sabes que lo que sucede en
esta escena es "sólo un sueño"?

Escena de
El mago de Oz, 1939
MGM Turner Entertainment

Como de costumbre, Walter se detuvo en la panadería en su camino de la escuela a la casa y compró una rosquilla grande rellena de mermelada. La sacó de la bolsa y se la comió deprisa mientras caminaba. Se lamió la mermelada de los dedos; luego, arrugó la bolsa vacía y la tiró contra un hidrante.

SÓLO UN SUEÑO

Texto e ilustraciones de
Chris Van Allsburg

Cuando llegó a casa, Walter vio a Rosa, su vecinita, regando un árbol recién plantado. —Es mi regalo de cumpleaños —dijo Rosa con satisfacción.

Walter no podía entender que alguien quisiera un árbol de regalo. Su cumpleaños sería en unos pocos días, y le dijo a Rosa que él no iba a aceptar de regalo una tonta planta.

Después de cenar, Walter sacó la basura. Al lado del garaje había tres cubos para la basura: uno para las botellas, otro para las latas y un tercero para todo lo demás. Como de costumbre, Walter tiró todo en uno de los cubos. Él no tenía tiempo de ponerse a clasificar basura, mucho menos cuando había algo bueno en la televisión.

El programa que tenía tantas ganas de ver se trataba de un niño que vivía en el futuro y que volaba a todas partes en un

aeroplano chiquito que estacionaba en el
techo de su casa. Tenía un robot y una
pequeña máquina que preparaba todo tipo
de comida con sólo apretar un botón.

Walter se fue a dormir pensando que
le encantaría vivir en el futuro. Se moría de
ganas de tener su propio avioncito, un robot
que sacara la basura y una máquina que hiciera
montones de rosquillas rellenas de mermelada.
Cuando se quedó dormido su sueño se hizo
realidad. Esa noche la cama de Walter viajó al...

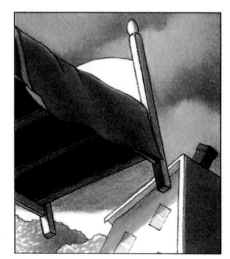

futuro.

Walter se despertó en medio de un basurero inmenso. Un tractor empujaba hacia su cama una pila de abultadas bolsas de basura.

—¡Deténgase! —gritó.

El conductor puso el tractor en punto muerto.

—Disculpa —dijo—, no te había visto.

Walter miró hacia las montañas de basura que se perdían de vista y vio casas medio enterradas.

—¿Aquí vive gente? —preguntó Walter.

—Ya no —contestó el hombre.

A pocos metros de su cama había un letrero oxidado que

126

decía AVENIDA FLORAL.

—¡Oh no! —dijo Walter con asombro. Él vivía en la Avenida Floral.

El conductor puso en marcha el tractor.

—¡Bueno! —gritó—. ¡A trabajar!

Walter se tapó la cabeza con las cobijas. "Éste no puede ser el futuro", pensó. "Seguro que es sólo un sueño." Entonces volvió a quedarse dormido.

Pero no por mucho tiempo...

Walter asomó la cabeza por el borde de su cama, que estaba atrapada en lo alto de las ramas de un árbol. Abajo pudo ver a dos hombres que cargaban una enorme sierra.

—¡Hola! —gritó Walter.

—¡Hola allá arriba! —respondieron los hombres.

—¿No pensarán cortar este árbol? ¿Verdad? —preguntó Walter.

Pero los leñadores no le contestaron. Se quitaron las chaquetas, se remangaron las camisas y se pusieron a trabajar. Empujaban la sierra hacia adelante y hacia atrás, cortando el tronco del árbol de Walter.

—Seguro que necesitan este árbol para
algo muy importante —dijo Walter a los hombres.

—Por supuesto —dijeron—. Algo sumamente
importante.

Walter se dio cuenta entonces de lo que
decía en sus chaquetas. Apenas podía leer las
palabras: COMPAÑÍA DE PALILLOS DE CALIDAD.
Walter suspiró y volvió a deslizarse bajo
las cobijas.

Hasta que...

129

alter tosía sin parar. Su cama apenas se sostenía sobre el borde de una chimenea gigantesca. El aire estaba lleno de un humo que le irritaba los ojos y hacía que le ardiera la garganta. Estaba en medio de docenas de chimeneas que arrojaban densas nubes de humo caliente y maloliente. Un trabajador subió por una de las chimeneas.

—¿Dónde estamos? —gritó Walter.

—En la Fábrica de Medicinas de Máxima Potencia —respondió el hombre.

—¡Caray! —dijo Walter mientras miraba la gran cantidad de humo que salía de las chimeneas—. ¿Qué clase de medicina fabrican aquí?

—Una medicina que es una maravilla —replicó el hombre—, para los ojos irritados y el ardor de garganta.

Walter empezó a toser de nuevo.

—Si quieres te traigo un poco —ofreció el hombre.

—No, gracias —dijo Walter. Enterró la cabeza en la almohada y, cuando por fin dejó de toser, se durmió.

Aunque luego...

Copos de nieve caían sobre Walter. Estaba en lo alto de una montaña. Un grupo de personas con raquetas para andar en la nieve y abrigos de piel pasaron caminando junto a su cama.

—¿Adónde van? —preguntó Walter.

—Al hotel —contestó uno de ellos.

Walter se dio vuelta y vio un edificio descomunal con un letrero que decía: HOTEL EVEREST.

—¿Acaso ese hotel... está en la cima del Monte Everest? —preguntó Walter.

—Sí —dijo otra de las personas del grupo—. ¿No es bellísimo?

—La verdad... —comenzó a decir Walter, pero el grupo siguió caminando antes de que pudiera terminar. Le dijeron adiós y se alejaron. Walter miró con asombro el brillante letrero amarillo, y luego volvió a acurrucarse bajo las sábanas.

Pero aún no lo había visto todo...

Walter sintió que su mano estaba mojada y fría. Al abrir los ojos, estaba flotando en alta mar, en dirección a un barco pesquero. Los pescadores del barco se reían y bailaban.

—¡Barco a la vista! —gritó Walter.

Los pescadores lo saludaron con la mano.

—¿Qué celebran? —preguntó.

—Acabamos de atrapar un pez —contestó uno de los pescadores—. ¡El segundo de la semana! Y levantaron el pequeño pescado para que Walter lo viera.

—¿No deberían volver a echar al agua los peces pequeños? —preguntó Walter.

Pero los pescadores no lo oyeron. Estaban distraídos bailando y cantando.

Walter se dio vuelta y pronto se volvió a dormir acunado por el suave movimiento de la cama que se mecía en el agua.

Pero sólo por un momento...

Una bocina ruidosa y chillona casi lo lanzó fuera de la cama. Walter se paró de un salto y vio que lo rodeaban autos y camiones que avanzaban a paso de tortuga y hacían sonar sus bocinas estrepitosamente. Todos los conductores llevaban un teléfono celular en una mano y una taza de café en la otra. Cuando el tráfico se detuvo por completo, los bocinazos se hicieron aún más fuertes. Walter no podía volverse a dormir.

Pasaron las horas y Walter se preguntó si se quedaría atrapado en esta autopista para siempre. Entonces se cubrió la cabeza con la almohada.

136

"Éste no puede ser el futuro", pensó. "¿Dónde están los aeroplanos pequeñitos y los robots?" Los bocinazos siguieron hasta la noche, cuando, finalmente, los autos se fueron quedando en silencio, uno a uno, a medida que los conductores y Walter se fueron durmiendo.

Pero su cama siguió viajando...

Walter miró hacia arriba. Justo al lado de su cama había un caballo que lo miraba fijamente. Sobre la silla de montar estaba una mujer vestida de vaquera.

—Le caes bien a mi caballo —dijo la mujer.

—Me alegro —contestó Walter, que se preguntaba adónde habría venido a parar esta vez. Sólo podía ver una opaca neblina amarillenta.

—Hijo —le dijo la mujer extendiendo los brazos hacia adelante—, éste es el imponente Gran Cañón.

Walter miró con atención hacia la nublada lejanía.

—De más está decir —continuó la mujer—, que con todo este smog nadie ha podido

verlo bien en años. Entonces la mujer trató
de venderle unas postales que mostraban
el cañón en mejores épocas.

—Son muy bonitas —le aseguró.

Pero Walter no alcanzó a mirarlas. "Es
sólo un sueño", se dijo. "Yo sé que ya pronto
me despertaré de nuevo y estaré en
mi habitación."

Pero no fue así...

Walter sacó la cabeza de las sábanas para mirar. Su cama volaba por el cielo nocturno. Una bandada de patos voló por encima. Uno de ellos aterrizó sobre su cama y, para su sorpresa, empezó a hablar.

—Espero que no te moleste si descanso aquí un ratito —dijo el pato.

Los patos habían estado volando durante días en busca del estanque donde normalmente se paraban a comer.

—Seguro que está aquí abajo en alguna parte —dijo Walter, sospechando, sin embargo, que algo terrible había ocurrido.

Al rato, el pato caminó meneando la colita hasta el borde de la cama, respiró hondo y echó a volar.

—Buena suerte —le gritó Walter.

Luego se tapó la cabeza con la cobija. "Es sólo un sueño", suspiró, y se preguntó si algún día acabaría.

Luego, finalmente...

La cama de Walter volvió al presente. Aunque estaba a salvo en su habitación, se sentía fatal. El futuro que había visto no era lo que esperaba. Ya no le parecían tan importantes los robots y los avioncitos. Se asomó a la ventana y miró los árboles y el césped bajo la luz del amanecer; luego saltó de la cama.

Todavía en pijama, salió corriendo por la calle. Encontró la bolsa que había tirado al pie del hidrante y la recogió. Luego, volvió a la casa y, antes de que saliera el sol, clasificó toda la basura que había junto al garaje.

Pocos días después, en su cumpleaños, todos sus amigos vinieron a comer pastel y helado. Todos estaban fascinados con los juguetes nuevos de Walter: la pistola de rayos láser, el yoyo eléctrico, el dinosaurio inflable.

—Pero el mejor de todos mis regalos está afuera —les dijo Walter.

Y les enseñó el regalo que él mismo había escogido esa mañana: un árbol.

Después de la fiesta, Walter y su padre plantaron el regalo de cumpleaños. Cuando se fue a dormir, Walter miró por la ventana. Desde allí podía ver su árbol y el de Rosa. Le gustaba cómo se veían uno al lado del otro. Entonces se quedó dormido, aunque no por mucho tiempo, ya que esa noche la cama de Walter lo llevó de viaje otra vez.

Cuando Walter despertó, su cama se encontraba a la sombra de dos árboles muy altos. El cielo estaba azul. La ropa limpia colgada al sol se movía con la brisa. Un hombre empujaba una podadora de césped mecánica. "Éste no es el futuro", pensó Walter. "Es el pasado."

—¡Buenos días! —dijo el hombre—. ¡Qué buen sitio has encontrado para dormir!

—Desde luego —respondió Walter.

Los inmensos árboles que estaban junto a su cama ofrecían una agradable sensación de paz y tranquilidad.

El hombre miró hacia las hojas
que susurraban con el viento.

—Mi bisabuela plantó uno de
estos árboles cuando era niña
—dijo el hombre.

Walter miró también hacia las hojas y se dio cuenta adónde lo había traído su cama. Éste era el futuro, si bien no el que había imaginado. Todavía no había robots ni avioncitos. No había ni siquiera secadoras de ropa ni podadoras de césped a gasolina. Walter se recostó en su cama y sonrió.

—Me gusta este sitio —le dijo al hombre.

Luego se quedó dormido bajo la sombra de los dos enormes árboles: los que él y Rosa habían plantado hacía tantos años.

CONOZCAMOS A
Chris Van Allsburg

A Chris Van Allsburg le preguntan a menudo de dónde saca las ideas para sus cuentos. Después de bromear diciendo que le llegan por correo o del espacio sideral, admite que no está seguro de dónde las saca, sólo sabe que en algún momento se le ocurren.

Para él, que escribe e ilustra sus cuentos, las historias comienzan, por lo general, con una imagen. Por ejemplo, para crear *El expreso polar*, libro premiado con la medalla Caldecott, Chris se imaginó a un niño que viajaba en un tren que había visto pasar varias veces frente a su casa. En alguno de los viajes, el tren llegaba hasta el Polo Norte.

Para hacer *Sólo un sueño*, Chris pensó en un medio ambiente contaminado. Su desafío era transformar este problema real en un cuento interesante.

Así, decidió hacer que un niño llamado Walter viajara en su cama a varios lugares. "Se supone que nuestra cama es un lugar seguro", dice el autor. "Pero no nos sentiríamos tan seguros si nuestra cama estuviera en medio de un vertedero de basura."

Aunque Chris trabaja en el texto antes de hacer las ilustraciones, admite que se imagina los dibujos a medida que escribe. Para él, escribir un cuento es como hacer una película en la que tiene que elegir qué partes quiere dibujar.

EL EXPRESO POLAR

Preguntas y actividades

1. ¿Dónde está Walter mientras viaja a los distintos sitios del cuento?

2. ¿Qué piensa Walter acerca del medio ambiente al principio del cuento? ¿Cómo lo sabes? ¿Y al final? Explica.

3. ¿Por qué son importantes los sueños de Walter?

4. Nombra en orden los sucesos más importantes del cuento.

5. Imagínate que Walter entra en la escena de *El mago de Oz* de las páginas 120-121. ¿Qué les diría a Dorothy y a sus amigos?

Escribir un ensayo

Gracias a sus sueños, Walter se da cuenta de lo importante que es cuidar el medio ambiente. Escribe un ensayo en el que compares cómo sería el mundo si no cuidáramos el medio ambiente y cómo sería si lo cuidáramos. Sugiere algo que tú y tus compañeros podrían hacer para crear un mejor futuro.

Hacer un experimento

En el sueño de Walter el aire estaba tan contaminado que no había buena visibilidad. Para estudiar la pureza del aire de tu comunidad cuelga un trapo blanco limpio de una ventana y déjalo allí durante, por lo menos, un día entero. Quítalo de la ventana y obsérvalo: ¿está aún limpio? Comenta los resultados con tus compañeros.

Dibujar una historieta

En sus sueños, Walter ve un mundo prácticamente destruido por la contaminación. Haz una historieta en la que muestres lo que ocurrirá si no protegemos el medio ambiente. Acuérdate de incluir un título ingenioso.

Investigar

En la comunidad de Walter había un programa para reciclar latas y botellas. ¿Qué programas de reciclaje hay en tu comunidad? Primero, busca en las páginas amarillas de la guía telefónica, bajo *reciclaje*, para averiguar qué cosas puedes reciclar. Haz un volante con lo que aprendiste en el que expliques *qué, cuándo, dónde* y *cómo* reciclar.

Usar un diccionario de sinónimos

Walter quiere ver un programa sobre un niño que vuela en un aeroplano *chiquito* y que tiene una *pequeña* máquina que hace comida con sólo apretarle un botón. Las palabras *chiquito* y *pequeño* son **sinónimos**. Una palabra es sinónima de otra cuando ambas significan lo mismo o algo similar. Un **diccionario de sinónimos** contiene los sinónimos de muchas palabras. Al igual que en los diccionarios comunes, en los de sinónimos las palabras están ordenadas alfabéticamente. Después de cada palabra principal aparece una lista de sinónimos.

pequeño *adj.* **1.** *La ardilla es un animal pequeño*: chiquito, chico, menudo. **2.** *Deben comprobarse hasta los detalles más pequeños*: de poca importancia. **3.** *Oímos un pequeño ruido*: débil, de poca intensidad.

Usa el modelo para responder a las siguientes preguntas.

1 ¿Qué información nos ofrece un diccionario de sinónimos?

2 ¿Cuáles son los tres sinónimos del primer significado de la palabra *pequeño*?

3 ¿Cómo buscarías una palabra en un diccionario de sinónimos que está organizado como un diccionario común?

4 ¿Qué parte de la oración es *pequeño*?

5 ¿En qué se diferencia un diccionario de sinónimos de un diccionario común?

Sugerencia para exámenes

Por lo general, hay pistas para entender el significado de la palabra subrayada cerca de ésta.

INDICACIONES:

Lee el texto. Luego lee cada una de las preguntas.

MODELO

Un regalo para Juan

La casa de Antonio estaba llena de cajas. Habían <u>transferido</u> a sus padres y ahora él y su familia tenían que mudarse. Antonio y Juan, su mejor amigo, estaban muy tristes. Habían sido buenos amigos desde que jugaban en el mismo equipo de las Ligas Menores en el segundo grado. Juan no podía hacerse a la idea de que, al día siguiente, Antonio ya no estaría con él en la escuela.

—¡Ojalá no tuvieras que mudarte! —dijo bruscamente Juan.

Antonio miró hacia la caja que tenía a sus pies en la que decía "béisbol". Se agachó, sacó su pelota favorita y se la regaló a Juan, su mejor amigo.

1 ¿De qué trata el pasaje?

   A de las Ligas Menores

   B de la amistad de dos niños

   C de cómo hacer una mudanza

   D de ir a la escuela

2 En el pasaje, la palabra <u>transferido</u> significa:

   F mentido

   G trasladado a otro lugar

   H pedido un favor

   J dado mucho dinero

Arte y Literatura

Algunos cuadros se limitan a insinuar lo que está ocurriendo en lugar de contar una historia completa. Le toca entonces al espectador predecir qué va a pasar.

Observa el cuadro. ¿Qué puedes decir de esta competencia? ¿Quién es el hombre de cara a los remeros? ¿Qué equipo crees que ganará? ¿Qué te hace pensar eso?

Mira de nuevo el cuadro. ¿Qué pasará con el equipo ganador? ¿Cómo se sentirán los perdedores? ¿Qué mostrarías si tuvieras que pintar la escena siguiente?

152

Los remeros, Manuel Losada
Museo de Bellas Artes, Bilbao, España

Conozcamos a Ken Mochizuki

El béisbol nos salvó significa mucho para Ken Mochizuki, debido a que sus padres, que eran americanos de origen japonés, fueron forzados a dejar su hogar para vivir en un campo de confinamiento del gobierno durante la Segunda Guerra Mundial. En este cuento, Ken muestra cómo era el Campo a través de los ojos de un niño y cómo el béisbol ayudó a resolver muchos de los problemas de la vida en ese lugar.

Con su libro, Ken espera que los jóvenes lectores se den cuenta de que "deben conocer a los demás para no tener prejuicios". Y de que deben creer en sus capacidades en vez de escuchar a aquellos que quieran desanimarlos.

Además de escritor de libros para niños, Ken es actor y periodista.

Conozcamos a Dom Lee

Aunque ha trabajado con Ken Mochizuki en muchos libros, *El béisbol nos salvó* es uno de los cuentos favoritos del ilustrador Dom Lee.

Antes de ilustrar un libro, a Dom, nacido en Corea del Sur, le gusta investigar el tema y observar fotografías. Para ilustrar *El béisbol nos salvó*, estudió las fotografías de uno de estos campos de confinamiento tomadas por el famoso fotógrafo estadounidense Ansel Adams.

Dom creó las imágenes para este libro raspándolas del papel que había cubierto previamente con cera de abeja. El toque final lo consiguió con óleos y lápices de colores, logrando notables resultados.

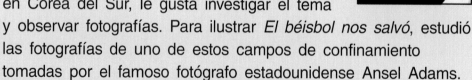

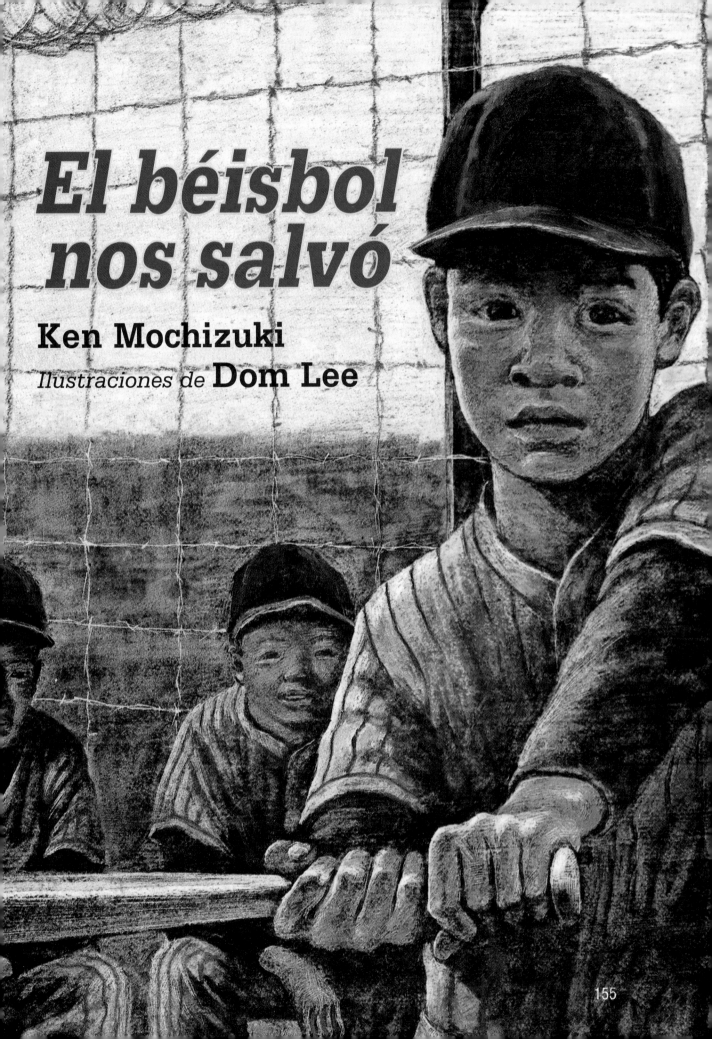

El béisbol nos salvó

Ken Mochizuki

Ilustraciones de **Dom Lee**

Un día mi padre, mientras contemplaba el desierto interminable, decidió construir un campo de béisbol.

Dijo que la gente del Campo necesitaba algo en qué ocuparse. El nuestro no era un campo divertido, como un campamento de verano o algo así. Quedaba lejos de todo y de todos, y estábamos tras de una cerca de alambre de púas. Soldados armados nos mantenían allí, y el hombre en la torre observaba todo lo que hacíamos, no importaba dónde estuviéramos.

Mi padre empezó a caminar sobre la tierra seca y agrietada. Yo le pregunté una vez más por qué estábamos allí.

—Porque Estados Unidos está en guerra con Japón y el gobierno desconfía de los japoneses que viven en este país —dijo—. Pero es injusto. ¡También nosotros somos norteamericanos!

Entonces hizo una marca en la tierra y musitó algo sobre dónde debería colocar las bases.

Antes de llegar al Campo, cuando todavía estaba en el colegio, yo era el menor y más bajo de estatura de todos los niños. Siempre me escogían al último cuando se formaban los equipos para cualquier partido. Después, hace algunos meses, las cosas empeoraron. Los niños empezaron a insultarme y nadie conversaba conmigo, a pesar de que yo no había hecho nada malo. Por esos días la radio no paraba de hablar de un sitio lejano llamado Pearl Harbor.

Un día papá y mamá vinieron y me sacaron del colegio. Mamá lloraba mucho, pues tuvimos que dejar la casa a toda prisa y abandonar muchas de nuestras cosas. Un autobús nos llevó a un sitio donde nos tocó vivir en caballerizas. Allí estuvimos por un tiempo y después nos trajeron aquí.

El Campo no se parecía a nuestra casa en nada. Hacía mucho calor de día y frío de noche. Cuando se desataban tormentas de arena, no se podía ver nada. A veces las tormentas nos sorprendían afuera, haciendo cola para comer o para ir al baño. Y había que entrar al baño con todo el mundo, no uno por uno, como en casa.

También teníamos que comer con todo el mundo, pero
mi hermano mayor, Teddy, comía con su propio grupo de
amigos. Vivíamos con mucha gente en barracas. El lugar
era pequeño, no tenía paredes y los bebés lloraban por la
noche y nos mantenían despiertos.

Antes, cuando estábamos en casa, los mayores se la pasaban siempre atareados, trabajando. Ahora lo único que hacían era quedarse de pie o sentarse por ahí. Una vez papá le pidió a Teddy que le alcanzara un vaso de agua.

—Tráigalo usted mismo —dijo Teddy.

—¿Qué dijiste? —replicó papá.

Los señores mayores se pusieron de pie y señalaron a Teddy con el dedo.

—¡Cómo te atreves a hablarle así a tu padre! —gritó uno de ellos.

Teddy se puso de pie, le dio un puntapié al cajón donde había estado sentado y se marchó. Yo nunca había oído a Teddy hablarle así a papá.

Fue entonces cuando mi padre comprendió lo importante que sería para nosotros el béisbol. Conseguimos palas y empezamos a limpiar de malezas un terreno grande que había cerca de las barracas. El hombre en la torre nos vigilaba todo el tiempo. Muy pronto otros padres y sus hijos empezaron a ayudarnos.

No teníamos nada de lo que se necesita para jugar al béisbol, pero los mayores eran muy listos. Encauzaron el agua desde las zanjas de irrigación e inundaron lo que iba a ser el campo. El agua apisonó y endureció el polvo. No había árboles, pero se las arreglaron para encontrar madera y construyeron las graderías. Nuestros antiguos vecinos y amigos nos enviaron bates, pelotas y guantes en sacos de tela. Mi mamá y las otras madres le quitaron el forro a los colchones e hicieron los uniformes. Parecían casi como los de verdad.

Empecé a jugar, pero no lo hacía muy bien, que digamos. Papá dijo que sólo me faltaba ponerle más empeño. Yo sabía, sin embargo, que jugar aquí era un poco más fácil que en la escuela, pues la mayoría de los niños eran de mi estatura.

El hombre en la torre siempre me observaba entrenar. Seguramente veía a los otros niños haciéndome pasar apuros y pensaba que yo nunca aprendería. Como sabía que él me miraba, yo trataba de hacerlo cada vez mejor.

Ahora había partidos de béisbol en todo momento. Los mayores jugaban y también los chicos. Yo jugaba en segunda base, pues los de mi equipo decían que era la posición más fácil. Cada vez que yo estaba al bate, el campocorto contrario empezaba a hacer chistes y se colocaba bien cerca. Detrás de mí, el receptor y los fanáticos del equipo contrario decían: "¡Éste se poncha fácil!" Y yo casi siempre me ponchaba, aunque de vez en cuando conectaba un sencillo.

Entonces llegó uno de los últimos juegos del año, decisivo para el campeonato. Estábamos en la segunda mitad de la novena entrada y el equipo contrario ganaba 3 a 2. Teníamos un hombre en segunda y dos fuera de juego.

Me hicieron dos lanzamientos, traté de darles con el bate, pero fallé. Sabía que nuestro hombre en segunda estaba rogando que por lo menos conectara un sencillo, para que viniera a batear alguien mejor. El público cada vez gritaba más:

—¡Tú puedes!

—¡Pónchalo!

—¡No sabe batear! ¡No sabe batear!

Miré hacia la torre que estaba detrás del campo izquierdo y vi al guardia apoyado en la baranda. El sol del desierto destellaba en sus gafas oscuras. Siempre estaba vigilando, siempre mirando. De repente sentí rabia.

Agarré el bate con más fuerza y me coloqué en posición para batear. Iba a enviar la pelota más allá de la torre del guardia, aunque me costara la vida. Todo el mundo guardó silencio y el lanzador tiró la pelota.

Apoyé firmemente la pierna y bateé con toda mi fuerza. Nunca había sentido un golpe como aquel. La pelota se fue aún

más lejos de lo que yo esperaba. Mientras corría a primera base pude verla, alta, contra el fuerte sol del desierto. Pasaba sobre la cabeza del jardinero izquierdo.

Volé por las bases, seguro de que me iban a dejar fuera. Pero no me importó. Corrí lo más rápido que pude para llegar a la base meta y ni siquiera me di cuenta de que ya la había pasado.

Cuando menos pensé estaba en el aire, sobre los hombros de mis compañeros. Miré a la torre y el guardia, sonriendo, me hizo la señal de la victoria.

Sin embargo, aquello no significó que los problemas se hubieran acabado. Después de la guerra dejamos el Campo y regresamos a casa, pero las cosas siguieron mal. Nadie nos hablaba en la calle y a mí nadie me hablaba en la escuela. La mayoría de mis amigos del Campo habían regresado a otros lugares y a la hora de almorzar me sentaba siempre solo.

Entonces comenzó la temporada de béisbol. Otra vez yo era el de más baja estatura en el equipo, pero en el Campo me había convertido en un buen jugador. Los otros chicos se dieron cuenta y aunque me empezaron a llamar "Pulga", no lo hacían con mala intención.

Para el primer partido ya casi había empezado a sentirme parte del equipo. En el autobús todos bromeábamos y nos reíamos. Pero cuando llegamos, de golpe me di cuenta de algo: nadie, ni en mi equipo, ni en el equipo contrario, ni siquiera en el público, lucía como yo.

Cuando entramos al campo, me temblaban las manos.
Me parecía que todos los ojos estaban clavados en mí,
esperando que cometiera errores. Dejé caer una pelota que
me lanzaron y oí voces entre el público que gritaban:
"¡Japonés!" Desde los días anteriores al Campo no había oído
esa palabra: quería decir que me odiaban.

Bateaba mi equipo y yo era el próximo al bate. No quería
salir. Pensé en hacerme el enfermo y así no tener que terminar el juego, pero sabía que eso sería peor, pues en la escuela se burlarían de mí por cobarde. Y también me dirían
aquella terrible palabra.

Cuando salí a batear, el público gritaba: "¡El japonés no sirve!" "¡Se poncha fácil!" Oí risas. Traté de batear la pelota dos veces, pero fallé. El público vociferaba cada vez que yo fallaba, ahogando la voz de mis compañeros de equipo, que gritaban: "¡Vamos, Pulga, tú puedes!". Me salí de la posición de bateo para recuperar el aliento.

Me coloqué de nuevo en posición y miré al lanzador. El sol brillaba en sus gafas, como había brillado en las del guardia en la torre. Nos miramos fijamente. Dejé de oír el ruido a mi alrededor y me preparé para batear. El lanzador levantó la pierna, tomó impulso y lanzó la pelota.

Bateé, sentí otra vez aquel firme golpazo y vi la pelota
en el aire, contra el cielo azul y entre las pequeñas nubes
algodonosas. Parecía que pasaría por encima de la cerca.

Preguntas y actividades

1. ¿Qué es el "Campo" al que se refiere el cuento?

2. ¿Te imaginaste cómo iba a terminar el cuento? ¿Cómo hiciste para saberlo?

3. ¿Por qué era bueno jugar al béisbol para la gente que vivía en el Campo?

4. ¿Qué le contarías a un amigo o amiga acerca de este cuento?

5. Compara este cuento con otro que hayas leído, o con una película que hayas visto, en el que el protagonista tuviera que enfrentarse a los prejuicios de los demás. Señala las semejanzas y diferencias.

Escribir una columna deportiva

Imagínate que eres un periodista deportivo durante la guerra, y que estás cubriendo los partidos de béisbol de los campos de confinamiento. Compáralos con los juegos de otras comunidades. Explica en qué se diferencian los lugares y por qué. Señala las semejanzas y diferencias de los juegos.

Diseñar un uniforme de béisbol

Todos los personajes del cuento participaron en el juego. Las madres, por ejemplo, le quitaron el forro a los colchones para hacer uniformes. ¡Ésta es tu oportunidad de diseñar tu propio uniforme de béisbol! Diséñalo con dibujos, cosiendo retazos de tela o combinando distintas prendas de vestir. Después, hagan un desfile de uniformes en clase.

Diseñar un campo de béisbol

Los personajes del cuento construyeron un campo de béisbol. Averigua en una enciclopedia qué medidas debe tener un campo de béisbol. Luego, dibuja un diagrama en el que muestres todas las medidas y los ángulos de un campo de béisbol.

Investigar

El narrador del cuento se convierte en un héroe cuando conecta un jonrón. ¿Quiénes son algunas de las leyendas del béisbol? Para averiguarlo, puedes mirar figuritas de béisbol, entrevistar a un amigo mayor que tú, consultar una enciclopedia o leer las páginas deportivas del periódico. Investiga quiénes han sido los jugadores más importantes en la historia de este juego. Conversa con tus compañeros sobre lo que investigaste.

Usar una enciclopedia

¿Dónde buscarías más información sobre el béisbol? Podrías consultar una enciclopedia. Una **enciclopedia** es un conjunto de libros con artículos acerca de personas, lugares, cosas, sucesos e ideas que están ordenados alfabéticamente en volúmenes o tomos. Para consultar una enciclopedia necesitas una **palabra clave**. Por ejemplo, si buscas datos generales del juego, puedes buscar bajo la palabra *béisbol*. También podrías consultar el **índice**, que es el último tomo de la enciclopedia y tiene una lista de todos los temas.

Usa la enciclopedia de la ilustración para responder a las siguientes preguntas.

1 ¿En qué tomo encontrarías las reglas del béisbol?

2 ¿En qué tomo encontrarías más datos sobre Jackie Robinson?

3 ¿Dónde encontrarías información sobre la historia de la Segunda Guerra Mundial?

4 ¿En qué tomo buscarías un dibujo de un campo de béisbol?

5 ¿Qué tomo consultarías si no sabes con certeza dónde aparece un tema?

Sugerencia para exámenes

Busca en el pasaje pistas sobre cómo se siente el personaje.

INDICACIONES:

Lee el texto. Luego lee cada una de las preguntas.

MODELO

¿Cuál es el nuevo nombre de Richi?

Richard entró en su casa, fue directo a su habitación y cerró la puerta.

Su madre entró a la habitación y le preguntó:

—¿Te pasó algo, Richi?

—Los niños de la escuela se burlan de mí porque dicen que Richi es nombre de bebé.

—Si tú lo prefieres te podemos decir Richard o Riqui —sugirió su madre.

Después de que su mamá saliera del cuarto, Richard se puso a ojear un libro en el que aparecía el famoso piloto de autos de carreras Rick Astin.

—¡Mamá! —gritó Richard—. Ya encontré mi nuevo nombre.

1 ¿Qué le dirá Richard a su madre a continuación?

A que le gusta el nombre Bob

B que le gusta el nombre Rick

C que quiere que lo sigan llamando Richi

D que tiene hambre

2 ¿Cómo se siente Richard cuando lo llaman Richi?

F feliz

G entusiasmado

H orgulloso

J avergonzado

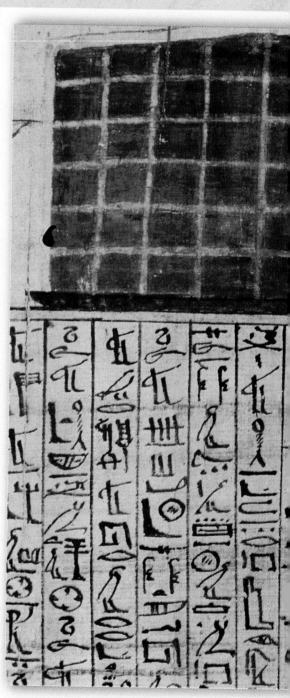

Los signos de la parte inferior de esta pintura se llaman *jeroglíficos*. La escritura jeroglífica se usaba en Egipto y desapareció hace unos dos mil años. ¿Por qué crees que desapareció?

Observa esta pintura egipcia. ¿Qué están haciendo los trabajadores? ¿Qué crees que están construyendo? ¿Por qué crees que el autor usó dibujos y jeroglíficos en esta pintura para contar algo? Explica qué te hace pensar la pintura.

Observa la pintura una vez más. Imagínate que pudieras entender los jeroglíficos, ¿qué crees que dirían? ¿Qué te hace pensar eso?

Trabajadores arrastrando bloques de piedra
Egipto, 1040-959 a.C.
Museo Británico, Londres

TIME
FOR KIDS
INFORME ESPECIAL

¿Desaparecerá
su lengua
materna?

Lenguas en peligro

Los idiomas también pueden morir

El indígena americano LeRoy Sealy recuerda su primer día de clases en el primer grado como uno de los más tristes de su vida. Él se sentía especialmente solo porque no podía hablar ni entender lo que decían sus compañeros.

"Andaba siempre solo porque no podía comunicarme con los demás", cuenta LeRoy. "Aprendí a hablar inglés cuando comencé a ir a la escuela." LeRoy era el único en su clase que sólo hablaba la lengua de los choctaws.

De adulto, LeRoy se dedica a enseñar la lengua de los choctaws en la Universidad de Oklahoma. Aunque hoy unas 12,000 personas hablan este idioma, a él le preocupa el futuro de su lengua materna, que de hecho está en una lista de idiomas en peligro.

Cuando escuchas las palabras *en peligro* o *extinto*, seguramente piensas que se refieren a animales o plantas. Sin embargo,

La mayoría de los choctaws vive en Oklahoma.

LeRoy Sealy le enseña a su sobrina Patricia la lengua de los choctaws.

también los idiomas pueden extinguirse o estar en peligro de desaparecer. De hecho, varios expertos afirman que para dentro de cien años habrán desaparecido alrededor de la mitad de las 6,500 lenguas que hoy se hablan.

El *Endangered Language Fund* (Fondo de las Lenguas en Peligro) es una institución que publica libros y hace grabaciones de idiomas en peligro de extinción. Con esta labor quiere contribuir a que no "mueran" las lenguas de los indígenas americanos.

¿Cómo llega una lengua a estar en peligro de extinción? Por lo general, esto sucede cuando un grupo pequeño de personas (con una lengua en común) empieza a usar el idioma del grupo mayoritario, dejando de lado su lengua materna. En el caso de los indígenas americanos, éstos usan el inglés en vez de sus lenguas indígenas maternas.

Por otra parte, la televisión y últimamente Internet difunden por todo el planeta idiomas hablados por muchas personas, como por ejemplo el inglés.

LeRoy piensa que algunas medidas del gobierno han perjudicado las lenguas indígenas.

Platica en choctaw

A continuación aparecen la pronunciación y la ortografía en choctaw de ciertas frases de uso común.

hola	halito (*ja*-li-to)
gracias	yakoke (*yai*-co-qui)
amigo	įkana (in-*kaj*-na)
buenos días	onahinli achukma (o-na-*jin*-li a-chuk-*ma*)
te veo después	chi pisala hakinli (chi pi-*saj*-la ja-*kin*-li)

Loksi significa tortuga en choctaw.

"A los niños indígenas americanos que fueron a las escuelas públicas en las décadas de 1950 y 1960 se les prohibía hablar en sus lenguas maternas", explica. En consecuencia, muchos de ellos pasaron a hablar exclusivamente en inglés.

Otro problema es que, muchas veces, los jóvenes no quieren usar la lengua de sus antepasados. Sealy piensa que es importante que los jóvenes indígenas americanos aprendan a valorar sus raíces y su lengua materna.

Sealy anima a su sobrina Patricia a aprender la lengua de los choctaws porque cree que "las nuevas generaciones son las encargadas de mantener viva esta lengua en el siglo veintiuno".

INVESTIGA

Visita nuestra página web:

www.mhschool.com/

CONEXIÓN
interNET

Escríbelo con signos

Para registrar los eventos importantes en la vida de sus familias y de sus tribus, los indígenas americanos usaban signos que "escribían" sobre cuero, huesos, corteza de árbol, cerámica y rocas. Esta escritura con signos permitía que tribus con distintas lenguas se comunicaran entre sí.

¡Ésta es tu oportunidad de practicar la escritura con signos! Escribe un cuento usando algunos de los signos de este cuadro e inventa otros para las palabras que te falten.

Arriba Abajo

Cielo

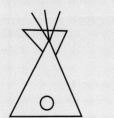

Tienda

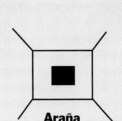

Caballo

Araña

Montaña

Preguntas y actividades

1. ¿Cuál es la lengua materna de LeRoy Sealy?

2. ¿Qué podría pasarle a la lengua de los choctaws? ¿Por qué?

3. ¿Por qué es importante mantener las lenguas de los indígenas americanos?

4. ¿Cuál es la idea principal de este artículo?

5. Compara cómo se sentía LeRoy en la escuela, donde él era el único indígena americano, con cómo se sentía el niño de "El béisbol nos salvó", al ser el único japonés-americano de su escuela.

Escribir una anotación en el diario

LeRoy Sealy lo pasó muy mal en su primer día de clases; no sabía hablar inglés y no podía entender a nadie. Escribe una anotación en el diario sobre tu primer día de clases. Compara cómo te sentías en ese entonces y cómo te sientes ahora. Explica claramente las semejanzas y las diferencias.

Hacer un cartel

LeRoy Sealy te enseñó cómo se escribían y pronunciaban en choctaw algunas palabras que usamos todos los días. Ahora te toca a ti.

Entrevista a algún familiar o amigo que hable otro idioma y pídele que te enseñe cómo se escriben en ese idioma palabras simples como *escuela*, *abrigo* y *lápiz*. En un cartel, escribe el nombre del idioma que investigaste e ilustra las palabras que aprendiste y su significado en español.

Preparar una bienvenida

Todos nos sentimos solos el primer día de clases en una escuela donde no conocemos a nadie. ¿Qué haría que un estudiante nuevo se sintiera bienvenido? En grupo, hagan una lista de las cosas que harían para darle la bienvenida a un estudiante nuevo.

Investigar

LeRoy Sealy es un indígena choctaw. Consulta una enciclopedia o un libro sobre indígenas americanos para conocer la historia, la agricultura y los juegos de los choctaws. Conversa con tus compañeros sobre lo que investigaste.

185

Hacer una entrevista

El autor entrevistó a LeRoy Sealy para obtener información para este artículo. ¿Qué hace que una entrevista sea buena? ¿Por qué es importante saber qué preguntar? Lee estos consejos para hacer entrevistas.

Consejos

- Escribe las preguntas en una tarjeta antes de la entrevista.
- Expresa el propósito de la entrevista.
- Comienza las preguntas con estas palabras: ¿Quién? ¿Qué? ¿Cuándo? ¿Dónde? ¿Por qué? ¿Cómo?
- Sé cortés. Haz preguntas claras y simples.
- Escucha con atención las respuestas y toma notas sobre ellas.
- Prepárate para hacer preguntas a partir de las respuestas del entrevistado.

Usa los consejos para responder a las siguientes preguntas.

1 ¿Qué debes hacer antes de entrevistar a alguien?

2 ¿Con qué palabras deben comenzar la mayoría de tus preguntas?

3 ¿Qué actitud debes tener al hacer las preguntas?

4 ¿Por qué se debe prestar atención a las respuestas?

5 ¿Por qué podrías hacer preguntas a partir de las respuestas del entrevistado?

INDICACIONES:

**Lee el texto. Luego lee cada
una de las preguntas.**

MODELO

El día de suerte de Carla

Todos los días camino a casa, Carla miraba el establo desde el autobús y soñaba con aprender a montar a caballo. Le encantaba ver a los caballos correr y jugar del otro lado de la blanca <u>cerca</u> del corral.

Al igual que todas las tardes de este mes, después de terminar de hacer las tareas, Carla subió a su bicicleta y se fue al establo. Allí, se dio cuenta de que había una nueva empleada que al verla le preguntó:

—¿Me quieres ayudar a cepillar a Marcos?

—Me encantaría —contestó Carla.

Hoy era el día de suerte de Carla.

1 ¿Qué significa la palabra <u>cerca</u> en el pasaje?

A valla

B cocina

C puerta

D techo

2 ¿Cuál es la idea principal de este pasaje?

F A Carla le gusta montar en bicicleta.

G Carla hace las tareas cuando llega de la escuela.

H Carla es una niña que sueña despierta.

J Carla quiere aprender a montar a caballo.

¿Cómo usaste las pistas del pasaje para hallar la respuesta correcta?

Tiene el

leopardo un abrigo...

Tiene el leopardo un abrigo
en su monte seco y pardo:
yo tengo más que el leopardo,
porque tengo un buen amigo.

Tiene el conde su abolengo;
tiene la aurora el mendigo;
tiene ala el ave: ¡yo tengo
allá en México un amigo!

Tiene el señor presidente
un jardín con una fuente,
y un tesoro en oro y trigo;
tengo más; tengo un amigo.

José Martí

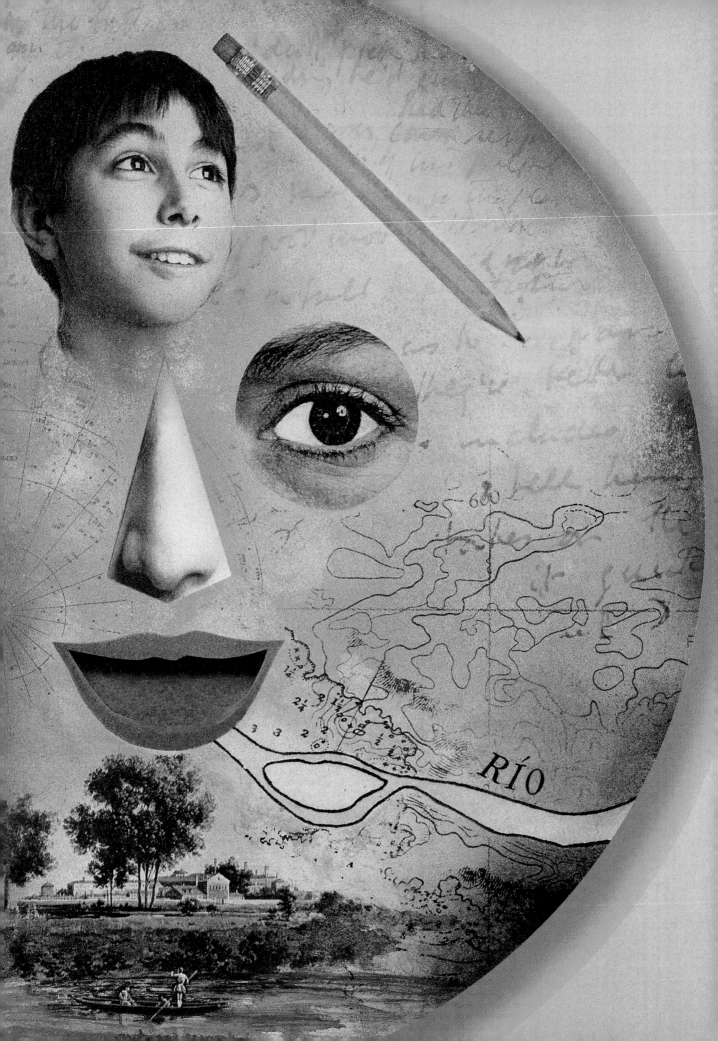

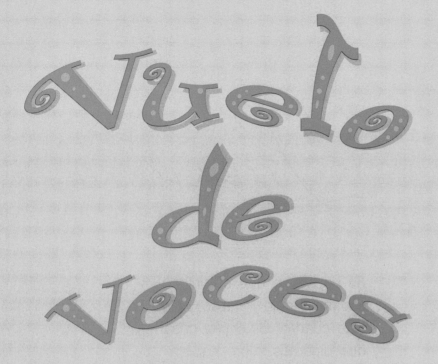

El lápiz poeta

Era una vez un lápiz que quería escribir poemas pero no tenía punta. Un día un niño le metió un sacapuntas, y en lugar de punta le salió un río.

Jesús Carlos Soto Morfín

Arte y Literatura

Es un hecho que el pintor español Pablo Picasso pintó este cuadro. Cualquier cosa que digamos sobre su calidad es una opinión.

❧

Observa el cuadro. ¿Qué está haciendo el niño? ¿Qué color predomina en esta obra? ¿Crees que el pintor utilizó el color para crear un ambiente especial? ¿Cuál? ¿Qué sientes cuando miras este cuadro? ¿Por qué?

❧

Vuelve a mirar el cuadro. ¿Te gusta? ¿Te parece que es un buen cuadro? Da razones que respalden tu opinión.

Niño con perro
Pablo Picasso
Museo del Ermitage,
San Petersburgo, Rusia

TATICA

Hilda Perera

Tatica era una perrita chica, graciosa, con el rabo tan contento y tan móvil, que parecía de azogue. Los ojos los tenía del color del azúcar cuando ya casi es caramelo. No hablaba, porque no hablan los perros, pero ladraba de tantas formas distintas: de gusto, de cariño, de miedo, de ira y hasta de perdón, que ni falta le hacía. Además, lo que no podía expresar ladrando, lo decían sus ojos sinceros que miraban de frente: "Yo te comprendo, y no importa lo que te hagan los demás, siempre estaré al lado tuyo". Y un consuelo así, no sabe decirlo mucha gente, ni con la lengua, ni con los ojos.

No; no era perra de las que se
compran en tiendas de mascotas y llevan dos apellidos
y comen comidas más especiales y costosas que muchos
niños. Su abuelo era *bulldog;* su abuela, *cocker spaniel;*
su padre, *fox-terrier* y su mamá, *chihuahua:* o sea, que
Tatica era completamente sata. Estos perros suelen entrar en las casas por empeño de niño o soledad de viejo.
Si Tatica llegó a casa de los González, fue por carambola.
Se embarcaba Agripino, su dueño, a Estados Unidos, a
ver si se hacía rico, y la traía para que hicieran el favor
de cuidarla mientras tanto.

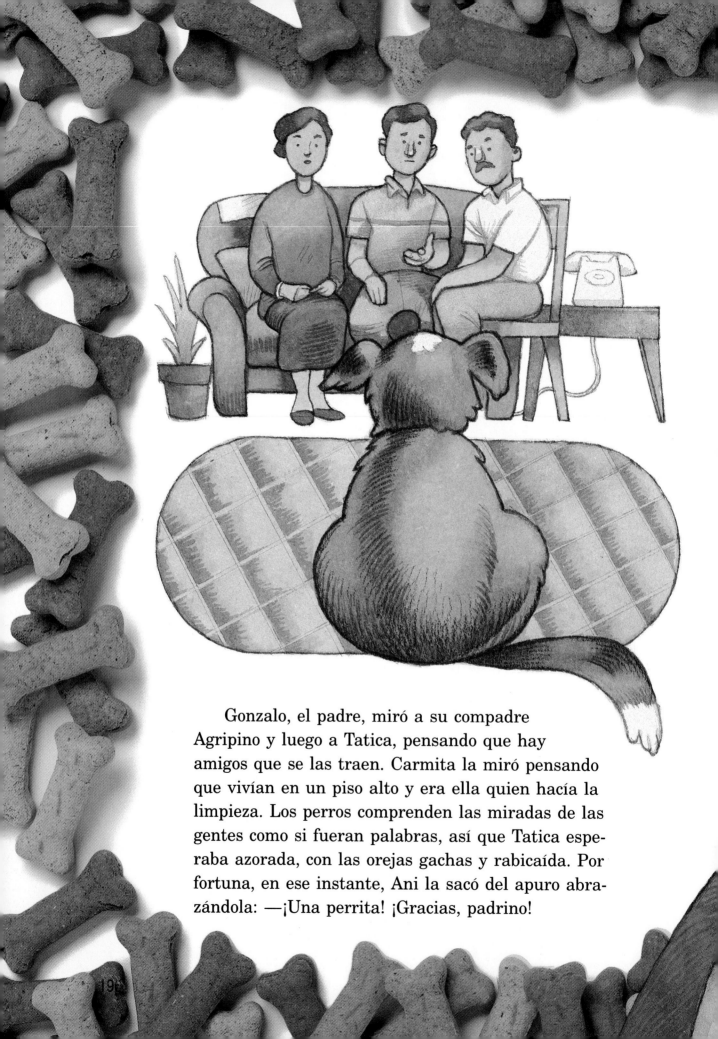

Gonzalo, el padre, miró a su compadre
Agripino y luego a Tatica, pensando que hay
amigos que se las traen. Carmita la miró pensando
que vivían en un piso alto y era ella quien hacía la
limpieza. Los perros comprenden las miradas de las
gentes como si fueran palabras, así que Tatica esperaba azorada, con las orejas gachas y rabicaída. Por
fortuna, en ese instante, Ani la sacó del apuro abra-
zándola: —¡Una perrita! ¡Gracias, padrino!

Asunto concluido: Tatica se quedaba en la casa.

Fue un tiempo estupendo. En casa de los González se cantaba mucho, se discutía poco, no había mal genio, se comía bien y todo el mundo: "Tatica esto, Tatica lo otro", "dame la patica", "ven y te acaricio". En fin, esas cosas que hacen felices a perros y personas.

Tan gorda y lustrosa se puso, que pasaba por fina.
Dormía en los cojines de la sala, usaba collar con número
y todo y le ladraba a cuanto extraño llegara a la casa. Es
así como demuestran los perros que son propietarios.

Claro, si todo hubiera seguido tal cual, no tendría
cuento que hacerles. Pero una noche estaba Tatica medio
adormilada, la cabeza reposando sobre las patas delan-
teras, mientras disfrutaba el calorcillo de haber comido
bien, cuando una conversación entre Gonzalo y Carmita
le hizo parar la oreja.

—Con lo que gano no alcanza. ¡No alcanza! —dijo
Gonzalo.

—¿Y tú qué has decidido? —preguntó Carmita al
parecer serena, pero en un tono que a Tatica le puso los
pelos de punta.

—Pues irnos. ¡Qué sé yo! ¡Probar suerte en otro sitio!

—¿Y dejarlo todo?

—¡Todo, todo! —dijo Gonzalo con la voz oscura, como
si saliera de alguna cueva.

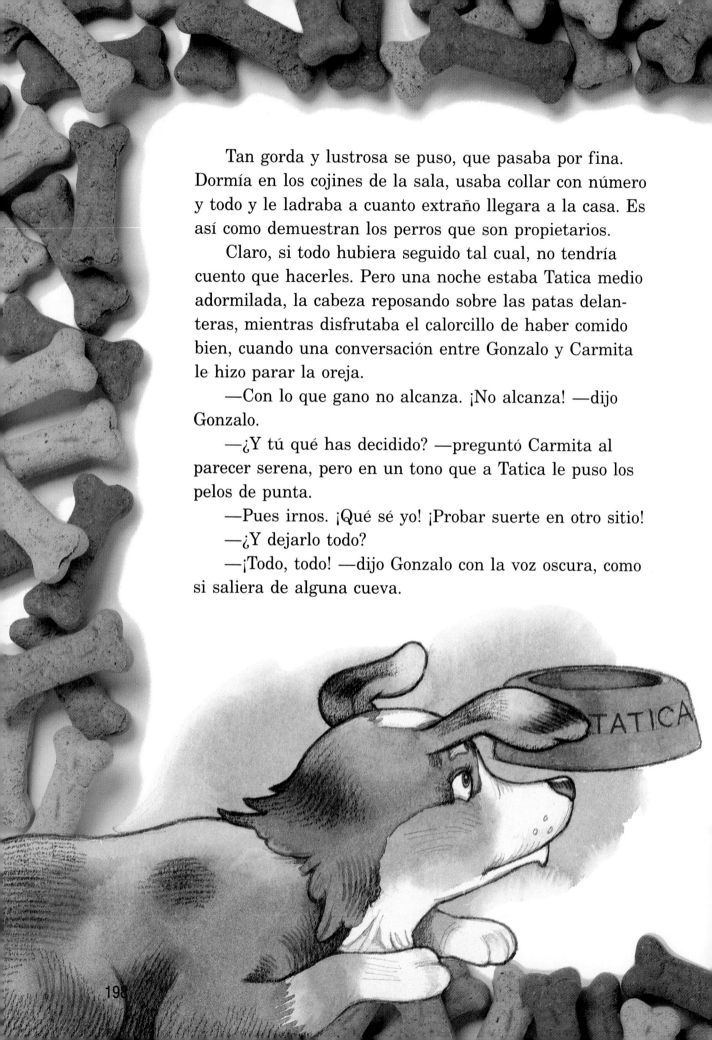

Esa noche, Tatica tuvo una horrible pesadilla: se veía corriendo por calles solas, comiendo en los latones de basura y apedreada por todos. Tanto, que saltó como un cohete y se metió bajo la manta, junto a Ani. Allí, con la tibieza del cariño y acurrucada a ella, recuperó la paz.

No pensó más en el asunto y el terror se le fue poniendo tan chiquitico, que casi ni lo notaba: era sólo sombra de miedo lo que sentía cuando salían todos y se demoraban en regresar.

Por lo demás, seguían Ani con Tatica y Tatica con Ani: "estoy contigo" y "juego a lo que juegues" y "si alguien te cae mal, seguro que a mí también me cae gordo", es decir, amigas de veras.

Un día llegó un señor flaquito que parecía un poste por lo alto y, aunque Tatica le ladró cuanto pudo, subió las escaleras y entregó un telegrama que decía:

"Te mando pasajes. Buena suerte. Agripino."

A Tatica se le congeló el espinazo. No porque lo entendiera —que no entienden los perros de telegramas— sino porque al leerlo lloró Carmita, y Gonzalo se puso tan serio que su cara parecía un nubarrón a punto de empezar a llover. En seguida sacaron maletas y baúles y se pusieron a empacarlo todo. Desde ese día se llenaba de parientes la casa; cuando se despedían, se despedían llorando.

Tatica andaba entre aquel tumulto de maletas y tristezas, con el rabo metido entre las piernas. Nadie se ocupaba de ella. Dondequiera estorbaba. Una noche, hasta Carmita —que siempre le disimulaba sus "fallos" con aserrín— le había gritado delante de todos: —¡Tatica, te lo hiciste otra vez en la sala! ¡Parece mentira!

La cosa fue de mal en peor. Un día Tatica vio que se cerraron todas las maletas. Vino Gonzalo con traje y corbata; Carmita, con un abrigo sobre el brazo, y Ani, oliendo a nuevo, con su traje a cuadros y sus zapatos de charol.

Miraron todos la casa, los muebles y a ella, que estaba quieta, afincada en sus cuatro paticas, con las orejas como dos antenas y en los ojos su mirada más inteligente y más ávida, a ver si lograba comprender.

Gonzalo dijo, casi brusco: —Vamos, ¡que se hace tarde! ¡Vamos, hijita!

Ani puso su cartera en un sillón, cargó a Tatica, le
alisó mucho el pelo y susurró en su orejita parada:
—Adiós, mi perrita. Nos veremos pronto.

Carmita la separó diciéndole que
"era grande y tenía que conformarse".
Tatica pensó que no se verían nunca.

La vio decir adiós, subir al automóvil, y se estuvo tensa, callada, pero
cuando la perdió de vista, lanzó un
solo aullido largo, como el de la si-
rena de un barco al despedirse.
Después, se topó con la casa vacía,
repleta de silencio.

"¿Qué me irá a pasar?", pensó.

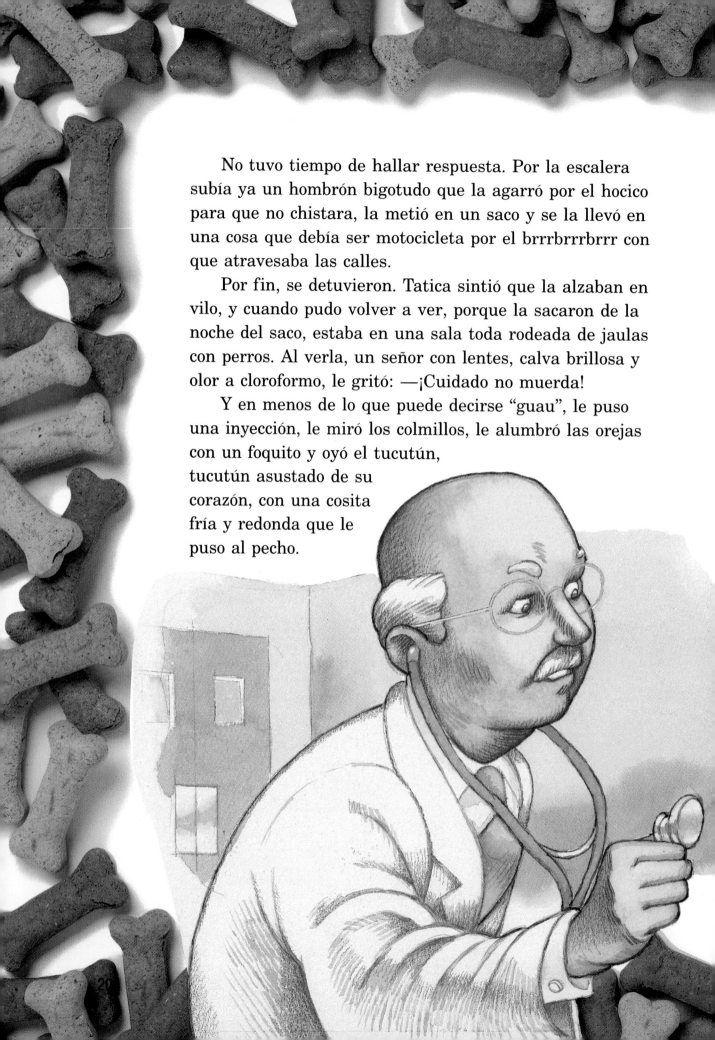

No tuvo tiempo de hallar respuesta. Por la escalera subía ya un hombrón bigotudo que la agarró por el hocico para que no chistara, la metió en un saco y se la llevó en una cosa que debía ser motocicleta por el brrrbrrrbrrr con que atravesaba las calles.

Por fin, se detuvieron. Tatica sintió que la alzaban en vilo, y cuando pudo volver a ver, porque la sacaron de la noche del saco, estaba en una sala toda rodeada de jaulas con perros. Al verla, un señor con lentes, calva brillosa y olor a cloroformo, le gritó: —¡Cuidado no muerda!

Y en menos de lo que puede decirse "guau", le puso una inyección, le miró los colmillos, le alumbró las orejas con un foquito y oyó el tucutún, tucutún asustado de su corazón, con una cosita fría y redonda que le puso al pecho.

—¡A la jaula! —ordenó y, con un empujón, la metió en una especie de caja con barrotes.

Por primera vez en su vida, Tatica insultó ladrando. Después se sintió tan sola, como si en todo el mundo no quedara nadie a quien moverle el rabo.

—¿Tú vienes por enferma o porque te embarcas?

Era la voz del galgo fino que estaba en la jaula vecina.

—¿Usted sabe dónde está Ani? ¿Por qué me trajeron aquí? ¿Qué hacen con nosotros? ¿Por qué me ponen en jaula, si yo no muerdo? —preguntó Tatica con ansiedad.

—¡Debe de ser que estás enferma! —contestó una *poodle* muy aristocrática, desde la jaula izquierda—. ¡Siendo tan sata no creo que a nadie se le ocurra mandarte a buscar! El caso mío es distinto. ¡Tengo tanto *pedigree,* que soy una inversión! Dondequiera, por lo bajo, me valúan en quinientos dólares...

—¿Qué cosa es *pedigree?* —preguntó Tatica muy impresionada.

—¡Clase, hija! ¡Clase, linaje, alcurnia, aristocracia!

"¡Ay, Dios mío", pensó Tatica "si es por eso, me quedo en esta jaula toda la vida!"

—¡Vamos, a callarse todos! —exclamó de pronto una chihuahua malgeniosa y enérgica—. ¡Cállate tú, Margarita, que serás más fina que ella, pero eres muchísimo más pesada! ¡Y tú también, galgo neurasténico!

Enseguida, volviéndose a Tatica, le dijo: —Tú, tranquila. El día menos pensado te embarcas y te reúnes con tu familia. Y al doctor, respeto y poco caso. Grita por sordo, no por malo.

Oyéndola, Tatica se consoló bastante y logró dormirse.

Al día siguiente, muy de mañana, vino un ayudante, la sacó de la jaula y la midió del rabo al hocico con un centímetro.

—¡Así lo miden a uno cuando se muere! —exclamó, lúgubre, el galgo flaco.

—¡Y cuando se embarca, perro aguafiestas! —aulló la chihuahua.

Efectivamente, al poco rato vino un carpintero con cara de hambre y conformidad, trajo unas tablas y, mientras claveteaba, suspiraba mirando a Tatica:

—¡Suerte que tienen algunos perros! ¡A mí nadie me paga el pasaje!

Al oírlo, Tatica comenzó a dar saltos de alegría.

Tenía motivos, porque al día siguiente vino el doctor y le ordenó a gritos: —¡Métase ahí, vamos!

Con la tranquilidad de la sordera, Tatica se dejó meter en la caja de tablas —huacal— que había hecho el carpintero.

—¡Feliz tú que te marchas! —la despidió el galgo enternecido.

—¡Las cosas que hay que ver! ¡Una sata inmunda se va; en cambio yo, que valgo un Potosí, me quedo! —exclamó la *poodle* con despecho.

—Buen viaje y buena suerte —ladró la chihuahua.

El hombrón que la trajo alzó el huacalito, lo subió a la moto y atravesó la ciudad molestando.

Cuando llegaron al aeropuerto, Tatica estaba aturdida. ¡Qué ir y venir de gente! ¡Cuánto ruido! Y, de contra, aquellos señores uniformados que la miraban con desprecio, se encogían de hombros y ¡paf!, allá te va un cuño y otro cuño sobre el huacalito. Cuando la subieron al avión estaba completamente mareada, llena de humillación y más sola que nunca. ¡Así, como un bulto más entre maletas y baúles! Por el ventanuco sólo veía pasar noche y noche y más noche; por su corazón, también.

De pronto, Tatica sintió dolor de oídos, y en el estómago una sensación de vacío, como la vez que Ani la llevó a la tienda y la subió en un elevador.

Entonces una voz misteriosa, que no venía de gente, advirtió: —Señores pasajeros, dentro de unos minutos aterrizaremos en la ciudad de Nueva York.

"Ahorita veo a Ani, ahorita veo a Ani", se decía Tatica por darse ánimo.

Pero la cosa no fue tan sencilla.

Cuando bajaron, todo estaba gris y negro, como cubierto de humo, y quien la recibió no fue Ani, sino su dueño anterior, Agripino, el que se fue a Estados Unidos a hacerse millonario.

Tatica, siempre cortés, le movió el rabo. Un dueño es un dueño. Pero observó que Agripino, de millonario nada, porque ni automóvil tenía. Sin muchas palabras la metió primero en un ómnibus, después en un tren que iba como un bólido bajo la tierra y, al fin, subieron mil pisos para llegar a un apartamento que parecía un huacal, sólo que más grande, más oscuro y más alto.

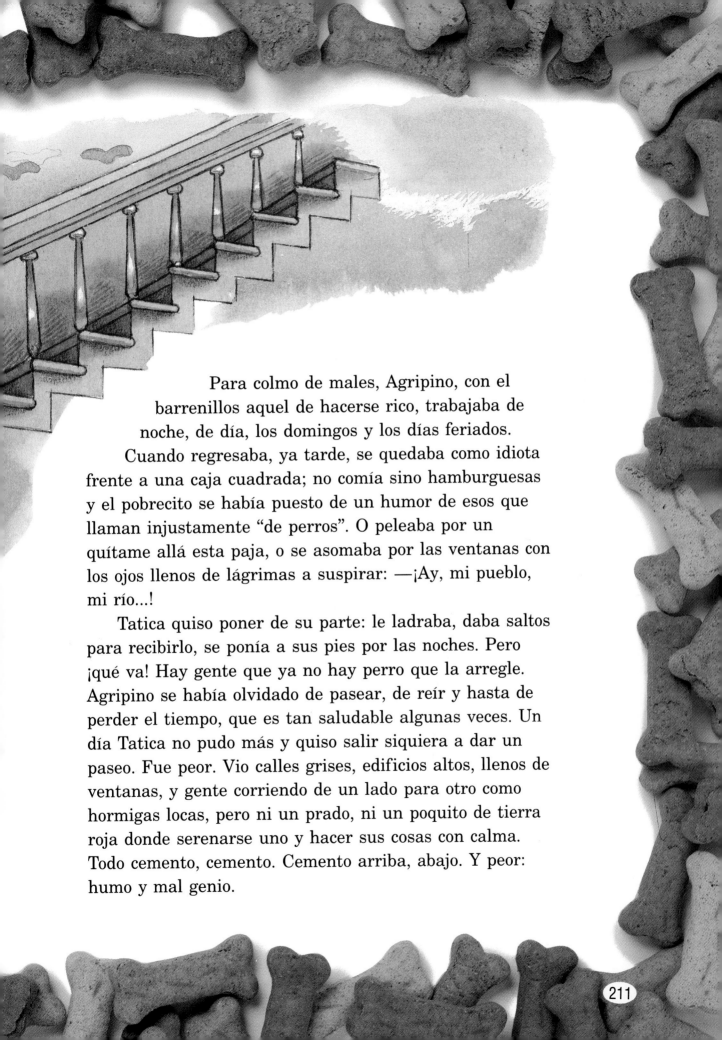

Para colmo de males, Agripino, con el barrenillos aquel de hacerse rico, trabajaba de noche, de día, los domingos y los días feriados.

Cuando regresaba, ya tarde, se quedaba como idiota frente a una caja cuadrada; no comía sino hamburguesas y el pobrecito se había puesto de un humor de esos que llaman injustamente "de perros". O peleaba por un quítame allá esta paja, o se asomaba por las ventanas con los ojos llenos de lágrimas a suspirar: —¡Ay, mi pueblo, mi río...!

Tatica quiso poner de su parte: le ladraba, daba saltos para recibirlo, se ponía a sus pies por las noches. Pero ¡qué va! Hay gente que ya no hay perro que la arregle. Agripino se había olvidado de pasear, de reír y hasta de perder el tiempo, que es tan saludable algunas veces. Un día Tatica no pudo más y quiso salir siquiera a dar un paseo. Fue peor. Vio calles grises, edificios altos, llenos de ventanas, y gente corriendo de un lado para otro como hormigas locas, pero ni un prado, ni un poquito de tierra roja donde serenarse uno y hacer sus cosas con calma. Todo cemento, cemento. Cemento arriba, abajo. Y peor: humo y mal genio.

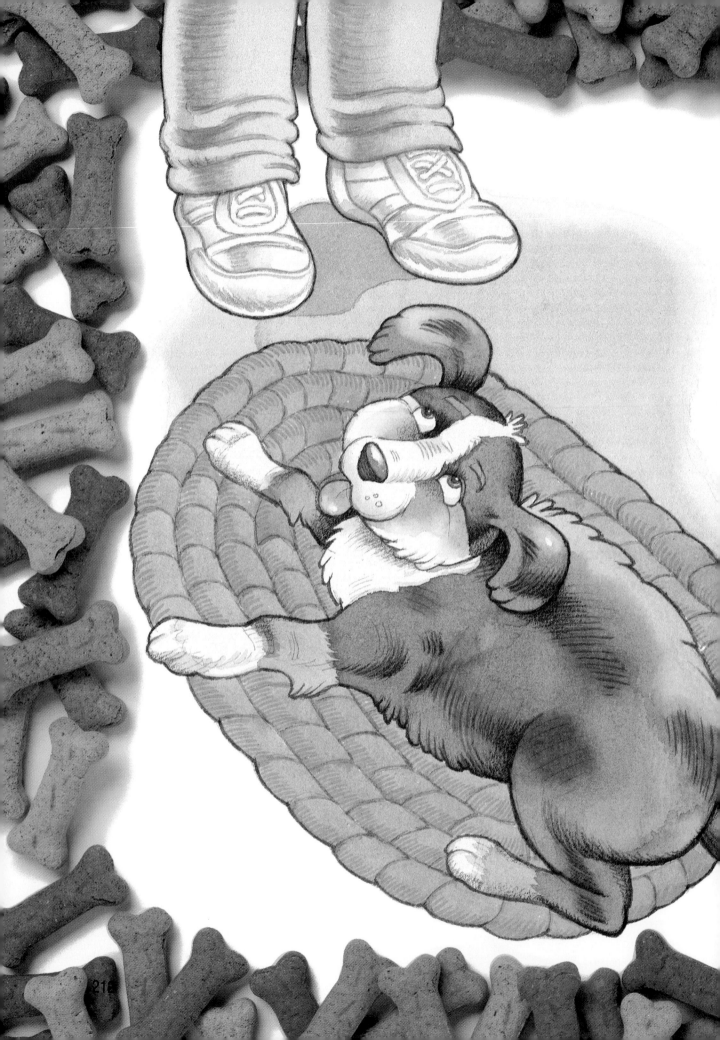

Tatica volvió a casa de Agripino, se puso a sus pies y estaba empezando a resignarse; es decir, a morirse un poco. Se puso mustia, perdió las ganas de comer y era toda ojos color caramelo y dentro, soñada, la imagen de una niñita de ocho años que la metía bajo su manta y le decía: "¡Tatica, mi perrita linda!".

Con todo y estar amargado, Agripino reconoció en la perrita la misma enfermedad que padecía él, el tedio, porque un día miró sus ojos tristes y le dijo: —¡Qué va, perrita, a ti te salvo yo de esto!

Y antes de que fuera a quitársele la buena idea, o se le olvidara con tanto quehacer, cogió a Tatica, la metió en un automóvil y estuvieron viaja que viaja por una carretera aburridísima donde no había sino señales de tráfico y estaciones de gasolina. Viéndolas, Tatica se decía con desgano: —¡Dios mío, y el mundo no se acabará nunca...!

Por fin, después de una curva, llegaron a un pueblo de casas igualitas y cuadradas, todo lleno de sol. Entraron en una calle alegre, donde jugaban niños, y se detuvieron frente a una casa con jardín, roble fornido, lleno del piar de muchos pájaros, y césped verde y acogedor, como una bienvenida.

Tatica se arrimó a mirar por la ventanilla y el corazón casi le salta del pecho. ¡No, no podía ser! De un brinco se puso en la calle.

Allí, en la reja de enfrente —¡casi no podía creerlo!— estaban Gonzalo, Carmita y Ani, que la abrazó con todas sus fuerzas: —¡Mi perrita querida!

Tatica chillaba, daba saltos y... ¡no pudo evitarlo!

—¡Ay Tatica, Tatica! —dijo Carmita.

Pero enseguida, contenta y sonriendo, sin pizca de enojo, buscó el aserrín.

Conozcamos a
Hilda Perera

Hilda Perera escribió su primer libro a los diecisiete años y desde entonces no ha dejado de escribir. Muchas veces, las ideas para sus cuentos nacen de las largas conversaciones que tiene con los niños.

Hilda Perera ha basado algunos de sus libros en las experiencias de niños, que como ella, nacieron en Cuba y ahora viven en los Estados Unidos. En "Tatica", la protagonista del cuento debe hacer frente a situaciones desconocidas cuando tiene que "emigrar" a Nueva York siguiendo a sus amos.

Con sus excelentes relatos Hilda Perera ha ganado dos veces el Premio Lazarillo de Literatura Infantil.

Preguntas y actividades

1. ¿Por qué lleva Agripino a Tatica a casa de los González?

2. ¿Cómo se siente Tatica cuando la dejan sola en el apartamento? ¿Cómo se siente cuando la meten en la jaula?

3. ¿Cómo describirías a Agripino?

4. Cuenta, en orden, todo lo que pasa con Tatica en el cuento.

5. Compara a Tatica con otro perro que sea un personaje de un cuento, de una película o de un programa de televisión. ¿En qué se parecen ambos perros? ¿En qué se diferencian?

Escribir una anotación en el diario

Ani y Tatica eran "amigas de veras". ¿Qué crees que sintió Ani cuando tuvo que separarse de su perrita? Imagínate que eres Ani y que quieres convencer a tus padres de que recuperen a Tatica. Escribe una anotación en el diario con tres razones que usarías para convencerlos.

216

Hacer un aviso

Imagínate que Tatica se pierde en uno de sus paseos por la ciudad de Nueva York. Haz un aviso para encontrarla. Descríbela y haz un dibujo para que la gente pueda reconocerla. No te olvides de escribir a quién tienen que llamar si la encuentran.

Calcular cuánto cuesta

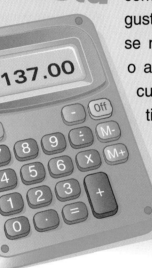

¿Cuánto cuesta al año tener una mascota como Tatica? En grupo, elijan qué mascota les gustaría tener y hagan una lista de todo lo que se necesita para cuidarla. Pregunten en tiendas o a personas que tengan esa mascota cuánto cuesta cada artículo y cuántas veces al año tienen que comprarlo. Multipliquen ambas cifras, sumen las de todos los artículos y comparen los resultados con los de otros grupos. ¿Cuál es la mascota más cara? ¿Cuál es la más barata?

Investigar

En la perrera, Tatica se encuentra con una *poodle* o caniche, un galgo y una chihuahua. Consulta una enciclopedia o un libro sobre perros y busca información sobre estas tres razas de perros. Haz un cuadro en el que compares sus tamaños, sus pelajes y sus habilidades para distintas cosas. Incluye un dibujo o una foto de cada tipo de perro.

Leer un diagrama de flujo

La persona que hizo las ilustraciones del cuento "Tatica" tuvo que seguir varios pasos. Observa el diagrama de flujo de abajo. Un **diagrama de flujo** es un cuadro o diagrama que muestra cómo hacer algo paso a paso. Lee los pasos que sigue un dibujante para ilustrar un libro.

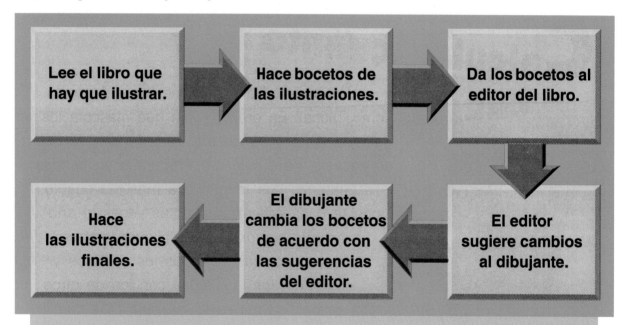

Usa el diagrama de flujo para responder a las siguientes preguntas.

1 ¿Qué muestra este diagrama de flujo?

2 ¿Qué es lo primero que hace un dibujante para ilustrar un libro?

3 ¿A quién le entrega los bocetos el dibujante?

4 ¿Qué le dice el editor al dibujante?

5 ¿Qué pasos se saltaría un dibujante si al editor le gustan los bocetos tal y como los recibió?

INDICACIONES:

**Lee el texto. Luego lee cada
una de las preguntas.**

MODELO

Sandra va al estadio

Sandra se despertó de
madrugada llena de emoción.
Hoy iría a un juego de béisbol
con su primo Jaime. A ella le
parecía que su primo, que tenía
dieciocho años, tenía el mejor
trabajo del mundo: era vendedor
de perros calientes.

Jaime pasaba todo el verano
en el estadio, conversando con la
gente y vendiendo perros
calientes. A Sandra, que le
encantaba el carrito de los
perros calientes, lo que más le
gustaba era sentarse junto a su
primo y escucharlo hablar sobre
cosas divertidas y emocionantes.
A Sandra y a su primo les
encantaba el béisbol.
Con razón se había
despertado tan
alborozada. Hoy prometía
ser un día maravilloso.

1 ¿Qué significa la palabra
  alborozada en el pasaje?

  A temprano

  B triste

  C alegre

  D cansada

2 Sandra tenía la oportunidad
  de ir al estadio con Jaime
  porque

  F ella empujaba el carrito de
  perros calientes.

  G él jugaba béisbol.

  H a ella le gustaban los
  perros calientes.

  J él trabajaba en el estadio.

¿Qué hiciste para
descartar las
respuestas
incorrectas?

219

Arte y Literatura

El punto de vista desde el que el artista hizo este vitral hace que te sientas como si tú también te fueras de viaje.

Observa los vidrios de colores. ¿Cómo logra el artista dirigir tu atención hacia lo que hay en el interior del círculo? ¿Cómo usa el círculo para enmarcar la historia que quiere contar? ¿De qué trata dicha historia? ¿Por qué querría el artista contárnosla?

Observa el vitral. ¿Cómo crees que se ve cuando lo traspasan los rayos del sol?

Peregrinos camino a Canterbury, Siglo XIII

Catedral de Canterbury, Kent, Inglaterra

CONOZCAMOS A DAWNINE SPIVAK

Basho es uno de los poetas favoritos de la escritora Dawnine Spivak, que ha enseñado los poemas de este autor en distintas universidades de Nueva Inglaterra, lugar donde vive en una granja. Ha sido asimismo miembro de la *Vermont Anti-Hunger Corps* (Asociación de Vermont Contra el Hambre). Su obra es otra prueba de su interés por ayudar a los demás.

CONOZCAMOS A DEMI

Su nombre completo es Demi Hitz y ha ilustrado más de 130 libros infantiles, entre los que se cuenta *The Nightingale*, seleccionado como mejor libro del año por el *New York Times*. También le gusta hacer obras de arte a mayor escala. Ha pintado murales en México y ha hecho mosaicos en una iglesia de Wilmington, California.

Las sandalias de hierba

Los viajes de Basho

DAWNINE
SPIVAK

Ilustraciones de
DEMI

Tradicionalmente, los poemas "haiku" se caracterizan por tener diecisiete sílabas en tres versos, de cinco, siete y cinco sílabas respectivamente. Cada haiku usa un lenguaje agradable a dos de los cinco sentidos —la vista, el oído, el olfato, el tacto y el gusto— o al sentido adicional del movimiento.

Los caracteres de la escritura japonesa, llamados "kanji", suelen seguir las formas de la naturaleza. En este libro, por ejemplo, el carácter para *montaña* tiene una cierta semejanza con la forma de una montaña, el de *lluvia* recuerda a la lluvia, el de *río* a un río, y así sucesivamente.

En China hubo ancianos que se construyeron
nidos en los árboles y vivían en las ramas.

225.

山

YAMA

montaña

solo en mi casa—
y sólo los dondiegos
tocan la puerta

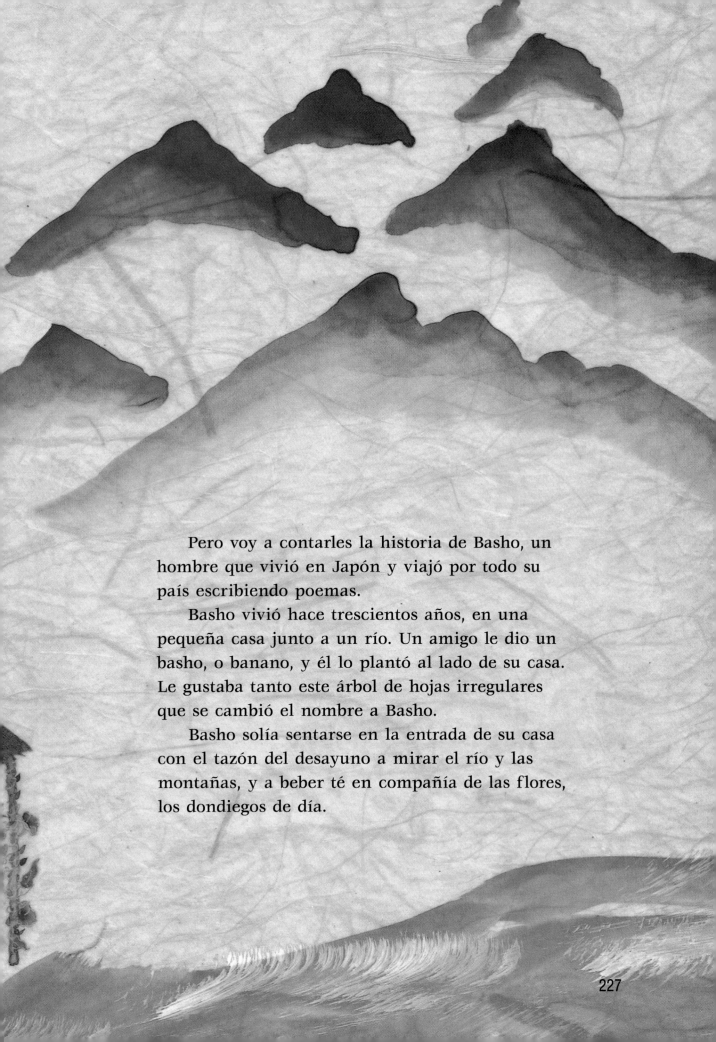

Pero voy a contarles la historia de Basho, un hombre que vivió en Japón y viajó por todo su país escribiendo poemas.

Basho vivió hace trescientos años, en una pequeña casa junto a un río. Un amigo le dio un basho, o banano, y él lo plantó al lado de su casa. Le gustaba tanto este árbol de hojas irregulares que se cambió el nombre a Basho.

Basho solía sentarse en la entrada de su casa con el tazón del desayuno a mirar el río y las montañas, y a beber té en compañía de las flores, los dondiegos de día.

Pero un día de primavera, Basho se sintió inquieto y decidió viajar. Decidió atravesar Japón a pie. No necesitaba muchas cosas —un sombrero para la lluvia, hecho de corteza de árbol, y un impermeable de hierba gruesa para proteger su túnica negra. Se preparó para el viaje remendando sus pantalones rotos y cosiéndole un cordel a su sombrero para que no se le volara con el viento.

lluvia súbita—
el mono que tirita
busca su abrigo

228

雨

AME
lluvia

Basho le dijo a su sombrero: "Sombrero, pronto te mostraré cerezos en flor".

Y anotó en él: Pronto, flores de cerezo. Basho cerró su pequeña casa y echó a andar hacia el río.

Basho comenzó su viaje en una barca, y muchos de sus amigos le hicieron compañía durante unas cuantas millas por el río. Sus amigos le trajeron regalos para el camino: un abrigo de papel para resguardarse del frío, papel para escribir, una piedra para echar la tinta y, para proteger sus pies en tan larga caminata, sandalias de hierba tejida. Eso era todo lo necesario para viajar con sencillez. Basho llevaba todo su equipaje envuelto en una tela.

KAWA
río

una mañana
agua hasta las rodillas
yo cruzo el río

Después de atravesar el río, Basho descendió de la barca y se despidió de sus amigos. En la orilla había una cascada. Basho se agachó para entrar en la cueva que había detrás de la corriente, y se rió cuando el agua le salpicó la cara.

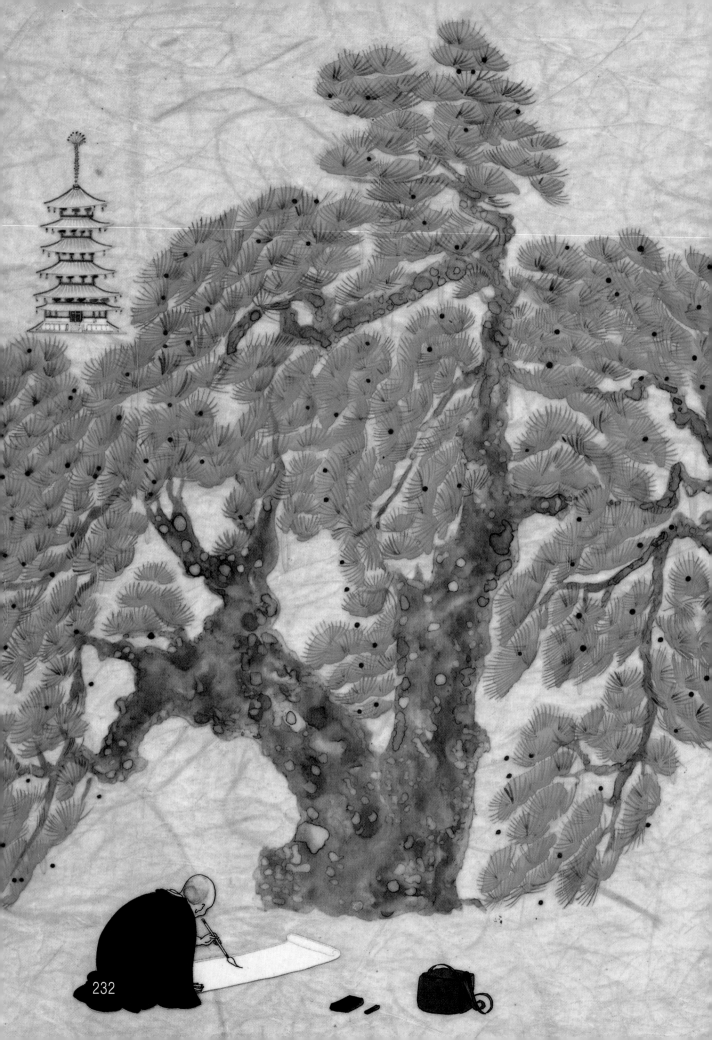

KI
árbol

para encontrarlos
puedo caminar millas—
cerezos en flor

Con sus sandalias de hierba y su túnica negra, Basho caminó y caminó. "Debo parecer un cuervo", pensó. Cerca de un antiguo templo encontró un pino milenario con dos troncos. Basho se sentó y escribió un poema a este viejo árbol retorcido.

Tras recoger su bolsa siguió ascendiendo por los senderos serpenteantes y se sorprendió al ver cortezas de un rojo satinado en un huerto junto a un manantial, y también a esos árboles les recitó un poema.

Y es que finalmente había cumplido la promesa hecha a su sombrero. Caminó entre los cerezos en flor, y bajo las ramas florecidas encontró a un viejo amigo con el pelo tan blanco como los pétalos.

Por la noche solía apoyar la cabeza en almohadas de hierba. Algunas veces dormía sobre las flores, en chozas o en cuartos con paredes de papel. Otras veces descansaba en un establo de caballos o en una cama donde las pulgas lo picaban. Durmió en pueblos de pescadores y olió el olor a pescado.

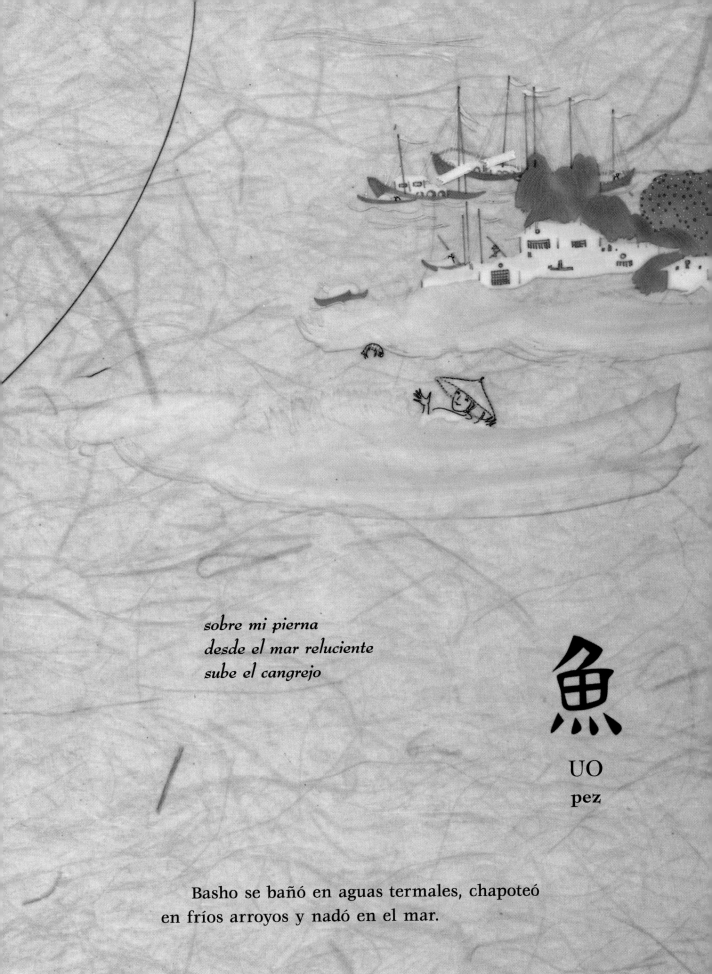

sobre mi pierna
desde el mar reluciente
sube el cangrejo

魚

UO

pez

Basho se bañó en aguas termales, chapoteó
en fríos arroyos y nadó en el mar.

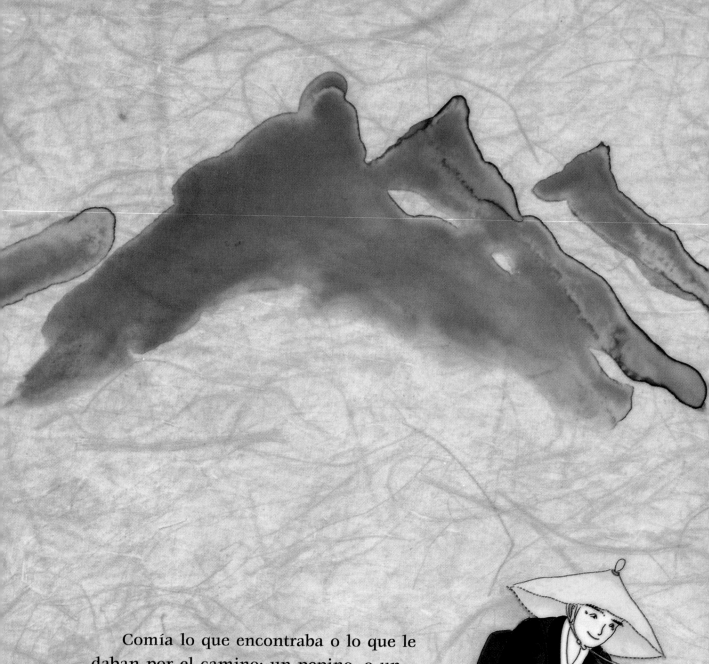

Comía lo que encontraba o lo que le daban por el camino: un pepino, o un rábano, que le ofreciera un campesino; los fideos que una anciana lo invitó a compartir con ella.

Algunos días hacía una hoguera, ponía agua en una olla y preparaba arroz y frijoles para la cena. Luego, hacía bolas de arroz con las sobras para comérselas al día siguiente.

火

JI
fuego

pela pepinos
toma rojas manzanas
para la cena

馬

UMA
caballo

Una vez, un granjero confiado le prestó un caballo para que cabalgara por un ancho herbazal. El viento soplaba sobre el rostro bronceado de Basho mientras el caballo trotaba entre los tréboles.

flores de hibisco
el caballo mastica
una por una

Cuando oía a un grillo o veía al caballo
comiendo flores o divisaba a un halcón volando
en círculos, tomaba su pincel y escribía un poema.
Basho envió al caballo de vuelta a su dueño con
un poema dentro de una bolsa atada a la silla.

En un pueblo de montaña, Basho se encontró
con unos amigos e hicieron una fiesta para ver la
luna llena. Bebiendo té, cada uno pudo ver una
pequeña luna reflejada en el fondo de su taza. Y
mientras las nubes y las estrellas y las sombras se
disipaban, los amigos creaban poemas juntos, sentados bajo el cielo nocturno.

noche de luna
en los huecos del papel
brillan estrellas
                (Issa)

月

TSUKI
luna

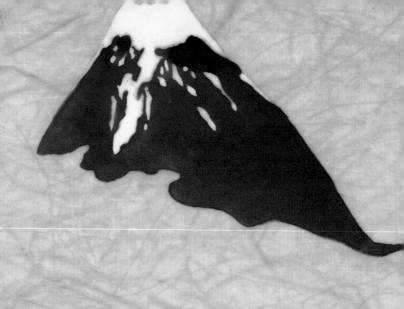

友

TOMO
amigo

A la mañana siguiente, cuando Basho partía, uno de sus amigos le dio unas sandalias nuevas de hierba con cordones teñidos de azul como lirios.

—Adiós, mi amigo, y gracias, gracias, gracias.

Basho abrazó a su amigo. Tras amarrarse a los
tobillos los cordones azules de sus sandalias,
prosiguió de nuevo su viaje por su país, Japón.

tallos de lirio
en mis pies floreciendo—
cordones azules

KAI
mundo

Sus sandalias de cordones azules lo llevaron a distantes playas, campos y bosques. Cuando encontraba un animal, una persona o una planta que le abría los ojos y el corazón, Basho se detenía a escribir un poema. Vio cómo la niebla acariciaba las colinas. Se fijó en un grillo. Mientras pasaba la noche en una choza llena de goteras, aspiró el perfume de la lluvia. Cada mañana saboreó su té.

En la tarde oyó a una rana saltar a una laguna. Y así, hace trescientos años, viajó Basho, y el mundo fue su hogar.

laguna en calma—
el salto de una rana
rompe el silencio

Lugares que visitó Basho

Mogami

Kisagata

Oishida

Ryusha Kugi

Río Mogami

Iwanuma

Matsushima

Nikko

Nara

Edo

Yoshino

Lo que vio Basho

Edo	Casa de Basho
Nikko	Cascada
Iwanuma	Pino de dos troncos y templo
Matsushima, Kisagata	Costa, pueblos pesqueros
Mogami, Río Mogami, Oishida	Amigos que escriben poemas mientras miran la luna
Ryusha Kugi	Templo en la montaña
Nara	Templo
Yoshino	Huertos de cerezos

247

Matsuo Basho, el poeta de haikus más
querido y respetado en su país, vivió en
Japón en el siglo XVII (1644-1694).

Basho escribió el relato de sus viajes en
haibun, un diario de prosa y poemas. Aún es
posible visitar los lugares que le gustaban
—los santuarios, las montañas, los pueblos—
y sus poemas mantienen toda la frescura de
hojas recién brotadas.

Las sandalias de hierba condensa y
combina sucesos de varios viajes de Basho.

A los cincuenta años de edad, Basho
vendió su pequeña casa en Edo y salió en
su último viaje.

El haiku que aparece en la página con el
carácter japonés Tsuki (luna) fue creado
por Issa, otro poeta japonés que vivió un
siglo después de Basho.

Preguntas y actividades

1. ¿De dónde procede el nombre de Basho?

2. ¿Por qué los amigos de Basho le regalaron papel y tinta cuando inició su viaje?

3. ¿Por qué crees que la autora escribió acerca de Basho? Explica tu respuesta.

4. ¿De qué trata esta selección?

5. Imagínate que Basho entrara en la escena del vitral que aparece en las páginas 220-221. ¿Qué crees que les diría a los personajes de la escena del vitral sobre su propio viaje?

Escribir una reseña de un libro

Escribe una reseña de "Las sandalias de hierba". Incluye:

- quién es el personaje principal.

- dónde y cuándo tiene lugar lo que cuenta el relato.

- qué ocurre en la historia.

Describe los dibujos y los poemas haiku de la selección. Luego, di si se la recomendarías a alguien para que la leyera. Da tres buenas razones.

Pintar caracteres japoneses

La autora de este relato usa algunos caracteres, o símbolos, japoneses y nos dice lo que significan. Ahora, es tu turno. Usa un pincel, papel grueso de dibujo y pintura negra para dibujar algunos de los caracteres japoneses que aparecen. Debajo de cada uno, escribe su significado en español. Muestra el trabajo terminado a tus compañeros.

Escribir un poema

Basho viajó a pie por su país para conocerlo y escribir poemas sobre lo que iba encontrando. Imagina que eres un poeta o una poetisa. Consulta el mapa de tu estado y haz una lista de los lugares más interesantes que te gustaría visitar. Luego, escribe un poema sobre uno de ellos.

Investigar

Basho viajó por Japón en el siglo XVII y escribió poemas sobre sus experiencias. ¿Cómo es ese país en la actualidad? Busca información sobre Japón en una enciclopedia o en una guía de viajes. Con lo que averigües, escribe un folleto turístico en el que describas algunos lugares interesantes que visitar. Incluye fotografías o ilustraciones de Japón.

Leer un mapa

Basho comenzó su viaje en una barca y luego atravesó Japón a pie. Japón está en la parte norte del océano Pacífico. Altas montañas y verdes colinas cubren la mayor parte de su territorio. Como en muchos otros países, en Japón hay varias ciudades grandes. Edo, lugar donde Basho vivía, se llama hoy Tokio, la cual es a la vez la ciudad más grande de Japón y su capital.

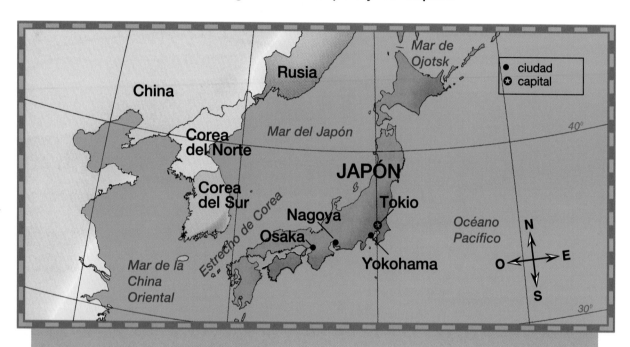

Usa el mapa para responder a las siguientes preguntas.

1 ¿Cuál es la capital de Japón?

2 Nombra tres ciudades grandes de Japón, aparte de Tokio.

3 ¿En qué dirección irías para llegar a Yokohama desde Tokio? ¿Cómo lo sabes?

4 Nombra los tres países que están más cerca de Japón.

5 ¿Por qué crees que Japón tiene la industria pesquera más grande del mundo?

Sugerencia
para exámenes

Concéntrate en lo
que estás haciendo.

INDICACIONES:
Lee el texto. Luego lee cada
una de las preguntas.

MODELO

¿Qué ponemos en el rincón?

La planta favorita de Benito, un helecho de hojas delicadas y suaves, estaba enferma. Le estaba creciendo una especie de moho, y los padres de Benito dijeron que probablemente moriría.

Al salir de la escuela, Benito se apresuró a ir a casa para ver cómo estaba su helecho. Cuando entró a la sala, fue al rincón donde debía haber estado su helecho. Su madre se le acercó y le pasó el brazo por el hombro para reconfortarlo.

—Tu padre vendrá a casa temprano para que podamos ir a comprarte una nueva planta. ¿Qué te parece? —le preguntó.

Benito levantó los ojos sin decir una palabra. Nada podría reemplazar a su helecho.

1 ¿Cuál era la razón de que el helecho fuera a morir?

  A Ocupaba demasiado espacio en la sala.

  B No les gustaba a los padres de Benito.

  C Era demasiado grande.

  D Le estaba creciendo una especie de moho.

2 ¿Qué significa la palabra reconfortar en el pasaje?

  F alargar

  G consolar

  H entender

  J regalar

Arte y Literatura

Este cuadro cuenta parte de una historia de la vida real que comenzó hace unos cien años. Dicha historia se conoció como la Gran Migración. Fue una época en la que miles de afroamericanos emigraron a ciudades del Norte como Chicago, St. Louis y Nueva York en busca de empleo.

Observa el cuadro. ¿Qué hechos trata de mostrar el artista? ¿Por qué pasan los afroamericanos por una de esas tres entradas o puertas? ¿Qué crees que encontrarán del otro lado de las puertas? ¿De qué forma usa el pintor la vida real para crear una obra de arte? ¿Cumple su propósito este cuadro? ¿En qué te basas para decir eso?

Vuelve a mirar el cuadro. ¿Te gusta? Respalda tu opinión con razones.

La migración de los negros
Jacob Lawrence

Conozcamos a Scott Russell Sanders

Scott Russell Sanders logra combinar sus tres cosas favoritas —la vida de pueblo, la naturaleza y escribir— en su trabajo como escritor. "En mi opinión, un escritor debe estar al servicio del lenguaje, de la comunidad y de la naturaleza", afirma. Sus obras tratan de cómo muchos tipos de personas pueden convivir pacíficamente en nuestro pequeño planeta.

Scott nació en Memphis, Tennessee y fue a la universidad en Estados Unidos y en Inglaterra. Este escritor, que además trabaja como profesor universitario, vive actualmente en Indiana con su esposa y sus dos hijos.

Conozcamos a Thomas B. Allen

A Thomas B. Allen le encantaba dibujar cuando era pequeño. Creció en las afueras de Nashville, Tennessee, y tenía que viajar en tranvía hasta la ciudad para tomar clases de arte. Thomas (¡que entonces tenía sólo nueve años de edad!) asistía a clases aunque en esa época el curso que había era solamente para adultos.

A Thomas aún le gusta dibujar y pintar. Él dice que su estudio está dondequiera que va, y que se le ocurren ideas "en la cocina o mientras doy un paseo por el bosque... en mi cuarto de trabajo o en la biblioteca, en un museo o en el campo".

Thomas ha dado clases en numerosas escuelas de arte y universidades. Tiene tres hijos y dos nietos, y actualmente vive en Kansas City.

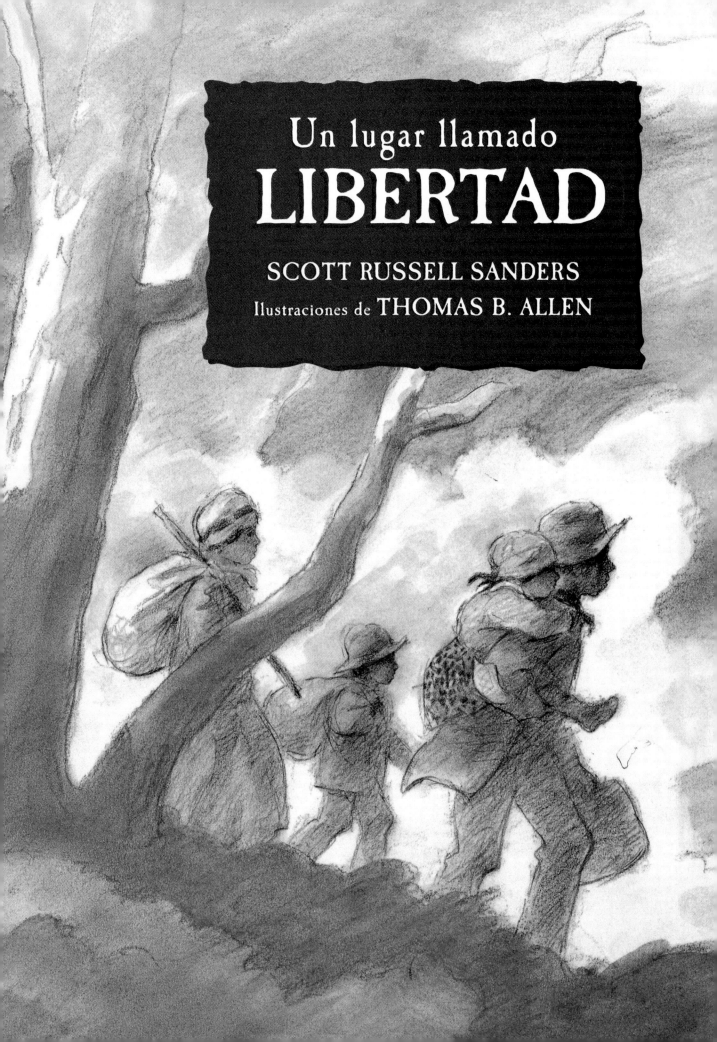

Un lugar llamado
LIBERTAD

SCOTT RUSSELL SANDERS

Ilustraciones de THOMAS B. ALLEN

Allá en Tennessee, en la plantación donde nací, mamá trabajaba en la casa grande y papá trabajaba en los sembrados. El amo de la casa grande nos concedió la libertad en la primavera de 1832, cuando yo tenía siete años y mi hermana Lettie tenía cinco.

Papá llamaba a Lettie "traguito de agua", por pequeña e inquieta, y a mí "gran bocanada de aire", porque era alto y hablaba mucho.

Tan pronto como pudimos empacar un poco de comida y ropa, salimos de la plantación, camino al norte, hacia Indiana. Nuestras tías, tíos y primos, que aún eran esclavos, nos abrazaron con fuerza y nos dijeron adiós con la mano hasta que nos perdimos de vista.

Papá dijo que sería más seguro viajar por la noche.

—¿Cómo vamos a encontrar el camino en la oscuridad? —le pregunté.

—Seguiremos al Carro —contestó papá. Entonces señaló hacia el cielo cubierto de estrellas y me di cuenta de que se refería al Carro de la Osa Mayor. Me enseñó cómo encontrar la Estrella Polar dibujando una flecha desde el borde del Carro. A papá le encantaban las estrellas. Por eso, cuando dejó su nombre de esclavo y escogió uno nuevo, se hizo llamar Joshua Starman (*star* significa "estrella" en inglés). Y por eso yo me llamo James Starman.

El camino era largo y fatigoso. Noche tras noche, mientras viajábamos, el cremoso cuenco de la luna se llenaba, para luego vaciarse. Cuando Lettie se cansaba, papá la llevaba un rato sobre los hombros, o mamá la cargaba apoyándosela en las caderas. Yo, en cambio, recorrí todo el camino a pie.

Finalmente, una mañana, poco después del
amanecer, llegamos al río Ohio. Un pescador, con la cara
más arrugada que una bota vieja, nos cruzó en su bote.
Al llegar a la otra orilla, nos bajamos en la tierra libre
de Indiana. Aquel día, flores blancas cubrían las colinas
como si fueran las plumas de un ganso.

Con el tiempo conocimos a una familia de cuáqueros
que nos alojaron en su casa, nos dieron semillas y nos
prestaron una mula y un arado, todo porque creían que
la esclavitud era un pecado. Además de trabajar con
ellos, hombro con hombro, en su granja, nosotros sem-
bramos nuestros propios cultivos.

Ese año, papá cultivó maíz y trigo suficientes para
pagar por un terreno junto al río Wabash, donde la
tierra era tan negra como mi piel. Papá no sólo sabía
sembrar de todo, también podía domar caballos y construir desde un granero hasta una cama.

Antes del invierno, papá y mamá construyeron una fuerte cabaña. Todas las noches, nos sentábamos junto al fuego mientras papá nos contaba historias que hacían danzar las sombras. Todas las mañanas, mamá nos daba clases a Lettie y a mí. Mamá sabía leer y escribir gracias a que había ayudado a los niños del amo a estudiar sus lecciones. Mamá podía coser trajes que te quedaban como un guante, y su comida te deleitaba el paladar.

Antes de que se descongelara el suelo, papá viajó
al sur, durante las frías noches, hasta la plantación en
Tennessee. No paramos de preocuparnos hasta que se
presentó nuevamente ante nuestra puerta, con dos de
nuestros tíos, dos tías y cinco primos, que se quedaron
con nosotros hasta que pudieron comprar un terreno
que estaba cerca del nuestro y construir sus propias
cabañas.

Una y otra vez, papá regresó a Tennessee. Y cada
vez volvía a casa con algunos de nuestros seres queridos.

Nuestra aldea atrajo a afroamericanos de todo el Sur. Algunos eran libres como nosotros, otros eran fugitivos. Había carpinteros y herreros, tejedores de cestas y toneleros.

En poco tiempo tuvimos una iglesia, luego una tienda, después un establo, más tarde un molino para moler nuestro grano. Por primera vez en nuestras vidas teníamos dinero, justo el que necesitábamos para sobrevivir, y hacíamos todo lo posible por no malgastarlo.

Pocos años después, al ver la cantidad de gente que allí vivía, la compañía de ferrocarriles decidió llevar la vía férrea a nuestro pueblo. Si iba a aparecer en los mapas, nuestro pueblo necesitaba un nombre. En una reunión, la gente propuso que lo llamáramos Starman, en honor a mamá y papá. Pero mamá y papá dijeron: "No, llamémoslo Libertad".

Y así fue como terminamos viviendo en un lugar llamado Libertad.

273

Para celebrar el nuevo nombre, construi-
mos una escuela en la que mamá enseñaba a
todos, jóvenes y viejos, a leer, a escribir y a
sumar. Ella me inspiraba el deseo de estudiar
todo lo que había por aprender en este mundo.

La primera vez que mamá me enseñó el
alfabeto, me pregunté cómo iba a hacer para
acordarme de veintisiete letras diferentes. Sin
embargo, las aprendí en un santiamén. Para
mí, era algo mágico ver cómo esas letras se
juntaban para formar palabras.

La habilidad de papá para trabajar la tierra también era algo mágico. Ponía las semillas en el suelo y, antes de que te dieras cuenta, ya había plantas de sandía o tallos de maíz. Plantaba árboles y, al poco tiempo, ya daban manzanas, nueces o sombra.

Por mucho tiempo, no supe qué quería ser cuando fuera mayor. Me costaba decidir si quería ser agricultor como mi papá o maestro como mi mamá.

—No veo por qué un maestro no puede sembrar —decía mamá.

—No veo por qué un agricultor no puede enseñar —decía papá.

Y tenían razón, ¿sabes? Porque con mis propias
manos sembré los frijoles y las papas que nos comimos
en la cena, y escribí estas palabras.

Preguntas y actividades

1 ¿Quién narra el cuento?

2 ¿Para qué seguía la gente al Carro?

3 ¿Por qué son importantes los hechos en este cuento?

4 ¿Cómo resumirías este cuento?

5 En la Declaración de Independencia, Thomas Jefferson escribió que "todos los hombres son creados iguales". ¿Crees que estas palabras se hicieron realidad para la familia Starman? Respalda tu respuesta con datos del cuento.

Escribir un editorial

¿Cómo era la vida de la familia del cuento antes de que consiguieran su libertad? Imagínate que eres el editor de un periódico antes de la Guerra Civil, y escribe un editorial en el que expliques por qué estás en contra de la esclavitud. Respalda tus opiniones con hechos para persuadir a los lectores.

Hacer un experimento

James Starman cuenta que su padre hacía crecer todo lo que sembraba en la tierra negra que había donde vivían. Para averiguar qué tipo de tierra es mejor para ciertas plantas, toma dos tazas; en una, coloca tierra negra, y en la otra, arena. Luego, pon dos o tres semillas de rábano en cada taza, riégalas y sitúalas en un lugar soleado. Las semillas de rábano germinan en poco tiempo. ¿Cuál es mejor para las semillas, la arena, que es clara, o la tierra negra, que es oscura?

Dar nombre a un pueblo

Muchos parientes de James Starman se mudaron cerca de donde él vivía. Llegaron a ser tantos, que formaron un pueblo al que tuvieron que poner nombre. Imagínate que formas un pueblo, ¿qué nombre le pondrías? Escoge un nombre y haz un cartel de bienvenida para tu pueblo.

Investigar

Joshua Starman ayudó a sus familiares a escapar hacia la libertad. Investiga datos sobre otras personas que ayudaron a esclavos a escapar. Para empezar, busca información sobre Harriet Tubman y el Tren Clandestino en un libro de estudios sociales, en una enciclopedia o en cualquier otro libro. Compara las experiencias de Tubman con las de la familia Starman.

Leer una gráfica lineal

James Starman nació en una plantación en el Sur. Su mamá trabajaba en la casa grande y su papá en los sembrados. En la época del cuento, la mayoría de las personas en el Norte y en el Sur eran agricultores, y en ambas zonas había esclavos. Sin embargo, en el Sur se necesitaba más mano de obra para la cosecha de algodón de las grandes plantaciones. Fíjate en la gráfica para saber cuántos esclavos había en el Sur en el siglo XIX.

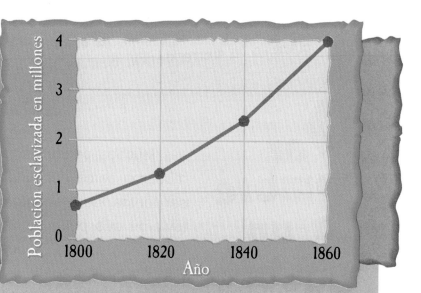

Población esclavizada, 1800–1860

Usa la gráfica lineal para responder a estas preguntas.

1 ¿Cuántos trabajadores esclavos había en el Sur en 1800?

2 ¿Había más esclavos en el Sur en 1820 que en 1810? ¿Cómo lo sabes?

3 ¿Cuántos trabajadores esclavos había en el Sur en 1850?

4 ¿Cuántos trabajadores esclavos había en las plantaciones del Sur en 1860?

5 ¿Qué te indica la gráfica acerca del número de trabajadores que se necesitaban para sembrar y cosechar algodón?

Sugerencia para exámenes

Asegúrate de leer cada pregunta sin prisa y con atención.

INDICACIONES:

Lee el texto. Luego lee cada una de las preguntas.

MODELO

David sale a navegar

David se apoyó contra el borde del barco y sonrió. Le encantaba visitar a su tío Ernesto.

Ernesto era dueño de un pequeño velero para dos personas. Desde que David era pequeño, su tío lo había llevado a navegar. Ahora David sabía orientar y ajustar las velas, gobernar el timón y virar contra el viento. David se había convertido en un buen marinero y sabía que su tío estaba orgulloso de él.

Ernesto levantó los ojos mientras enrollaba una cuerda y sonrió.

—Creo que estás listo para navegar por tu cuenta —le dijo a David.

David sintió una gran emoción.

1 La mayor parte de este pasaje tiene lugar en

  A la casa del tío Ernesto.

  B la marina.

  C el velero.

  D la escuela.

2 ¿De qué trata el pasaje?

  F de que David estaba enfermo

  G de que hay distintos tipos de veleros

  H de lo que piensa el tío Ernesto sobre la navegación

  J de cómo David aprendió a navegar

¿Volviste a leer el pasaje para encontrar las respuestas? ¿Por qué?

281

Arte y Literatura

Algunas obras de arte tienen elementos que nos llaman la atención y nos invitan a hacernos muchas preguntas para las que no tenemos respuestas. Algunas veces hasta nos hacen sentir como si hubiera algún detalle que no estamos viendo.

Observa el dibujo. Describe a las personas que están en las escaleras. ¿Están subiendo o están bajando? ¿Te parece que van para algún lado? ¿Llegarán a su destino? ¿Qué te hace pensar eso?

Imagínate que eres la persona sentada al pie de las escaleras. ¿Puedes ver todo lo que sucede desde allí? Fíjate en las otras personas, ¿suben, bajan o no van para ninguna parte? ¿Qué les dirías? ¿Por qué?

Relatividad
M.C. Escher, 1953

TIME
FOR KIDS

Caminos enredados

Este laberinto de arbustos
está en Indiana.

Conozcamos a un constructor de laberintos

Nadie sabe mejor que Adrian Fisher cómo entrar y salir de un laberinto

Adrian Fisher es un diseñador de laberintos que vive en Inglaterra. La gente puede caminar por los laberintos que él construye y divertirse tratando de llegar a la salida sin perderse en los numerosos y enredados caminos.

Hacer un buen laberinto requiere mucha planificación y un amplio conocimiento de las matemáticas. El señor Fisher dice que adora su trabajo porque tiene un lado científico y otro artístico: "En la escuela me encantaban las matemáticas y aparte siempre me gustó la jardinería. Hacer laberintos me permite combinar mis dos pasiones".

En 1996, el señor Fisher batió el récord del laberinto más grande del mundo, con un laberinto de plantas de maíz en Michigan. El laberinto, que podía ser recorrido al mismo tiempo por unas dos mil personas, tenía forma de auto y caminos que sumaban más de tres millas.

Arriba: Adrian Fisher diseñó este laberinto de plantas de maíz en Paradise, Pennsylvania. Izquierda: Un laberinto al aire libre en Inglaterra.

285

Este laberinto en el Museo Getty de California, sólo puede atravesarse a nado.

"A la gente le gustan los laberintos de plantas de maíz porque están al aire libre", declaró el señor Fisher a *TIME FOR KIDS*. En sus más de veinte años como diseñador de laberintos, el señor Fisher ha construido unos 135. Su especialidad es colocar obstáculos difíciles de superar en medio de los caminos como, por ejemplo, fuentes, espejos y hasta estanques llenos de cocodrilos.

Uno de los laberintos favoritos del señor Fisher es uno que contiene un submarino amarillo de 51 pies de largo, que construyó en Inglaterra en honor a una canción del famoso grupo inglés *The Beatles*. Él también ha creado algunos coloridos laberintos para patios de escuelas.

A VECES LOS ADULTOS SE COMPORTAN COMO NIÑOS

Al señor Fisher le encanta observar a la gente mientras recorre sus laberintos. Según él, con frecuencia los niños de once y doce años se defienden mejor que sus padres cuando se trata de encontrar la salida de un laberinto. "Me encanta observar particularmente a los adultos. Se pierden apenas entran y para encontrar la salida se ven forzados a comportarse un rato como niños."

¿Crees que los adultos se toman en serio a un constructor de laberintos profesional como el señor Fisher? Pues sí. De hecho un museo de Florida preparó una exposición de sus laberintos. Al señor Fisher esto no lo sorprende: "Un laberinto es una obra de arte", dice. "Además, cada uno tiene su propia historia."

Niños y adultos se divierten en este laberinto en Inglaterra.

INVESTIGA

Visita nuestra página web:

www.mhschool.com/

CONEXIÓN
*inter*NET

¿Cuál es el camino?

¿Cómo puedes salir de un laberinto en el que no ves hacia dónde van los caminos? Por lo general, la regla es siempre tomar hacia la izquierda en cualquier intersección. Si el camino de la izquierda es un camino sin salida, da la vuelta y sigue la pared de la izquierda para volver al camino correcto. Tarde o temprano llegarás a la salida.

Esto no significa que un diseñador ingenioso como el señor Fisher no pueda encontrar la manera de romper esta regla tan conocida. Después de todo, salir de un laberinto es divertido precisamente porque es un desafío.

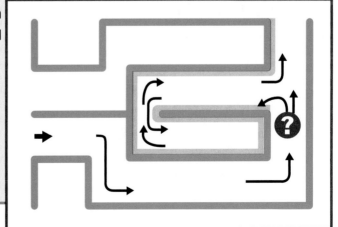

Preguntas y actividades

1 ¿Cuál es la profesión de Adrian Fisher?

2 ¿Por qué quiso Adrian Fisher convertirse en constructor de laberintos?

3 ¿Cómo son los laberintos que construye Adrian Fisher?

4 ¿Cuál es la idea principal de esta selección?

5 Imagínate que le muestras a Adrian Fisher el dibujo de las páginas 282-283. ¿Crees que le serviría de inspiración para uno de sus laberintos? ¿Por qué?

Escribir una carta

Adrian Fisher dice que le gusta ver a los adultos mientras recorren sus laberintos porque "se comportan como niños". Escríbele una carta a un adulto de tu familia, en la que le des tres razones de peso por las que debería visitar contigo uno de los laberintos de Adrian Fisher.

Diseñar un laberinto

Adrian Fisher se gana la vida diseñando laberintos. ¡Ahora te toca a ti diseñar uno! Primero, decide la forma de tu laberinto; luego, dibuja los caminos interiores (acuérdate de incluir obstáculos y caminos sin salida). Una vez que hayas terminado tu laberinto, asegúrate de que se puede salir de la manera que planeaste. Pásaselo a un compañero o compañera a ver si puede salir de tu laberinto.

Hacer una lista

¿Crees que el señor Fisher *planta* cada *planta* de maíz en sus laberintos? Dos palabras que se escriben y pronuncian igual pero que tienen significados diferentes, se llaman *homónimas*. Con un compañero o compañera hagan una lista de palabras homónimas. Luego, escriban una oración cómica en la que usen cada pareja de palabras.

Investigar

Adrian Fisher no es el único diseñador de laberintos del mundo. ¿Sabías que en la ciudad colonial de Williamsburg, en Virginia, hay un laberinto muy conocido? Busca información sobre laberintos famosos en Internet, en una enciclopedia o en otro libro de la biblioteca, y compáralos con los de Adrian Fisher.

Leer un plano

¿Sabías que un laberinto se puede representar en un plano? Un **plano** es un dibujo o una representación gráfica a escala de una superficie más grande. El plano de abajo muestra un laberinto de arbustos visto desde arriba. Observa con atención cómo está hecho este laberinto y luego recórrelo con tu lápiz.

Responde a las siguientes preguntas sobre el laberinto.

1 ¿Por dónde se entra al laberinto?

2 ¿Dónde está la primera intersección?

3 ¿Qué obstáculo se encuentra al final del Camino 3?

4 ¿Cuál es el último obstáculo que encontrarías?

5 ¿Cuántas posibles rutas se pueden tomar para llegar a la salida de este laberinto?

Sugerencia para exámenes

Lee todas las respuestas antes de elegir una.

INDICACIONES:

Lee el texto. Luego lee cada una de las preguntas.

MODELO

¡Qué tarde!

Mi mamá me llevó hoy a la cancha de fútbol de la escuela secundaria para mi práctica. "Rogelio, tu papá vendrá a recogerte después de la práctica", oí que me decía mientras me iba corriendo.

Agotado después de la práctica, me puse a esperar no sé por cuánto tiempo a mi papá. Cuando llegó, notó que yo estaba nervioso y se bajó corriendo del auto a abrazarme. Me pidió mil disculpas por haber llegado tarde y me explicó que se había confundido y que me había ido a buscar a la escuela primaria.

Camino a casa nos pusimos a conversar y le dije: "No te preocupes, papá, las cosas no salen siempre como uno quiere".

1 ¿Cómo se sentía Rogelio mientras esperaba a su papá?

  A feliz

  B cansado

  C preocupado

  D enojado

2 ¿Cuál de estas acciones fue lo último que ocurrió en la historia?

  F Rogelio estaba agotado.

  G Rogelio y su padre se pusieron a conversar.

  H El papá de Rogelio lo abrazó.

  J La mamá de Rogelio lo llevó a la práctica de fútbol.

BARCOS

1

Un poema es un barco de madera
hecho con tus propias manos:
es frágil, es pequeño,
pero te puede llevar tan lejos
como quiera el viento.

Un poema es un barco de madera
para viajar poco a poco,
y llegar hasta una isla lejana
y quedarte a vivir en ella
para siempre.

2

Un poema es un barco de papel
hecho con tus propias palabras:
toda tu vida cabe en el hueco
que dejan sus pliegues,
y sus colores.

Un poema es un barco de papel
para echarlo a navegar
en el estanque de tus días
y en la alberca nocturna
de tus mejores sueños.

Alberto Blanco

SORpresas

Giro final

Cuando dobles la esquina
y te encuentres *contigo* cara a cara
entonces sabrás que ya has doblado
todas las esquinas que quedaban.

Langston Hughes

Arte y Literatura

Los artistas combinan distintos elementos en sus obras. Observa este cuadro del pintor belga René Magritte. ¿Qué ves? ¿Qué detalles te llaman la atención?

Una obra de arte puede invitarnos a reflexionar sobre qué es o no un hecho. Mira de nuevo el cuadro. Si alguien te dijera que Magritte lo pintó en 1935, ¿cómo podrías saber si esa información es o no un hecho? Explica tu respuesta.

Observa el cuadro una vez más. ¿Te gusta? ¿Qué sientes cuando lo miras? ¿Cómo se lo describirías a un amigo o amiga?

La condición humana, II
René Magritte, 1935
Colección privada, Bélgica

EL GRAN REGALO

Cuento del año 2100
AARÓN CUPIT

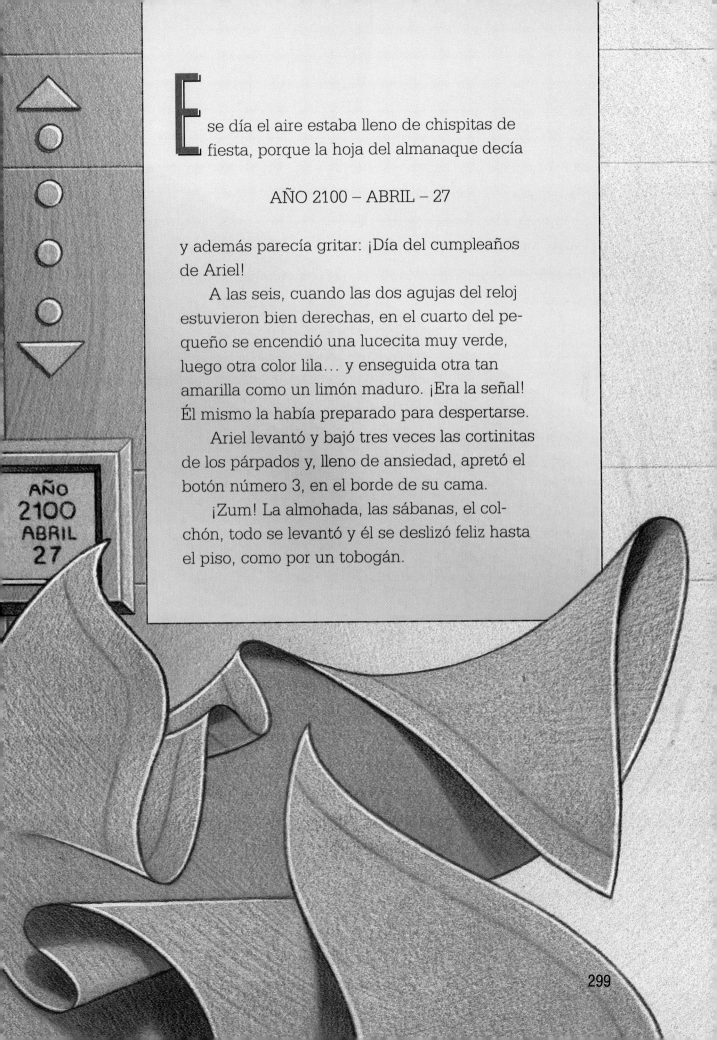

Ese día el aire estaba lleno de chispitas de fiesta, porque la hoja del almanaque decía

AÑO 2100 – ABRIL – 27

y además parecía gritar: ¡Día del cumpleaños de Ariel!

A las seis, cuando las dos agujas del reloj estuvieron bien derechas, en el cuarto del pequeño se encendió una lucecita muy verde, luego otra color lila… y enseguida otra tan amarilla como un limón maduro. ¡Era la señal! Él mismo la había preparado para despertarse.

Ariel levantó y bajó tres veces las cortinitas de los párpados y, lleno de ansiedad, apretó el botón número 3, en el borde de su cama.

¡Zum! La almohada, las sábanas, el colchón, todo se levantó y él se deslizó feliz hasta el piso, como por un tobogán.

AÑO
2100
ABRIL
27

299

De un salto llegó a la ventana, redonda como un globo. Junto a ella estaba su reluciente multimueble electrónico… pero no vio nada encima, ni debajo, ni alrededor. "¿Me habrán regalado un juguete invisible?", fue lo primero que pensó.

Con mucho cuidado empezó a palpar. No fuera que por descuido chocara y rompiera algo. Tocó, miró y volvió a tocar… ¡sin encontrar nada!

"No puede ser", se dijo. "Mamá y papá no van a dejarme sin regalo…" Siguió buscando, para ver si había algo escondido.

—Ariel… —oyó la voz de su papá, fuerte y cariñosa.

—Querido… —se unió la voz de su mamá.

¡Las voces salían del primer tubo del multimueble!

"Me regalaron un audión… ¡Qué alegría! Mandaré mensajes a todos mis amigos… Y ellos me enviarán mensajes a mí…", pensó Ariel al tiempo que levantaba la tapa del tubo y sacaba un pequeño aparato parlante, que tenía dos antenitas como una mariposa.

La voz de su mamá continuó:
—Este audión es tuyo…

Sabíamos que deseabas tener uno…

Y la voz de su papá agregó:

—Tienes otro regalo de cumplea-ños… ¡Un viaje a la nueva Nueva York!

¡Fiiiiis!… ¡Fiiiiis!… Se oyeron dos silbidos de aire comprimido, seguidos por alegres carcajadas. Los padres de Ariel aparecieron de un salto desde el piso de abajo, en un suave movimiento de su calzado neumático.

—¡Mamá… papá… gracias por el audión! ¡Es lindísimo! —dijo Ariel dando un beso a cada uno.

—¿Y qué me dices del viaje a la nueva Nueva York? En dos días nos divertiremos muchísimo. Además, ¡volaremos en un avión superlúcico!

—¿Supersónico?

—Superlúcico, más veloz que la luz —aclaró la mamá—. ¿No te entusiasma?

Ariel no contestó y se puso a mirar las dos antenas de su au-dión.

La mamá, que conocía cada uno de sus gestos y miradas, le preguntó: —¿No te gusta ir a la nueva Nueva York? ¿Quisieras ir a otra parte… más lejos, Ariel…?

301

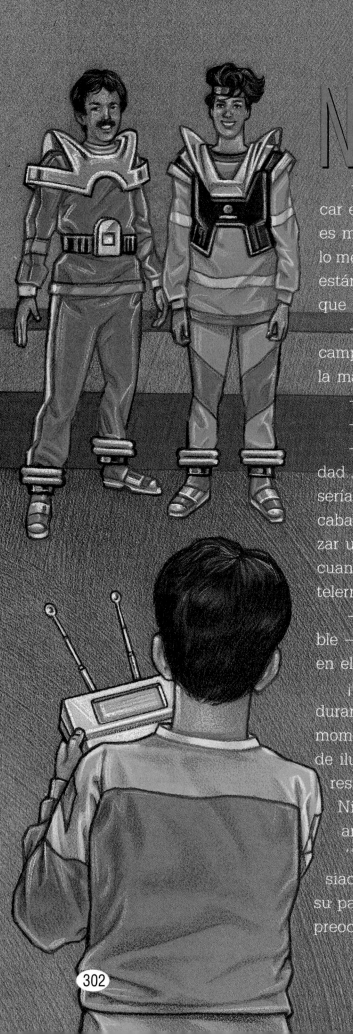

o, más cerca... me gustaría ir al campo.

—Querido... —trató de explicar el papá—. Bien sabes que eso es muy difícil. Necesitaríamos por lo menos una semana. Los caminos están tan llenos de saltamóviles que no se puede avanzar.

—¿Por qué se te ocurre ir al campo? —preguntó dulcemente la mamá.

—No sé... tengo tantas ganas...

—¿Ganas de qué?

—De ver un caballo de verdad... Y ganas de tocarlo. Ah, sería lo más lindo del mundo. Ir a caballo, subir una montaña, cruzar un bosque. Si les digo que cuando aparece un caballo en la telerrelieve, salto para acariciarlo...

—Me pides algo casi imposible —dijo el papá—, pero pensaré en ello.

¡Qué inquietud tuvo Ariel durante todo ese día! En algunos momentos se sintió muy alto, lleno de ilusiones; de repente se sentía resbalar, tropezando a cada rato.

Ni siquiera en la fiesta con sus amigos pudo olvidarse.

"¿No habré pedido demasiado?" se preguntó. Pensó que su padre se había ido muy preocupado... su mamá estaba

muy nerviosa... ¿Qué culpa tenía
él? ¿Acaso era malo tener ganas de
ir al campo y montar a caballo?

"¿No será un capricho?" volvió a pre-
guntarse. "No, porque con un caballo puedo
hacer muchas cosas. Llego a un bosque o a una
selva... arranco un fruto de un árbol y me lo como; veo
un arroyo y tomo agua con las manos. Igual que en la
telerrelieve."

A la mañana siguiente la mamá vino temprano a
saludarlo. Llevaba un vestido muy alegre y en la mano
tenía un supletodo de viaje.

—Tu papá tiene una linda sorpresa para ti —le dijo—.
Yo también quiero acompañarlos y por eso me voy antes.
¡Hasta pasado mañana!

Y dándole un fuerte beso salió rápidamente, sin que
Ariel tuviera tiempo de salir de su asombro.

—Mañana iremos al campo —le dijo más tarde, muy
contento, su papá.

—¿Cómo...? ¿Descubriste una forma de salir de la ciudad, sin saltamóvil ni avión?

—Sí. Es un gran secreto, casi un misterio.

—¡Cuéntame, papá! ¿Cómo es?

—Bueno. Te adelantaré algo. Iremos al campo en dos...
no te puedo decir el nombre. Son dos cosas muy antiguas
dejadas por tu bisabuelo, que conservamos como reliquias
en el cuarto subsuelo. Por suerte hay una más grande y
otra más pequeña.

Todas las preguntas de Ariel fueron contestadas con
sonrisas. Tuvo que esperar, conteniendo su alegría y su
curiosidad.

Llegó por fin el gran momento y su papá lo llevó al
cuarto subsuelo. ¡Allá estaban las dos cosas maravillosas,
misteriosas y secretas que los llevarían al campo!

303

riel notó que su papá estaba entusiasmado y que para él era también una gran aventura.

—¿Qué es esto? ¿Cómo se llama? ¿Para qué sirve? —preguntó cuando vio aparecer, entre un montón de cosas extrañas, dos ruedas grandes que giraban... y otra rueda chica entre ambas... y adelante dos caños doblados como dos bigotes.

—Es una bicicleta, querido. Se usó mucho en el siglo pasado. Yo te enseñaré a andar en ella. Practicaremos, antes de partir, en la terraza...

¡Eso era más lindo que todo lo imaginado! Sin embargo, a Ariel le entró una duda: —¿Cómo haremos, papá, para salir de la ciudad? ¿Cómo vamos a cruzar y adelantar, entre tantos saltamóviles?

—Eso es otro gran secreto. Al final del viejo metro, el que hasta hace poco anduvo a electricidad, hay un largo sendero. Está lleno de recovecos y conduce a las afueras, bien lejos. Los rascacielos fueron construidos tan juntos que por ahí no puede pasar ningún saltamóvil.

Todo lo que siguió fue glorioso para Ariel.

El viaje en bicicleta, al principio apoyándose en su
papá, por una acera subterránea, la salida al sol
radiante, la marcha a través del sendero, cada vez más
seguro sobre las dos ruedas que giraban, giraban y giraban
llevándolo hacia la felicidad...

—¿Esto es el campo? —preguntó cuando los rascacielos fueron quedando atrás, dando lugar a casas más bajas.

—Todavía no, querido.

—¿Falta mucho? ¿Allá nos espera mamá? ¿Y hay
caballos...?

—Falta bastante. Llegaremos mañana; hoy
dormiremos en algún víahotel. Pero puedes estar seguro de que habrá caballos.

¡Cuántas cosas desconocidas aparecieron en el viaje!

—Mira, papá, ¡una mariposa! ¡Una mariposa de verdad! ¡Qué hermosos colores! Es mucho más linda que las de la telerrelieve.

Y a cada momento algo nuevo: —Papá, ¿qué es esto tan brillante? ¡Una piedrecita! Papá, una rosa verdadera. ¡Y qué perfume tiene! Papá, una abeja. ¿Dónde tiene la miel?

Por fin el padre pudo decirle: —Ya estamos llegando. En aquella casa nos espera mamá. Ahí, cerca de eso que parece una torre... que tiene una rueda arriba...

—¿Y eso qué es?

—Es un antiguo molino de viento. Servía para sacar agua de un pozo.

—¡Esto parece un cuento! —exclamó Ariel—. Y el aire tiene un olor especial, que me gusta.

—Es el olor a tierra mojada, del que siempre hablaban mi abuelo y mi papá.

La mamá estaba esperándolos y Ariel sintió una gran alegría al verla con el cabello suelto levantado por el viento. De su mano fue descubriendo un mundo de maravillas. No sólo había plantas, flores, pájaros, nidos, vacas, liebres, perdices, árboles con frutos, un arroyo... sino también caballos. ¡Muchos caballos, como para alegrar a todos los niños! Y un poni, en el que Ariel montó por primera vez y dio un largo y gozoso paseo, hasta que se animó a subir a un caballo más grande...

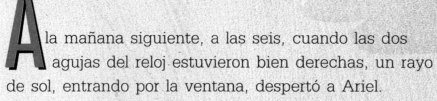

A la mañana siguiente, a las seis, cuando las dos agujas del reloj estuvieron bien derechas, un rayo de sol, entrando por la ventana, despertó a Ariel.

''Es la señal'', se dijo.

Se vistió rápidamente, tomó su audión y se dispuso a grabar un mensaje para sus amigos de la ciudad. Iba a contarles todo, pasarles su alegría y su felicidad, decirles con detalles y más detalles lo que veía...

Le costó empezar. ¡Qué difícil era! ¿Cómo explicarles lo que es una gota de rocío? ¿Con qué palabras decirles cómo es una flor silvestre? ¿Cómo podía darles una idea de lo que se siente viendo un cielo sin fin, redondo y azul?

Entonces Ariel apretó el botoncito rojo del audión y dijo de un golpe:
—¡Créanme! Acá hay olor a tierra mojada y hay caballos de verdad.

CONOZCAMOS A
AARÓN CUPIT

En "El gran regalo", Ariel tiene un deseo que es difícil de realizar en el año 2100: ver el campo. Con sus padres emprenderá la aventura que lo llevará a ese mundo desconocido para él. Aarón Cupit, el autor de este cuento, es también un gran aficionado a las aventuras. Nació en Buenos Aires, Argentina, y desde muy joven decidió aventurarse por el mundo: con dieciseis años se fue a vender libros a Paraguay. A partir de entonces recorrió muchos países de América y Europa.

Pero parece que su gran afición es la palabra escrita, pues ha trabajado como tipógrafo, linotipista y corrector de pruebas en diarios, y como redactor, subdirector y director técnico en importantes editoriales. Es autor de muchos libros, en su mayoría dirigidos al público infantil. Mencionaremos sólo unos cuantos: *Amigo Chum*, *El alegre jardín*, *La jirafita que se escapó del zoológico* y *Cuentos del año 2100*, que obtuvo el premio Lazarillo en 1972.

Preguntas y actividades

1. ¿Por qué es el 27 de abril un día especial para Ariel?

2. ¿Qué usan Ariel y su padre para ir al campo?

3. ¿Por qué crees que a Ariel le gusta tanto el campo? ¿Qué te indica eso sobre él?

4. ¿Cuál es la idea principal de esta selección?

5. Compara el sitio donde vive Ariel con otra ciudad futurística sobre la que hayas leído o que hayas visto en una película. ¿En qué se parecen ambas ciudades? ¿En qué se diferencian?

Escribir instrucciones

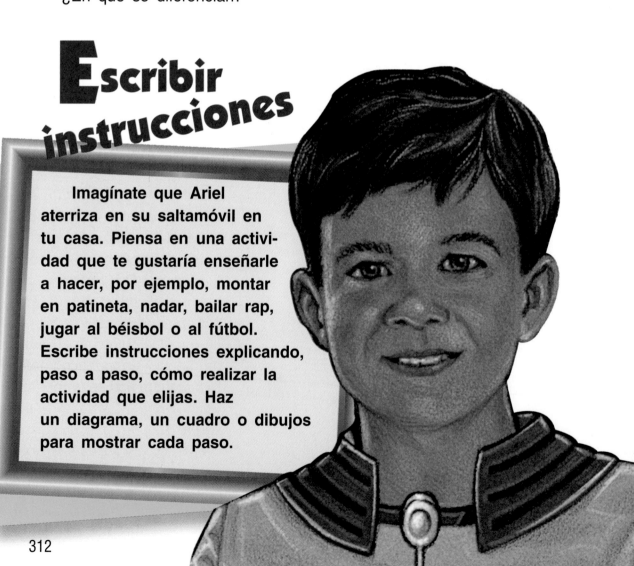

Imagínate que Ariel aterriza en su saltamóvil en tu casa. Piensa en una actividad que te gustaría enseñarle a hacer, por ejemplo, montar en patineta, nadar, bailar rap, jugar al béisbol o al fútbol. Escribe instrucciones explicando, paso a paso, cómo realizar la actividad que elijas. Haz un diagrama, un cuadro o dibujos para mostrar cada paso.

Hacer una encuesta

Ariel y su familia viven en el futuro. ¿Te gustaría vivir en otra época? En grupo, pregúntenles a veinte personas en qué época les gustaría vivir y por qué. Hagan una gráfica de barras para mostrar los resultados de la encuesta. Comparen su gráfica con la de otros grupos.

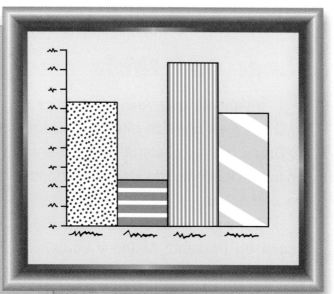

Diseñar aparatos del futuro

En el cuento, Ariel recibe un audión como regalo de cumpleaños. El audión es un pequeño aparato parlante, parecido a un teléfono del futuro. Diseña un aparato del futuro. Toma como base un aparato actual y piensa en las características que tendrá en el futuro. Dibuja en cartulina el aparato que diseñaste y escribe una lista de las cosas que hacen que sea superior al original.

Investigar

Ariel vive en el año 2100. Un lugar puede cambiar mucho en un siglo. ¿Cómo era la zona donde vives hace cien años? Consulta enciclopedias y libros de historia para averiguar cómo era el lugar donde vives un siglo atrás. ¿Cuántos habitantes tenía? ¿Cómo era el paisaje? Escribe un párrafo con la información que obtengas y preséntaselo a tus compañeros.

Leer una tabla

Imagínate que Ariel viaja al campo durante el invierno. ¿Qué crees que les diría a sus amigos sobre la nieve? ¿Crees que le gustaría hacer muñecos o lanzar bolas de nieve? Dependiendo del sitio adonde vaya, encontraría más o menos nieve.

Observa la tabla que compara las cantidades de nieve que caen en Portland, Maine y Louisville, Kentucky. Estas ciudades están en distintas zonas de Estados Unidos. Tienen climas diferentes y en ellas caen distintas cantidades de nieve al año.

Promedio de pulgadas de nieve, enero-junio					
Portland, Maine	19.3	17.3	12.8	3.0	0.2	0
Louisville, Kentucky	5.2	4.4	3.2	0.1	0	0
	Enero	Febrero	Marzo	Abril	Mayo	Junio

Usa la tabla para responder a las siguientes preguntas.

1 ¿Cuántas pulgadas de nieve caen, por lo general, en Portland, Maine, en enero?

2 ¿Cuántas pulgadas de nieve caen en Louisville, Kentucky, en febrero?

3 ¿Cuántas pulgadas más de nieve caen en Portland que en Louisville en marzo?

4 ¿En cuál de las dos ciudades cae más nieve al año?

5 ¿Por qué nieva más en enero que en abril?

INDICACIONES:

Lee el texto. Luego lee cada una de las preguntas.

MODELO

Una campeona

¿Conoces a algún campeón? Para ser un campeón o una campeona una persona tiene que esforzarse mucho y no rendirse. Ileana es una campeona.

Ileana empezó a patinar sobre hielo a los cuatro años. Desde el primer día, decidió que llegaría a ser la patinadora más rápida de la historia. Al cumplir diez años de edad, Ileana practicaba dos horas al día. A los once estableció un nuevo récord de velocidad en el patinaje. De ahí en adelante, cada año ha batido su propio récord.

Ileana desea pertenecer al equipo de patinaje olímpico y participar en las próximas Olimpiadas de Invierno. Hasta el momento, ha demostrado que tiene madera de campeona.

1 ¿Qué sucedió cuando Ileana tenía once años de edad?

   A Participó en las Olimpiadas.

   B Aprendió a patinar.

   C Estableció un récord de velocidad en el patinaje.

   D Empezó la universidad.

2 Ileana practica muchas horas al día porque quiere

   F complacer a su mamá.

   G ser la mejor buceadora.

   H graduarse antes que sus compañeros.

   J llegar a ser la patinadora más rápida de la historia.

Arte y Literatura

Al igual que los cuentos, muchos cuadros dan distintas pistas o detalles para que el espectador saque sus propias conclusiones.

Observa el cuadro. ¿Dónde crees que tiene lugar esta escena? ¿Qué te hace pensar eso? ¿Qué colores usa el artista? ¿Cómo sería el cuadro si el artista hubiera usado tonos neutros? ¿Crees que te haría sentir lo mismo?

Fíjate ahora en los detalles. ¿Cuántos tipos de plantas distintas ves? ¿Cómo las colocó el artista para dar una sensación de equilibrio en la escena? Explica tus respuestas.

Chismes de luna llena
Gustavo Novoa, 1997
Galerías Wally Findlay, Nueva York

LA SELVA TROPICAL

el espectáculo de la vida

RICARDO CICERCHIA

¿**H**as pensado alguna vez en lo que se necesita para vivir en una casa? Tiene que haber comida, agua, luz eléctrica... Además, hay que cocinar, lavar los platos, sacar la basura, hacer las camas, pagar las facturas del teléfono, reparar de vez en cuando alguna lámpara... Todo eso no lo hace una persona sola: es necesario que todos colaboren. ¿Qué crees que pasaría si la gente que vive en una casa no cooperara, si nadie hiciera su tarea cuando le toca? Sería imposible vivir así.

La Tierra es como una casa gigantesca, en la que los seres vivos y lo que los rodea —agua, aire, luz— forman una comunidad donde cada uno de los miembros coopera con los demás. Esa comunidad es lo que llamamos un *ecosistema*. Los animales necesitan a las plantas que ofrecen alimento y refugio; las plantas necesitan a los animales que transportan el polen y distribuyen semillas; y nosotros necesitamos el oxígeno producido por las plantas y los alimentos que animales y plantas proporcionan. Por eso es tan importante conocer y cuidar la naturaleza.

La selva tropical es uno de los ecosistemas más ricos y variados del planeta. Allí encontramos animales como el loro (izquierda arriba), *el armadillo (derecha arriba) y flores de gran colorido como la bromelia* (derecha abajo).

La ciencia que estudia la relación entre los diferentes organismos y su entorno natural es la *ecología*. Esta palabra viene del griego *oikos* (que significa "casa") y *logos* ("estudio"): es, pues, el estudio del hogar que todos compartimos.

La ecología nos ayuda también a comprender los riesgos de muchos cambios que la especie humana está provocando en el planeta. Hay tantas personas en la Tierra que es necesario producir un gran número de cosas. Las fábricas —que nos permiten disfrutar de muchos productos y comodidades— traen al mismo tiempo consecuencias negativas para el medio ambiente: humos que contaminan el aire y desperdicios que ensucian las aguas. Millones de árboles han sido cortados para obtener la madera y el papel con que se construyen casas y se hacen libros o periódicos. Al desaparecer los bosques, muchos seres humanos y animales se quedan sin hogar.

La explotación de las selvas tropicales para obtener madera y papel es una de las principales causas de su progresiva destrucción (abajo).

Los humos y residuos de las fábricas contaminan el aire y el agua (arriba).

Todos esos cambios han afectado especialmente a las selvas tropicales que hay en América Latina, África y el sudeste de Asia, donde viven miles de especies de animales y plantas. Las selvas son muy importantes: ayudan a regular la temperatura, la humedad y la composición de los gases de la atmósfera terrestre. Son como grandes pulmones que limpian el aire que todos respiramos. Cualquier cambio en ese ecosistema verde alteraría el clima en todos los países del mundo.

Durante siglos, las selvas han sido fuente de minerales, aceites, maderas, metales y medicinas que han contribuido a nuestro bienestar. Pero el aprovechamiento de esas riquezas ha provocado una gran destrucción. Cada año se pierden 15 millones de acres (seis millones de hectáreas) de selva tropical (la extensión aproximada del estado de West Virginia), y en menos de cincuenta años las selvas podrían desaparecer completamente. Son nuestro más valioso y frágil tesoro natural.

¿Cómo es posible que esto ocurra?, te preguntarás. Pues bien, una de las causas de esta situación es nuestra propia ignorancia. Hemos olvidado cómo se vive en la casa natural, cómo se coopera con los demás seres vivos. Necesitamos aprender de nuevo a convivir con la naturaleza y a usarla respetuosamente. En las selvas tropicales viven miles de comunidades indígenas desde tiempos remotos. Podemos aprender mucho de esos pueblos que conocen bien cada árbol, planta y animal que convive con ellos.

Se cuenta que, hace mucho tiempo, unos colonos llevaron el nogal desde su entorno natural a un lugar extraño para él. Pasaba el tiempo y no florecía. Alarmados, preguntaron a los indígenas si conocían el secreto del árbol. Los nativos explicaron que el polen que daba vida al árbol viajaba en abejas que sólo vivían en arbustos cercanos a la selva. Era una relación que los recién llegados desconocían: el árbol necesitaba volver a su hogar para florecer.

En la actualidad, expertos de todo el mundo intentan reunir y salvar los conocimientos de los habitantes de las selvas. Varios científicos han visitado la frontera de Brasil y Surinam, donde viven los indios tirio, para aprender de ellos los distintos usos medicinales de las plantas. Ese pueblo utiliza unas trescientas plantas para curar enfermedades con medicinas que nosotros aún no conocemos. Toda la humanidad puede beneficiarse así del intercambio entre las diferentes sociedades y culturas, cada una enseñando lo que sabe y aprendiendo de las demás.

¿Qué está pasando ahora en las selvas? ¿Qué se puede hacer para salvarlas? En todo el mundo, hay muchas personas que trabajan para intentar reparar los daños sufridos por la naturaleza. Vamos a ver tres ejemplos de selva tropical en el continente americano: la Amazonia (América del Sur), Guanacaste en Costa Rica (Centroamérica) y el Yunque en la isla de Puerto Rico.

América
del Sur:
la Amazonia

La mariposa de alas de cristal es una de las numerosas especies de insectos que habitan la selva amazónica (izquierda).

El Amazonas es el río más caudaloso del mundo. Va desde los Andes peruanos hasta el Océano Atlántico, atravesando todo el territorio de Brasil. Los científicos creen que alrededor de ese río viven más de diez millones de especies de plantas y animales. En algunas áreas se han llegado a contar hasta 3,000 especies de árboles en una sola milla cuadrada. En 1840, el alemán Friedrich Von Martius hizo una lista de las especies que había descubierto en sus años de exploración de la región amazónica. ¡Esa lista llenó quince volúmenes de su obra *Flora Brasiliensis*!

La vegetación de esta selva es tan alta y densa que sólo algunos rayos de luz llegan hasta el suelo. Los árboles más altos alcanzan la altura de un edificio de quince pisos, y en algunos se han encontrado hasta 400 especies diferentes de insectos. Las ramas y las lianas son utilizadas por los monos para desplazarse por la jungla. Más abajo encontramos arbustos, enredaderas parásitas, flores tropicales de gran colorido y las raíces inmensas de los árboles que se alimentan con las sustancias químicas de las hojas y ramas caídas.

Como la región del Amazonas se encuentra en la zona ecuatorial del planeta, la temperatura es cálida y se mantiene constante entre 77° y 80° Fahrenheit (25° y 27° centígrados). Llueve mucho, y durante la estación húmeda la lluvia puede caer varios días seguidos sin parar.

Las abundantes ramas y lianas de los árboles son utilizadas como medio de transporte por monos, como los titís enanos (arriba).

Los inmensos árboles tropicales son fuente de maderas preciosas muy codiciadas (derecha).

A los pies de los árboles crecen exóticas plantas tropicales como la orquídea (abajo).

327

En este ecosistema se van a cumplir diez millones de años de armonía entre la vida animal y la vegetal. Sus habitantes se necesitan mutuamente: una de las cosas que sorprendió a algunos exploradores fue saber que ciertas hormigas que viven en los troncos y se alimentan de las hojas caídas de algunos árboles combaten con fiereza a los insectos que pueden dañar y devorar a sus verdes compañeros.

La selva brasileña ha sido llamada el pulmón de la Tierra. Según los científicos, produce por lo menos una quinta parte del oxígeno que necesitamos para vivir. Pero los rancheros incen-dian miles de acres de selva para convertirlos en tierras de pastoreo para el ganado o en tie-rras de cultivo. Por esa razón, estos fantásticos jardines podrían transformarse en un triste desier-to en un futuro no muy lejano.

¿Quién vive en la selva? La Amazonia es el hogar de más de 180 comunidades indígenas, cada una con su propia cultura, idioma e historia. Estos indios se adapta-ron a vivir en la selva hace miles de años. Aprendieron a conseguir veneno de ciertas plantas para cazar con flechas, a reconocer las plantas comestibles, a protegerse de insectos y serpientes dur-miendo en hamacas atadas a los

árboles y a viajar en canoas hechas de troncos.

Los yanomami son una de esas comunidades indígenas. Los antropólogos piensan que aún quedan por descubrir algunos grupos de yanomami, pues viven en zonas de selva tan frondosas que resulta muy difícil localizar sus aldeas. Viven en Brasil y en el sur de Venezuela, y son cazadores. Utilizando varios tipos de plantas y animales, estos indios fabrican arcos, algunos apropiados para cazar pájaros, otros para cazar tapires, armadillos y cerdos salvajes. También cultivan más de ochenta variedades de vegetales, como bananas y aguacates.

Entre los cultivos de los indígenas de la selva amazónica se encuentra la banana (arriba).

En la Amazonia viven desde hace miles de años numerosas comunidades indígenas, como los indios yaminahua (abajo).

Se cree que todavía quedan por localizar algunas comunidades de indios yanomami. Mujer yanomami moliendo grano para hacer harina (arriba).

Los yanomami no están a salvo de los peligros de la civilización moderna: la busca de oro en la selva está provocando la destrucción del ecosistema en el que viven. Se calcula que, de los 10,000 yanomami que habitaban la parte brasileña de la Amazonia, unos 1,200 han muerto desde que, hace dos años, los buscadores de oro invadieron sus tierras. Afortunadamente, los gobiernos de Brasil y Venezuela han aprobado la creación de una zona protegida para que los yanomami puedan seguir cultivando y cazando sin ser molestados.

Además de los yanomami, muchas otras tribus se encuentran amenazadas. Se cree que en el año 1500, cuando los primeros colonizadores portugueses llegaron a las costas de Brasil, había aproximadamente tres millones y medio de habitantes en la región del Amazonas. Hoy en día quedan, como mucho, doscientos mil indios. La selva es su casa y no podrían vivir en otro lugar.

Una de las organizaciones ecológicas más importantes del mundo es la Fundación Chico Mendes. Francisco "Chico" Mendes fue uno de los primeros en hacer campaña por todo el mundo para intentar salvar la selva amazónica. La fundación que lleva su nombre ha decidido organizar una campaña internacional de protección de la Amazonia y de sus comunidades indígenas. El objetivo es crear zonas protegidas en las que se puedan recoger los productos que ofrece la selva (caucho, frutas) sin dañarla. Su lema es: "NO MÁS DÉCADAS DE DESTRUCCIÓN". Su tarea es promover el respeto por el medio ambiente, por todas las formas de vida y por la diversidad de la naturaleza.

Grandes extensiones de selva son quemadas para obtener más terrenos de cultivo (abajo).

América
Central:
Guanacaste
(Costa Rica)

Cuando imaginamos una selva, inmediatamente pensamos en las lluvias constantes y la humedad. Pero también existen selvas en las que durante meses no llueve ni una gota: son las llamadas selvas tropicales secas.

Cuando llegaron en el siglo XVI, los españoles encontraron cerca de trescientas mil millas cuadradas de este tipo de selva en Centroamérica. Lentamente, el abuso de sus recursos ha reducido su superficie a menos del 2% de su extensión original. Esta selva seca ha sido maltratada por el cultivo de algodón, la cría de ganado, y la caza de muchos de sus animales.

Al noroeste de Costa Rica, entre los volcanes Orosí y Cacao, en el Parque Nacional de Guanacaste, se encuentra una de estas selvas. Guanacaste forma parte de un ecosistema mayor que se extiende desde Mazatlán, en México, hasta el Canal de Panamá. Siempre recibe fuertes lluvias entre mayo y diciembre.

La estación seca es mucho más calurosa y ventosa: durante el día, la temperatura de la región llega a los 106° Fahrenheit (38° centígrados), y por la noche desciende hasta los 76° Fahrenheit (23° centígrados).

El rey de este hermoso mundo natural es el guanacaste, el esbelto árbol nacional de Costa Rica. Curiosamente, se dice que este árbol crecía originalmente en México. Sus semillas viajaron de polizones hacia el sur dentro de las panzas de los caballos y bueyes de los primeros exploradores españoles. Estos animales tragaban las semillas al comer frutos en las tierras de México. Más tarde, después de que el animal hubiera recorrido muchas millas de camino, su sistema digestivo expulsaba las semillas que no podía digerir debido a la dura corteza que las protegía. Después de ese "viaje", las semillas crecían lejos de sus lugares de origen. De esta forma, los animales han colaborado en la distribución de muchas especies de árboles y plantas.

En la selva de Costa Rica viven el pecarí de labio blanco (arriba), y el jaguar (izquierda). El guanacaste es el árbol nacional de Costa Rica (derecha).

Allí vive también el pecarí de labio blanco, el mamífero que más ha sufrido los efectos de la caza en esta selva. El pecarí es un animal casi ciego; se parece al cerdo, y puede pesar entre 44 y 110 libras (de 20 a 50 kilogramos). Suele moverse siempre en grupo. Se alimenta sobre todo de raíces que encuentra gracias a su increíble olfato, pero también come animales pequeños. Sus métodos de caza son a veces poco comunes: para matar a las serpientes, por ejemplo, salta sobre ellas y las pisotea con sus afiladas pezuñas. Aunque no lo parece, estos animales son muy ágiles y se defienden con mucha valentía: el fiero jaguar no se atreve con ellos si están en grupo, y sólo ataca a los que se quedan rezagados.

Hoy, el pecarí es una especie en peligro de extinción y los pocos sobrevivientes viven en las seguras laderas de los volcanes. Preocupados por su suerte, los niños de una escuela de Liberia, capital de la provincia de Guanacaste, junto con la Fundación Neotrópica, una organización ecológica de Costa Rica, han iniciado una campaña de protección de la fauna de los parques. Su objetivo es la implantación de una ley que prohiba definitivamente la caza. Para llamar la atención sobre este problema, los niños han "rebautizado" algunas calles de la ciudad con los nombres de especies en riesgo de desaparición.

Se ha difundido por todo el mundo la idea de crear un Bosque Tropical Internacional de los niños en Costa Rica. El proyecto, que nació en la imaginación de niños centroamericanos y de grupos internacionales para la protección del medio ambiente, consiste en comprar tierras al sur de Guanacaste, plantar miles de semillas y crear escuelas de educación ecológica para niños de todo el mundo.

El Caribe:
el Yunque
(Puerto Rico)

ntes de que los conquista-
dores españoles llegaran a
Puerto Rico, allí vivían los
indios taínos. Ellos no llamaban a
la isla Puerto Rico, sino Borinquén.
Yuquiyú era su espíritu protector,
y decidieron darle el mismo nombre a la selva donde se refugiaban
de los invasores y se escondían de
los enemigos.

El Yunque es la pequeña selva sobreviviente de la antigua
Yuquiyú. Ocupa ahora las laderas
de las montañas Luquillo, en la
punta noreste de la isla. Es una
selva en forma de escalera, que
sube hasta alcanzar más de 3,500
pies (1,050 metros) de altura.

El primer escalón llega hasta
los 2,000 pies (600 metros). El
suelo fértil, la escasa altitud y la
lluvia frecuente y moderada crean
condiciones óptimas para la vida
de una extraordinaria cantidad de
plantas y árboles, entre ellos el
más abundante es el tabonuco. En
esta zona vive una boa espectacu-
lar que sólo se encuentra en Puerto
Rico: la boa puertorriqueña, que
puede llegar a medir hasta siete
pies de largo.

La vereda de árboles gigantes, en El Yun-
que (arriba). La cotorra puertorriqueña
está en grave peligro de extinción (iz-
quierda).

Entre los 2,000 y los 2,500
pies (600 y 750 metros), donde la
lluvia es abundante y el clima
más fresco, vive el palo colorado.
Los troncos de este árbol, de
color bermellón, tienen agujeros
que aprovecha como vivienda la
cotorra puertorriqueña, un ave
que no es posible encontrar en
ningún otro lugar del mundo y
que actualmente se encuentra en
grave peligro de extinción. En
1975 se calculaba que vivían en el

Yunque solamente trece de estos animales (algunos más se conservaban en cautividad). Desde entonces, los biólogos han luchado por favorecer la reproducción de la cotorra, cuidando de las crías e incluso defendiéndolas de otros animales.

Cerca de estas lomas está el territorio de las palmas. Algunas de ellas llegan a alcanzar los 50 pies (15 metros) de altura. Y finalmente, en la cima, están los nudosos árboles enanos, cubiertos de plantas colgantes. Los fuertes vientos y lluvias hacen difícil la vida animal en esta zona. Aquí viven algunas raras especies adaptadas al clima.

Aunque no es muy grande —sólo queda el 10% de su tamaño original— el Yunque todavía esconde muchos secretos. El CNF (Caribbean National Forest) ha contado hasta el presente 230 especies de árboles, 16 de mamíferos y 66 de pájaros; 19 tipos de reptiles, 15 especies de anfibios, 18 familias de crustáceos y 5 especies de peces.

La boa puertorriqueña es una de las especies animales que se encuentra solamente en la isla de Puerto Rico (abajo).

En Puerto Rico también hay personas que hacen lo posible por salvar la riqueza animal y vegetal de su selva. Uno de los éxitos de las campañas ecológicas ha sido la prohibición del uso comercial de los animales. Sin embargo, otro peligro amenaza a la frágil selva puertorriqueña: las empresas madereras todavía están autorizadas a talar parte de la selva. Un grupo de organizaciones protectoras del medio ambiente —entre ellas la Sociedad de Historia Natural de Puerto Rico, Greenpeace y la Sociedad Borinquén Audubon— trata de evitarlo. Esta lucha recién comienza.

Vista del territorio de las palmas de sierra en el Yunque (arriba). Una bromelia de Puerto Rico (abajo).

339

El futuro: una esperanza verde

Somos miembros de una gran comunidad natural. Este hecho nos obliga a respetar y proteger el maravilloso ciclo de la vida. La desaparición de nuestros bosques y selvas ha dado al árbol un papel simbólico en la defensa del medio ambiente, y las campañas infantiles de "Plantemos un árbol" ya se han hecho famosas en todo el mundo. Como hemos visto en diferentes partes de América, hay motivos para la esperanza. Es una esperanza de color verde y, como en Costa Rica, los niños y niñas de todo el mundo tienen mucho que aportar.

Salvemos la selva tropical

Conozcamos a
Ricardo Cicerchia

En la vida profesional de Ricardo Cicerchia, la historia y la ecología siempre han estado ligadas. Cicerchia es profesor de historia, y a finales de los años 80 fue director del Programa de Estudios Latinoamericanos Gabriel García Márquez en la ciudad de Nueva York. Dentro de este programa se enseñaba español a los niños, junto con la cultura, la historia, la literatura y los problemas ecológicos de Latinoamérica. Gracias a esta experiencia Cicerchia se convenció de que "los niños son los que realmente tienen poder para defender el medio ambiente".

Durante esa época también se dedicó al periodismo y escribió numerosos artículos sobre ecología para su columna en un diario de Nueva York.

En el artículo que aquí presentamos Ricardo Cicerchia nos conduce hasta las selvas americanas para que conozcamos los graves problemas que las afectan y tomemos conciencia de lo que debe hacerse si se quiere evitar su desaparición.

Preguntas y actividades

1 ¿Cómo se llama la ciencia que estudia la relación entre los distintos organismos y su entorno?

2 ¿Cuáles son las tres selvas tropicales que se mencionan en el artículo? ¿Dónde quedan?

3 ¿Cuál de los problemas causados por la destrucción de la selva tropical te parece más importante? ¿Por qué?

4 ¿Qué le dirías a un amigo o amiga sobre este artículo? ¿Le aconsejarías que lo leyera? ¿Por qué?

5 Imagínate que Ariel, el protagonista de "El gran regalo: Cuento del año 2100" visita la selva tropical. ¿Qué crees que les diría a sus amigos sobre la selva tropical?

Escribir un artículo periodístico

La Amazonia es el hogar de cientos de comunidades indígenas. Imagínate que eres un periodista que viaja a la selva tropical amazónica y pasa una semana en un poblado yanomami. Escribe un artículo en el que expliques cómo viven estos indios, cómo es la selva que los rodea y cómo personas y naturaleza conviven en armonía.

Comparar temperaturas

Durante el día, en las selvas tropicales llega a hacer mucho calor. En grupo, consulten el informe meteorológico de un periódico y elijan tres ciudades. Averigüen las temperaturas máximas y mínimas de la última semana en el área donde viven y en las ciudades que eligieron, y muéstrenlas en una gráfica de barras. Comparen su gráfica con las de otros grupos.

Hacer un cartel

La idea de crear un Bosque Tropical Internacional de los niños en Costa Rica fue, en parte, idea de niños centroamericanos. Crea un cartel para persuadir a la gente de que colabore con este proyecto. Usa dibujos o recortes del Parque Nacional de Guanacaste para ilustrar tu cartel y escribe un eslogan llamativo.

Investigar

Las organizaciones protectoras del medio ambiente, por ejemplo, la Sociedad de Historia Natural de Puerto Rico, luchan por evitar la destrucción de las selvas tropicales. Busca en las páginas amarillas qué organizaciones de este tipo tienen sede en el área donde vives; elige una y averigua qué actividades realiza. Haz un informe con lo que averigües y céntrate en las actividades en las que tú y tus compañeros podrían participar. Comparen en grupo las actividades de distintas organizaciones.

343

Leer una gráfica

No sólo en la selva tropical hay animales en peligro de extinción. Por ejemplo, el número de lobos polares es cada vez menor. El clima, otros animales y los cazadores son algunos de los peligros a los que los lobos polares tienen que enfrentarse para sobrevivir. También los lobos podrían desaparecer si no los salvamos.

Usa la gráfica para responder a las siguientes preguntas.

1 ¿En qué país hay más lobos?

2 ¿En qué país hay unos 30,000 lobos?

3 ¿Cuántos lobos hay en China?

4 ¿Cuántos lobos más hay en Canadá que en Estados Unidos?

5 ¿Por qué crees que Canadá y Rusia tienen más lobos que Estados Unidos y China juntos?

INDICACIONES:

Lee el texto. Luego lee cada una de las preguntas.

MODELO

Contrato

Samy y Sonia querían ganar dinero para comprar regalos.

—Escribamos un contrato en el que estipulemos qué tareas del hogar pueden realizar y cuánto les pagaré por hacerlas —sugirió su madre.

CONTRATO

Mamá se compromete a: pagar cinco dólares a Samy y cinco a Sonia si realizan las siguientes tareas antes del viernes por la noche.

Samy y Sonia se comprometen a:

- sacar la basura
- colocar los periódicos, las latas y las botellas en el cubo de reciclaje
- poner la ropa sucia en la lavadora
- cortar el césped

1 ¿Cuál de los siguientes es un HECHO en el pasaje?

A Samy y Sonia le compraron un regalo a su mamá.

B Las tareas del hogar son muy fáciles.

C Samy y Sonia hicieron un contrato con su mamá.

D Samy y Sonia no usarán una cortadora de césped.

2 El propósito de la parte del contrato que dice "Mamá se compromete a" es establecer:

F por qué Sonia debe ayudar.

G lo que mamá tiene que decir.

H lo que va a pasar si los niños realizan las tareas.

J lo que Samy se compromete a hacer.

Arte y Literatura

Esta obra está hecha con trozos de vidrio roto. Para crearla, el artista siguió varios pasos.

Observa la escultura. ¿Has visto alguna vez un pez como éste? ¿Qué crees que fue lo primero que hizo el artista para crear esta extraña escultura? ¿Qué hizo a continuación? ¿Cómo sujetó entre sí los pedazos de vidrio? ¿Qué fue lo último que hizo?

Piensa en un animal imaginario que te gustaría representar en una escultura. ¿Qué materiales usarías? ¿Qué sería lo primero que harías? ¿Qué harías a continuación? ¿Y después? ¿Y por último? Explica qué pasos seguirías para hacer la escultura de tu animal imaginario.

Pez
Alexander Calder
Colección privada

JOANNA COLE

De niña, Joanna Cole nunca imaginó que se ganaría la vida escribiendo libros. "No sabía que la hija de un pintor de brocha gorda podía llegar a ser una escritora", dice en su autobiografía. Sin embargo, Joanna es la autora de muchos libros, entre ellos la popular serie *Magic School Bus* (El autobús escolar mágico).

Hoy en día, Joanna escribe principalmente libros sobre temas científicos, que se caracterizan por no limitarse simplemente a ofrecer una aburrida sucesión de datos. En los capítulos de *En el autobús con Joanna Cole* que aparecen en esta selección, la autora explica que escribe sus libros de la misma manera en que hacía sus informes escolares.

En el autobús con

JOANNA COLE

UNA AUTOBIOGRAFÍA ORIGINAL

JOANNA COLE   y WENDY SAUL

No se preocupe. Tenemos

montones en el laboratorio.

INFORMACIÓN: CÓMO ENCONTRARLA

Cuando me preparo para escribir un libro sobre algún tema científico, siempre leo mucho más de lo que nadie se imaginaría. Leo todos los libros que encuentro sobre la materia. Busco en bibliotecas y en librerías. Les pido ayuda a las bibliotecarias e investigo en la computadora de la biblioteca. Trato de encontrar artículos en revistas científicas y busco videos sobre el tema. Algunas veces, no siempre, leo libros infantiles para ver cómo han abordado el tema otros autores.

Yo soy, básicamente, una lectora. Si he leído dos libros y tres artículos sobre los arrecifes coralinos y luego veo un programa especial acerca de éstos en la televisión, lo más probable es que ya sepa casi todo lo que dice el programa. ¡Yo creo en el poder de la lectura!

Al leer, absorbo muchísima información. Tomo algunas notas, aunque en realidad no soy muy tradicional, por ejemplo, no tengo ficheros llenos de fichas meticulosamente codificadas; lo que no significa que no sea muy organizada. Cuando comienzo a leer, abandono el borrador que había hecho previamente y hago una maqueta del libro con hojas en blanco. Numero las páginas y, a lápiz, escribo algunas palabras en cada una, por ejemplo, en la maqueta de *Dinosaurios*, en una página escribí: "En el salón de clases: vienen los visitantes", en otra puse "La máquina del tiempo", en otra "En la excavación: ¿de quién es cada hueso?" y en otra más "Saurópodos: estómago especial". Luego, a medida que leo, anoto en papelitos adhesivos cualquier información especial, que no quiero que se me olvide, y los pego en la página correspondiente de la maqueta.

353

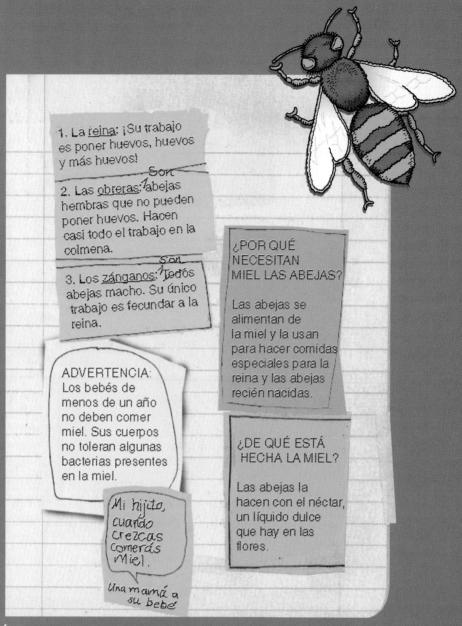

1. La <u>reina</u>: ¡Su trabajo es poner huevos, huevos y más huevos!

~~2. Las <u>obreras</u>:~~ Son abejas hembras que no pueden poner huevos. Hacen casi todo el trabajo en la colmena.

~~3. Los <u>zánganos</u>:~~ Son Todos abejas macho. Su único trabajo es fecundar a la reina.

ADVERTENCIA: Los bebés de menos de un año no deben comer miel. Sus cuerpos no toleran algunas bacterias presentes en la miel.

Mi hijito, cuando crezcas comerás miel.

Una mamá a su bebé

¿POR QUÉ NECESITAN MIEL LAS ABEJAS?

Las abejas se alimentan de la miel y la usan para hacer comidas especiales para la reina y las abejas recién nacidas.

¿DE QUÉ ESTÁ HECHA LA MIEL?

Las abejas la hacen con el néctar, un líquido dulce que hay en las flores.

Éstas son algunas de las "notas" del libro sobre las abejas de la serie *El autobús escolar mágico*. Algunos de estos informes y globos de diálogo no aparecieron en el libro publicado.

Más adelante, comienzo a escribir el libro en la computadora. Cuando escribo un libro de la serie *El autobús escolar mágico*, creo distintos archivos electrónicos para el texto, los globos de diálogo y los informes escolares. A medida que avanzo, los imprimo, los recorto y los pego en la maqueta en blanco.

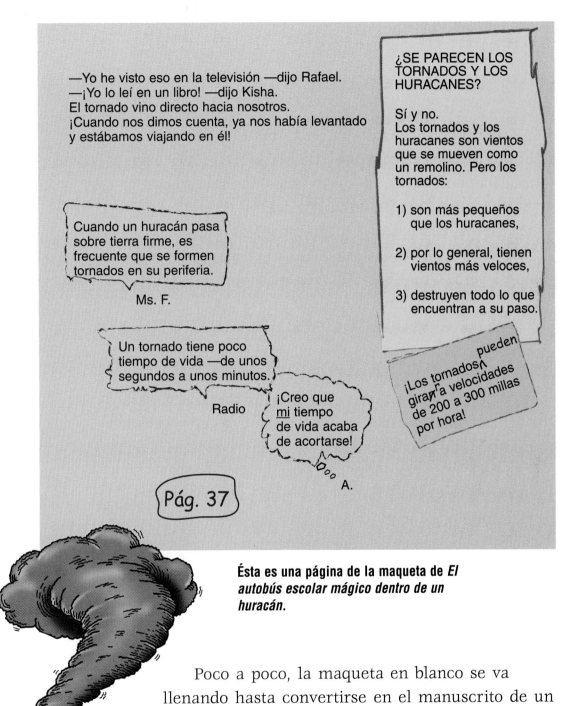

—Yo he visto eso en la televisión —dijo Rafael.
—¡Yo lo leí en un libro! —dijo Kisha.
El tornado vino directo hacia nosotros.
¡Cuando nos dimos cuenta, ya nos había levantado y estábamos viajando en él!

Cuando un huracán pasa sobre tierra firme, es frecuente que se formen tornados en su periferia.

Ms. F.

Un tornado tiene poco tiempo de vida —de unos segundos a unos minutos.

Radio

¡Creo que mi tiempo de vida acaba de acortarse!

A.

Pág. 37

¿SE PARECEN LOS TORNADOS Y LOS HURACANES?

Sí y no.
Los tornados y los huracanes son vientos que se mueven como un remolino. Pero los tornados:

1) son más pequeños que los huracanes,

2) por lo general, tienen vientos más veloces,

3) destruyen todo lo que encuentran a su paso.

¡Los tornados pueden girar a velocidades de 200 a 300 millas por hora!

Ésta es una página de la maqueta de *El autobús escolar mágico dentro de un huracán*.

Poco a poco, la maqueta en blanco se va llenando hasta convertirse en el manuscrito de un libro. En el proceso, cubro muchas de mis notas originales con distintos recortes y, para cuando termino de escribir el libro, es imposible verlas.

Parte de mi investigación consiste en encontrar a una persona experta en el tema sobre el que estoy escribiendo. Por ejemplo, en 1980, cuando estaba escribiendo *A Snake's Body* (El cuerpo de una serpiente), necesitaba hablar con un científico especialista en serpientes. Quería hacerle algunas preguntas y pedirle que leyera lo que había escrito para que me dijera si iba por buen camino.

Como yo vivía en la Ciudad de Nueva York, muy cerca del Museo de Historia Natural, llamé al museo y hablé con un simpático experto en serpientes. "Yo vivo muy cerca", le dije. "Puedo ir a verlo al museo." Pero él tenía ganas de salir un rato y me dijo que vendría a mi apartamento. Cuando llegó, le enseñé mi maqueta y le hice mis preguntas, mientras Taffy, mi perro terrier Yorkshire, dormía en el piso junto a mi silla. Finalmente, el experto dijo: "Las serpientes de nuestro laboratorio mudan de piel con frecuencia, así que traje una para mostrársela". Sacó de su bolsa la transparente piel y extendió el brazo para dármela. En cuestión de segundos, Taffy abrió los ojos, dio un salto, agarró la piel entre sus dientes y se fue corriendo a mi cuarto, donde desapareció bajo la cama. Al rato volvió a salir, pero ya no había ni rastro de la piel de serpiente. "No se preocupe", me dijo el científico. "Tenemos montones en el laboratorio."

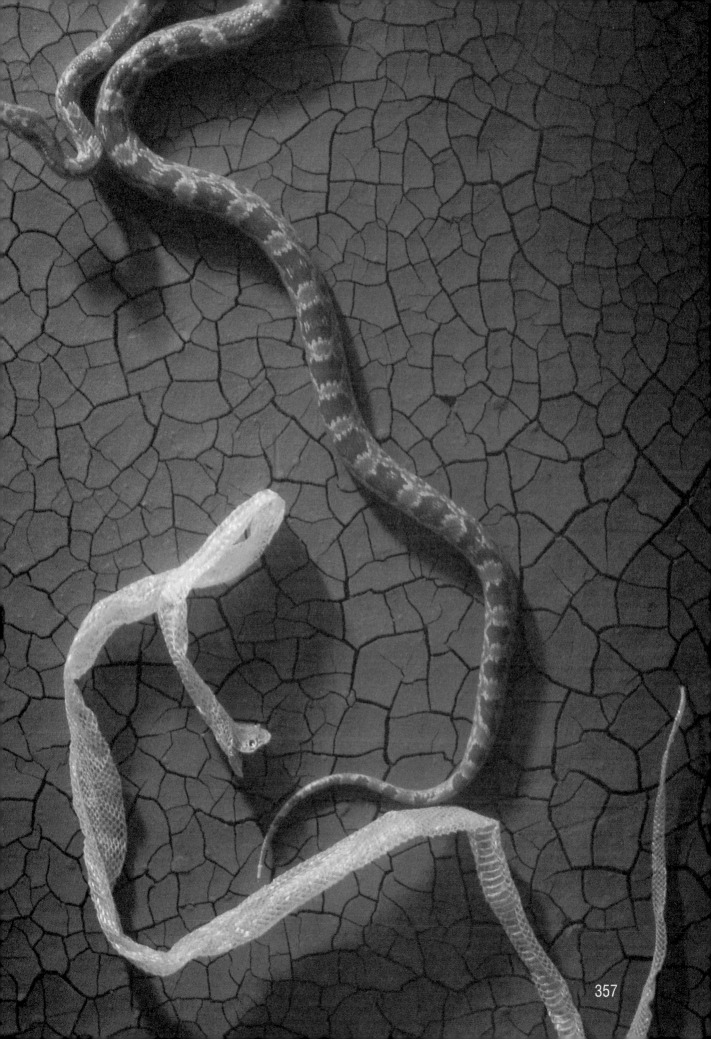

Como parte de nuestra investigación sobre las abejas, Bruce Degen y yo visitamos las colmenas de nuestro amigo Mark Richardson. Segundos después de que Bruce tomara esta fotografía, una abeja se me metió por el pantalón y como se asustó, me picó. Aunque la picada me dolió, sentí pena por la abeja, ya que éstas mueren poco después de usar su aguijón.

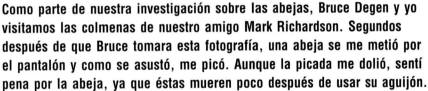

Sé que estoy en deuda con los expertos que me ayudan y con los científicos que hallan toda la información interesante que uso en mis libros. Sin los científicos yo no tendría nada que reportar y nuestra cultura sería mucho más pobre sin su trabajo. Sé que no soy una científica; soy una persona que escribe sobre temas científicos, que es muy diferente. Mi trabajo consiste en entender las complicadas ideas de los científicos y comunicarlas de una manera accesible a los lectores.

¿Por qué son verdes las hojas?

ESCRIBIR SOBRE LOS
PORQUÉS Y LOS CÓMOS

Cuando escribes sobre temas científicos, lo importante es que te interese lo que estás investigando, sea lo que sea. En el mundo de la ciencia lo más importante no es el *qué*, si no el *cómo* y el *porqué*. Digamos, por ejemplo, que estás esperando el autobús escolar y te pones a observar las hojas de los árboles que hay a tu alrededor. En ese momento, te acuerdas de que tienes un informe que preparar; quizás puedes hacerlo sobre las hojas.

¿Cómo empezaría yo, Joanna Cole, ese informe? Primero voy a hablar de lo que no haría. No decidiría en ese momento, mientras espero el autobús, de qué va a tratar el informe. No iría a buscar una enciclopedia tan pronto llegara a la escuela para ponerme a copiar información sobre el tema. Tampoco haría un esquema. Seguramente, otros escritores harían todas estas cosas con excelentes resultados, pero yo, no. Yo, antes que nada, leería.

Leería con tranquilidad sobre el tema. Buscaría en la biblioteca artículos enciclopédicos sobre árboles y plantas, y vería si hay alguno específico sobre hojas. De ser posible, los fotocopiaría para llevármelos. Le pediría al bibliotecario que me ayudara a encontrar un par de buenos libros sobre plantas que tuvieran capítulos sobre hojas. Aún mejor si hubiera un libro completo sobre hojas.

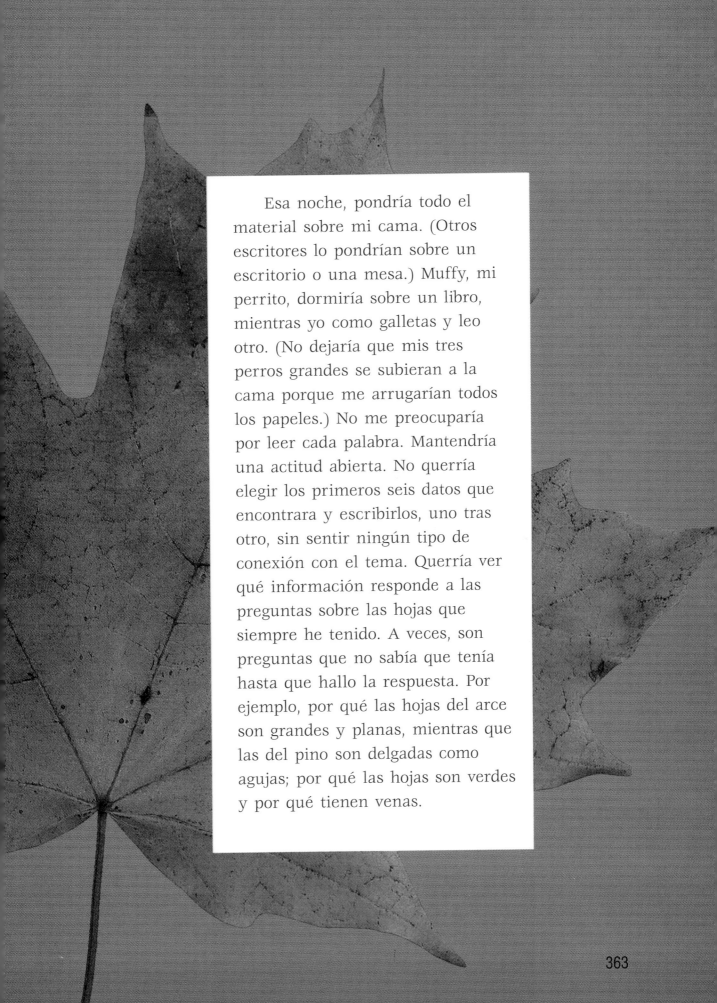

Esa noche, pondría todo el material sobre mi cama. (Otros escritores lo pondrían sobre un escritorio o una mesa.) Muffy, mi perrito, dormiría sobre un libro, mientras yo como galletas y leo otro. (No dejaría que mis tres perros grandes se subieran a la cama porque me arrugarían todos los papeles.) No me preocuparía por leer cada palabra. Mantendría una actitud abierta. No querría elegir los primeros seis datos que encontrara y escribirlos, uno tras otro, sin sentir ningún tipo de conexión con el tema. Querría ver qué información responde a las preguntas sobre las hojas que siempre he tenido. A veces, son preguntas que no sabía que tenía hasta que hallo la respuesta. Por ejemplo, por qué las hojas del arce son grandes y planas, mientras que las del pino son delgadas como agujas; por qué las hojas son verdes y por qué tienen venas.

A medida que leo, descubro que las hojas no existen simplemente como decoración. En la naturaleza todo cumple una función, todo tiene una razón de ser. Las hojas no son una excepción. Son verdes porque tienen una sustancia química llamada "clorofila" que sirve para transformar la energía solar en alimento. El arce, al igual que otros árboles que pierden las hojas durante el invierno, tiene hojas planas y grandes, con una superficie grande para recibir más luz solar y preparar más alimento durante el verano, y así compensar por los largos meses de invierno, cuando el árbol no tiene hojas. Por su parte, los árboles perennifolios, usualmente, tienen hojas pequeñas con forma de aguja y recubiertas de una especie de cera, que les permiten conservar la humedad durante el largo y seco invierno, cuando el agua congelada no está disponible para las plantas.

Como no se caen en los meses fríos, las hojas con forma de aguja producen alimento extra durante los días soleados de invierno, para compensar así el alimento que no pueden producir debido a su reducido tamaño.

Las hojas tienen venas por donde sube el agua desde la raíz del árbol, porque, para crear el alimento, las hojas necesitan agua, clorofila, luz solar y dióxido de carbono del aire. Finalmente, empieza a tomar cuerpo una idea para mi informe. ¿Qué tal si hago uno titulado "Las hojas son productoras de alimento"?

Comenzaré entonces a anotar datos sobre las hojas como productoras de alimento, sin preocuparme por cualquier otro tipo de información sobre ellas. Usaré datos para *explicar* cómo lo hacen, de modo que mi informe no sea simplemente una lista. Es como escribir un cuento e ir desarrollando el argumento.

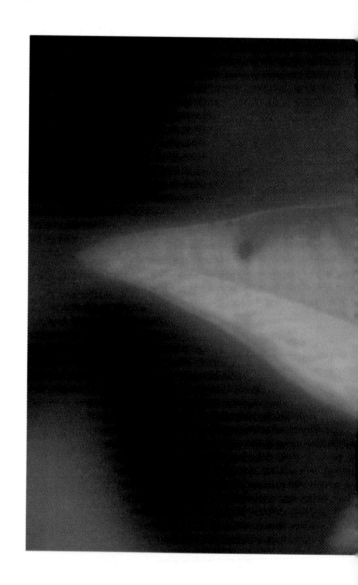

El "cuento" tiene un comienzo, un desarrollo y un final. Empieza con el Sol que brilla sobre la hoja y termina con el alimento que viaja por las venas a otras partes del árbol, mientras que vapor de agua y oxígeno salen por los poros de las hojas.

Así escribía mis informes para la escuela cuando era pequeña, y así escribo hoy mis libros sobre temas científicos.

Preguntas y actividades

1 ¿Qué es lo primero que hace Joanna Cole antes de escribir uno de sus libros?

2 ¿Qué pasos seguiría Joanna para escribir un libro sobre abejas?

3 Explica qué hace que Joanna Cole escriba buenos libros sobre temas científicos.

4 ¿Cuál es la idea principal de esta selección?

5 ¿Cuál de los temas de las selecciones estudiadas crees que le interesaría más a Joanna Cole para escribir un libro? Explica tu respuesta.

Escribir un ensayo con instrucciones

¿Podrías enseñarle a alguien cómo hacer un sándwich de mermelada y mantequilla de maní? Piensa en algo que sepas hacer bien y escribe cada uno de los pasos que tendría que seguir alguien que fuera a hacerlo por primera vez. Asegúrate de que tu ensayo tenga un principio, un desarrollo y un final. Añade un diagrama o dibujos con pies de foto que expliquen los pasos.

Mostrar los pasos

Dibuja cada uno de los pasos que seguiría Joanna Cole si se estuviera preparando para escribir un libro sobre las piñas de los pinos. Pon un pie de foto debajo de cada dibujo. Muestra su viaje a la biblioteca y los libros que leería. Dibuja a las personas con que hablaría y los lugares que visitaría en busca de información. Numera tus dibujos cronológicamente.

Representar una entrevista

Para escribir libros sobre temas científicos hay que investigar mucho. Con un compañero o compañera, representa una entrevista con un escritor de temas científicos. Hagan una lista de las preguntas que le harían antes de hacer la representación.

Investigar

A menudo, Joanna saca ideas para sus libros de preguntas que tiene sobre distintos temas. Para averiguar por qué las abejas hacen miel, probablemente leería libros y entrevistaría a expertos en la materia. Piensa en una pregunta que tengas sobre un tema científico y busca la respuesta en un libro o en un programa de televisión.

Seguir instrucciones ilustradas

Escribir un libro es como construir una casa. Primero se ponen los cimientos y luego se trabaja en la obra. También es necesario seguir instrucciones. Imagina que quisieras construir una casa. Nombra el primero, segundo y tercer paso. Fíjate en las instrucciones ilustradas de abajo.

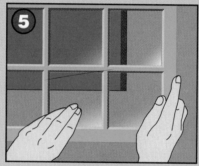

Sigue las instrucciones ilustradas para responder a las siguientes preguntas.

1 ¿Qué es lo primero que harías para construir una casa?

2 ¿Cuál es el segundo paso?

3 ¿Entre qué pasos colocarías las paredes y el techo?

4 ¿Qué sería lo último que harías?

5 ¿Cómo describirías cada uno de los pasos de las ilustraciones? Escribe la explicación en una hoja aparte.

Sugerencia para exámenes

Al contestar cuál es la idea principal, descarta respuestas muy detalladas.

INDICACIONES:

Lee el texto. Luego lee cada una de las preguntas.

MODELO

Satélites meteorológicos

Los satélites artificiales son aparatos que los científicos colocan en el espacio. Al igual que la Luna, los satélites artificiales orbitan alrededor de la Tierra. Algunos toman fotografías del planeta y las envían a los científicos, que las usan para saber qué cambios habrá en el tiempo atmosférico.

Hay dos tipos de satélites meteorológicos. Uno es el satélite GOES, que gira a la misma velocidad de la Tierra y, por tanto, se mantiene siempre en el mismo sitio. El otro, es el POSE, que se mueve de norte a sur y cada día está sobre un punto distinto.

1 ¿Qué significa la palabra orbitan en el pasaje?

  A giran alrededor de algo

  B son lanzados

  C toman fotografías

  D predicen el tiempo

2 ¿Cuál es la idea principal del segundo párrafo?

  F Los satélites artificiales son fáciles de hacer.

  G Los satélites artificiales proporcionan información útil.

  H Los científicos viven en satélites artificiales.

  J Hay dos clases de satélites meteorológicos.

Arte y Literatura

Por lo general, el arte se basa en cosas que los artistas ven o han visto. Sin embargo, a veces los artistas tienen que usar su imaginación.

Observa los dinosaurios de esta pintura. ¿Son todos iguales? Hay dos que son parecidos, pero no idénticos, ¿cuáles son? ¿En qué se diferencian? ¿De qué tamaño eran los dinosaurios? ¿Cómo lo sabes?

Mira de nuevo la pintura. ¿Qué está sucediendo? ¿Qué crees que quiere decirnos el artista acerca de estos seres primitivos? Compáralos con animales de la actualidad.

La vida en las costas durante el Jurásico
Escuela inglesa (Siglo XX)

El *Anomalocaris* fue un animal parecido a un cangrejo que vivió hace más de 500 millones de años.

LOS PRIMEROS POBLADORES DE LA TIERRA

Animales primitivos

¿Qué hizo que hace más de 500 millones de años aparecieran sobre la Tierra un montón de seres extraños?

Imagínate que retrocedes en el tiempo 600 millones de años. Aunque para ese momento la Tierra ya había existido por más de 4 mil millones de años, te llama la atención que no hay animales. Sólo las formas de vida más simples y pequeñas habitan el planeta. Todos los seres vivos que encuentras no pasan del tamaño de la cabeza de un alfiler.

Los antepasados primitivos de casi todas las especies de animales modernos aparecieron entre hace 543 y 510 millones de años, en lo que se conoce como el Periodo Cámbrico. De hecho, los científicos le dan el nombre de "Explosión Cámbrica", debido al repentino crecimiento de la población animal.

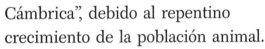

La Wiwaxia se defendía con sus espinas puntiagudas.

Resulta difícil creer que los animales del Periodo Cámbrico sean los antepasados de los animales que conocemos hoy. Los científicos creen, por ejemplo, que un antepasado de los cangrejos y las arañas actuales fue el *Anomalocaris*, que atrapaba a sus presas con sus brazos espinosos y luego los trituraba con sus mandíbulas.

Otros seres primitivos fueron la *Wiwaxia*, que se defendía con sus espinas puntiagudas, y la *Opabinia*, un ser de cinco ojos que tenía la nariz como una manguera.

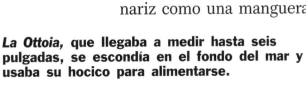

La Ottoia, que llegaba a medir hasta seis pulgadas, se escondía en el fondo del mar y usaba su hocico para alimentarse.

377

¿DE DÓNDE SALIERON?

¿De dónde salieron estos extraños seres? ¿Fue un cambio en el clima de la Tierra lo que hizo posible su aparición repentina? Los científicos buscaron las respuestas a estas preguntas en la era, de unos 20 millones de años, que antecedió al Periodo Cámbrico.

Recién en los últimos años, los científicos han encontrado fósiles de esta era, de la que se sabe muy poco, en rocas muy antiguas en África y Siberia. Estos fósiles ayudan a los científicos a hacerse una idea de cómo se formaron los animales.

Los fósiles demuestran que los seres de la época inmediatamente anterior al Periodo Cámbrico eran más grandes y complejos que sus antepasados microscópicos.

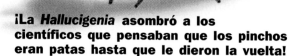

¡La *Hallucigenia* asombró a los científicos que pensaban que los pinchos eran patas hasta que le dieron la vuelta!

Una explosión de vida

Hace unos 600 millones de años, los únicos seres que habitaban la Tierra eran tan pequeños que sólo podían verse con un microscopio. Con la llegada del Periodo Cámbrico comenzaron a aparecer toda clase de animales extraños. Los científicos estudian fósiles de la era inmediatamente anterior al Periodo Cámbrico para averiguar a qué se debió ese cambio.

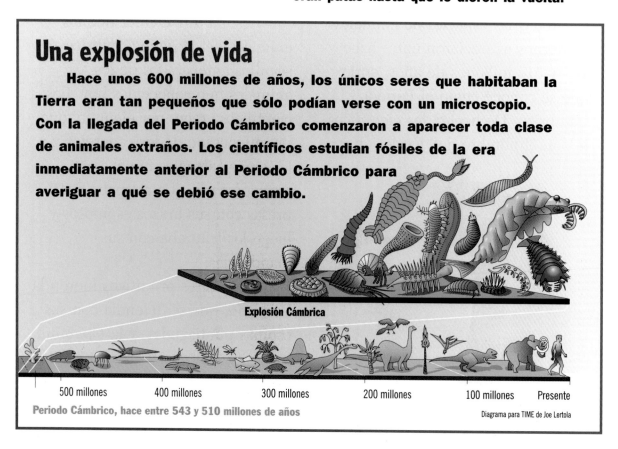

Explosión Cámbrica

500 millones   400 millones   300 millones   200 millones   100 millones   Presente

Periodo Cámbrico, hace entre 543 y 510 millones de años

Diagrama para TIME de Joe Lertola

Eran seres de varias formas y tamaños (algunos tenían forma de gusano, otros medían hasta tres pies de ancho, los había también con caparazones) que flotaban en el agua o se arrastraban por el fondo del mar.

Algunos científicos piensan que los cuerpos de estos seres siguieron evolucionando hasta convertirse en los animales cámbricos. Muchos creen que fue el clima frío de la Era Glacial lo que permitió su desarrollo. Otros opinan que un desastre natural como, por ejemplo, un terremoto o un meteorito que chocó contra la Tierra, cambió el medio ambiente de nuestro planeta. Otros piensan que estos animales surgieron a partir de un cambio en la atmósfera de la Tierra.

Los científicos no saben con seguridad cómo se formaron los animales cámbricos, aunque sí saben que lo hicieron en muy poco tiempo. Gracias a técnicas modernas, han podido determinar que los animales aparecieron en un periodo de unos 5 a 10 millones de años, que en términos de la antigüedad de nuestro planeta es lo que se dice un abrir y cerrar de ojos.

Este cuadro muestra cómo se imagina un artista a los animales cámbricos.

INVESTIGA

Visita nuestra página web:
www.mhschool.com/

**CONEXIÓN
*inter*NET**

Preguntas y actividades

1 ¿Cuándo aparecieron los animales en nuestro planeta?

2 ¿Por qué es importante en este artículo saber cuándo ocurrió cada cosa?

3 ¿En qué se diferencian los primeros animales de la Tierra de los de hoy en día?

4 ¿Cuál es la idea principal de esta selección?

5 Compara este artículo con un libro sobre dinosaurios o seres que hayan desaparecido, o con una película como *Parque Jurásico*. ¿Cuál de los tres ofrece datos más científicos? ¿En qué te basas para decir eso?

Escribir un plan

Acabas de leer que los animales primitivos flotaban en el agua o se arrastraban por el fondo del mar. Imagínate que quieres crear un acuario en tu comunidad. ¿Por dónde empezarías? ¿Dónde colocarías a los peces y a los demás animales marinos? Escribe un plan con los pasos que seguirías para crear tu acuario.

Hacer una línea cronológica

Haz una línea cronológica de la información de la selección. ¿Cómo representarías algo que ocurrió hace 500 millones de años? ¿Dónde colocarías este hecho en relación con el presente? Usa pulgadas o centímetros para separar los sucesos.

Hacer un dibujo

Los científicos piensan que el *Anomalocaris,* con sus brazos espinosos y sus poderosas mandíbulas, podría ser primo de los cangrejos y arañas modernos. Elige un animal primitivo que crees que podría ser pariente de uno moderno, haz un dibujo de cada uno y compáralos.

Investigar

Consulta una enciclopedia o un libro de ciencias para hacer una investigación sobre animales que vivieron hace millones de años, por ejemplo, dinosaurios, mamuts o tigres de dientes de sable. Averigua dónde y cuándo vivieron, de qué se alimentaban y por qué desaparecieron. Cuéntale a tus compañeros lo que investigaste.

Leer una tabla

Esta tabla describe cinco extraños animales que aparecieron por primera vez hace entre 500 y 600 millones de años, durante el Periodo Cámbrico. Las **tablas** sirven para organizar la información y pueden ayudarte a determinar las semejanzas y las diferencias entre objetos similares.

Animales del Periodo Cámbrico

Anomalocaris parecido a un cangrejo; brazos espinosos para atrapar presas; posiblemente relacionado con los cangrejos y las arañas actuales

Ottoia de hasta seis pulgadas de longitud; se escondía en el fondo del mar; usaba su hocico para alimentarse

Wiwaxia tenía espinas puntiagudas para defenderse

Opabinia tenía cinco ojos y la nariz como una manguera

Hallucigenia tenía pinchos que parecían patas

Usa la tabla para responder a las siguientes preguntas.

1 ¿Cuántos ojos tenía la *Opabinia*?

2 ¿Qué animal está probablemente relacionado con las arañas de hoy en día?

3 ¿Cómo conseguían su alimento el *Anomalocaris* y la *Ottoia*?

4 ¿Cómo se defendían la *Ottoia* y la *Wiwaxia*?

5 ¿Cómo te ayudó esta tabla a entender la información del artículo?

Sugerencia para exámenes

Busca pistas en el pasaje que te ayuden a contestar las preguntas.

INDICACIONES:

Lee el texto. Luego lee cada una de las preguntas.

MODELO

¡A remar!

José no estaba muy entusiasmado con el paseo en canoa. Como nunca se había subido en una, le pidió a su amiga Karen que le enseñara a usar los remos.

—Puedes mover los remos en distintas direcciones para dirigir la canoa —le explicó Karen mientras le alcanzaba un remo—. La canoa irá hacia el lado donde remes; si remas a la derecha irá hacia la derecha, si remas a la izquierda irá a la izquierda.

José remó por la derecha y la punta de la canoa se abrió paso, poco a poco, por el agua y <u>viró</u> hacia la derecha.

—¡Esto es maravilloso! —exclamó José.

1 ¿Qué significa la palabra <u>viró</u> en este pasaje?

A corrió

B sonrió

C remó

D giró

2 ¿Qué información te da el autor?

F Karen sabía remar mejor que José.

G Karen estaba enojada porque José no sabía remar.

H José sabía hacer malabarismos con los remos.

J El maestro de José le enseñó a remar.

LECHUZA

Si eres sabia como dicen,
Lechuza, dime por qué
tienes tú sólo dos patas
y tantas doña Ciempiés;

qué idioma canta la rana
Lafarré Silamisol,
qué instrumento toca el grillo
Lafamí Dorremidó.

Cuántos pelos tiene el gato
y dónde guarda la flor
el creyón con que se pinta
y su frasquito de olor.

Por qué brillan las estrellas,
y al sol, quién lo prende, quién.
Si eres sabia como dicen,
Lechuza, dime por qué...

Alberto Serret

Haz un plan

La tortuga

Cuento que se cuenta.
Tortuguita lenta
le ganó al conejo
Don Pata Ligera.

Al tronco de antejo
llegó la primera.

Ella, caminando;
Conejo, roncando.
Ganó la carrera.

Tortuguita lenta,
carapachaquienta,
pasito perplejo,
le ganó al conejo.

Mirta Aguirre

Arte y Literatura

Los artistas usan las formas y el color para dar sensación de movimiento en sus obras. Muchas veces, cuando observamos un cuadro nos parece que estamos mirando una escena dentro de una serie de sucesos.

Observa el cuadro. ¿Qué ves? ¿Qué están haciendo las dos aves? ¿Qué crees que harán a continuación? ¿En qué te basas para pensar eso?

Cierra los ojos y visualiza el cuadro. ¿Cuál es la primera imagen que se te viene a la mente? ¿Por qué te llama la atención esa imagen? ¿En qué te hace pensar este cuadro? Explica tu respuesta.

El gallo de la liberación
Pablo Picasso, 1944
Museo de Arte de Milwaukee, Milwaukee, Wisconsin

Los tres Pichones

Onelio Jorge Cardoso

ran tres pichones de pájaro carpintero y ninguno de los tres estaba dispuesto en manera alguna a hacer vida de pájaro. Eso de agarrarse al tronco de una palma para hacerle un agujero profundo a fuerza de martillar con el pico, no estaba en los planes de los tres pichones.

La madre, por su parte, vivía confiada en que una vez avanzado el verano, cuando los tres pichoncitos hubieran cambiado el plumón por la pluma, les sucederían enseguida las ganas de volar, olvidándose por tanto de sus disparatadas ideas. Pero se equivocaba la buena madre; ya los tres hermanitos tenían sus proyectos, y una mañana en que ella les preguntó qué iban a hacer si no resultaban pájaros en toda la extensión de sus alas, los tres contestaron:

—Queremos ser marineros.

—¡Cómo! —dijo la madre asombrada.

—¡Marineros! —dijeron los pichones a coro.

—Pero, hijos míos, ¿a qué viene pensar de ese modo? ¿Han visto ustedes algún pájaro navegante?

—Los patos —dijeron los pichones.

—¡Contra, sí!, pero no son marineros, son patos. Marinero es el que navega en un barco, y ningún pato va a bordo de sí mismo. En todo caso serán barcos, pero no marineros.

—Nosotros seremos marineros —dijeron los pichones.

—Bueno, pues habrá que verlo, veremos si el ala no tira más a volar que a navegar.

Y creyendo con esto que los tres pequeños plumosos se darían cuenta de sus incapacidades como navegantes, se echó al aire a buscarles la comida atravesando una nube de insectos sobre el río.

Entonces el mayor de los pichones dijo suspirando: —Bueno, por fin se lo dijimos.

—Me alegro —dijo el segundo—, así no le mentimos ni la engañamos.

—Seremos marineros —dijo el tercero, y los tres sacaron las cabecitas del nido para mirar el río.

Sí, porque resulta que aquel año, como los carboneros echaron abajo los árboles cerca del río, no hubo mucho tronco donde abrir el agujero y la madre tuvo que conformarse con uno abandonado de querequeté que había quedado allí, solitario en la rama de un bagá extendida sobre el río.

Y así, después que abrieron los ojos a este mundo los tres pichones, lo primero que vieron fue el agua transparente que corría siempre sin cesar. Quizás por eso soñaron con la navegación y los barcos, hasta que un día se hicieron la pregunta: —¿Adónde irán los ríos, eh?

—¡Quién lo sabe! —dijo Pichón Segundo.

Y Pichón Tercero dijo: —Para mí que dan la vuelta y vuelven a pasar, porque se está viendo que es la misma agua siempre.

—¡Quién sabe! —volvió a decir Pichón Segundo.

Pero la respuesta verdadera no la obtuvieron hasta muchos días después, cuando un viejo alcatraz que había venido a ver los montes florecidos, se posó en la rama del bagá.

—Buen día —dijo el alcatraz.

—Buen día —dijeron los pichones—. ¿Qué? ¿Anda usted de paseo, señor Alcatraz?

—Pues sí, dando una vueltecita. ¿Y ustedes qué?

—Esperando —dijeron los pichones.

—¿A mamá?

—No, al tiempo, a ver si crecemos y plumamos.

—Buena idea —dijo el pájaro de mar.

—Y usted, señor Alcatraz, ¿vive lejos?

—Bueno —dijo el alcatraz dándose aires de extranjero—, prácticamente vivo en el mar.

—¿El mar? ¿Y eso qué es? —preguntaron los pichones.

—Pues adonde van los ríos.

—¡Cómo! ¡Qué nos dice! ¡Cuente bien, señor Alcatraz! ¿Adónde van los ríos?

Y el alcatraz les contó las maravillas del mar. Cómo era de inmenso y cómo tenía olas y barcos y peces que lo recorrían y cómo el viento llevaba su parte en todo. Pero lo que más interesó a los pichones fue la idea de los barcos.

—¿Grandes así como un coco que navega?

—¡Ja, ja! —rio el alcatraz—. ¡Mil veces más grandes que mil cocos juntos!

—¡Qué maravilla!

—Y navegan el mundo entero manejados por navegantes que trabajan y viven a bordo todo el tiempo.

—Seremos marineros —dijeron los tres pichones.

Y aquel encuentro con el viejo alcatraz seguía tan vivo y persistente en sus memorias, que ahora mismo, cuando las tres cabecitas contemplaban el río, Carpintero Tercero dijo: —Bueno, si vamos a ser marineros de verdad lo primero es ir al mar.

—Cierto —dijeron los otros.

—Y entonces, ¿a qué esperamos?

—¡Hombre!, pues a que nos salgan las plumas —dijo Pichón Primero—. ¿De qué otro modo se puede ir al mar si no es volando en el caso nuestro?

—Escuchen —volvió a decir el tercero—, si todos los ríos van al mar, éste también irá. Entonces, ¿por qué no empezar a navegar y la pluma, si quiere, que nos vaya saliendo por el camino?

—¡Navegar! —dijeron los otros, haciéndoseles agua las bocas—. Pero no tenemos barco.

—Bueno, barco sí tenemos. Si se mira bien, embarcación tenemos —dijo Pichón Tercero con una carita de picardía que así, de pronto, no entendieron sus hermanos.

—Barco ya está hecho. Lo único que nos falta es echarlo al agua.

—¿Pero cómo? —dijeron los otros dos.

—Este nido mismo —dijo Pichón Tercero—. Lo que tenemos que hacer es mecerlo y remecerlo hasta que caiga al agua, y el río por su parte que haga lo demás.

—¡Hundirnos!

—¿Quién dijo eso? ¡La paja flota, hermanos!

—¡Qué bárbaro! —dijeron los otros dos, admirados.

—Repito que el río con su corriente hará lo demás. Nos llevará hasta el mar.

—¡Como si fuera un barco! —dijo Pichón Primero.

—Un barco es porque ya lo vemos como un barco —dijo el tercero.

Y Pichón Segundo, reventando de entusiasmo, dijo: —¡Ahora mismo, a mecerlo y remecerlo, pero ya!

Y dale que te dale, empezaron a columpiar el nido hasta que, ¡chump!, cayó al agua, bamboleándose con sus tres pichones dentro.

—¡Viva! —gritaron los tres—. ¡A navegar!

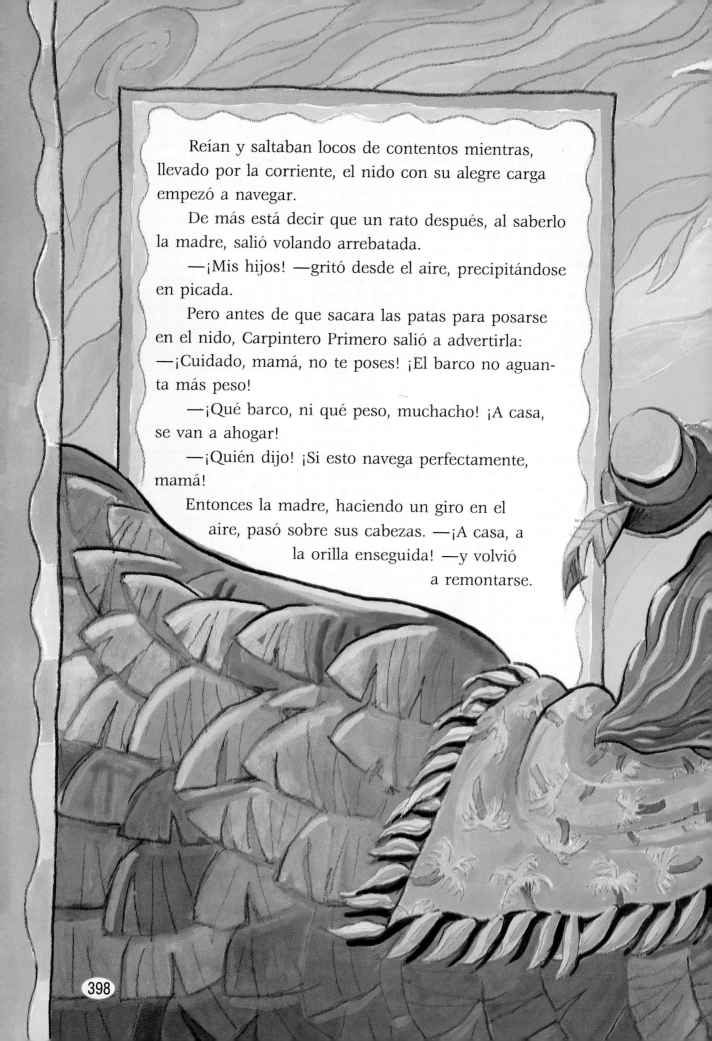

Reían y saltaban locos de contentos mientras, llevado por la corriente, el nido con su alegre carga empezó a navegar.

De más está decir que un rato después, al saberlo la madre, salió volando arrebatada.

—¡Mis hijos! —gritó desde el aire, precipitándose en picada.

Pero antes de que sacara las patas para posarse en el nido, Carpintero Primero salió a advertirla:

—¡Cuidado, mamá, no te poses! ¡El barco no aguanta más peso!

—¡Qué barco, ni qué peso, muchacho! ¡A casa, se van a ahogar!

—¡Quién dijo! ¡Si esto navega perfectamente, mamá!

Entonces la madre, haciendo un giro en el aire, pasó sobre sus cabezas. —¡A casa, a la orilla enseguida! —y volvió a remontarse.

Pero era imposible hacer regresar a los navegantes. Primero, porque no podían gobernar el nido y segundo, porque no tenían la intención de hacerlo.

—¡Viejita, compréndelo! —dijeron a coro con dulzura—. Ya volveremos un día y estarás contenta de nosotros.

—¡A casa, a casa! —dijo la carpintera pasando como una flecha disparada.

Pero ya dijimos que era imposible. Los carpinteros eran firmes en sus ideas y de ningún modo hicieron el menor esfuerzo por acercar el nido a la orilla.

—¡Es una lástima que la vieja no comprenda estas cosas! —dijo Carpintero Segundo.

—¡Una pena! —dijo Pichón Primero.

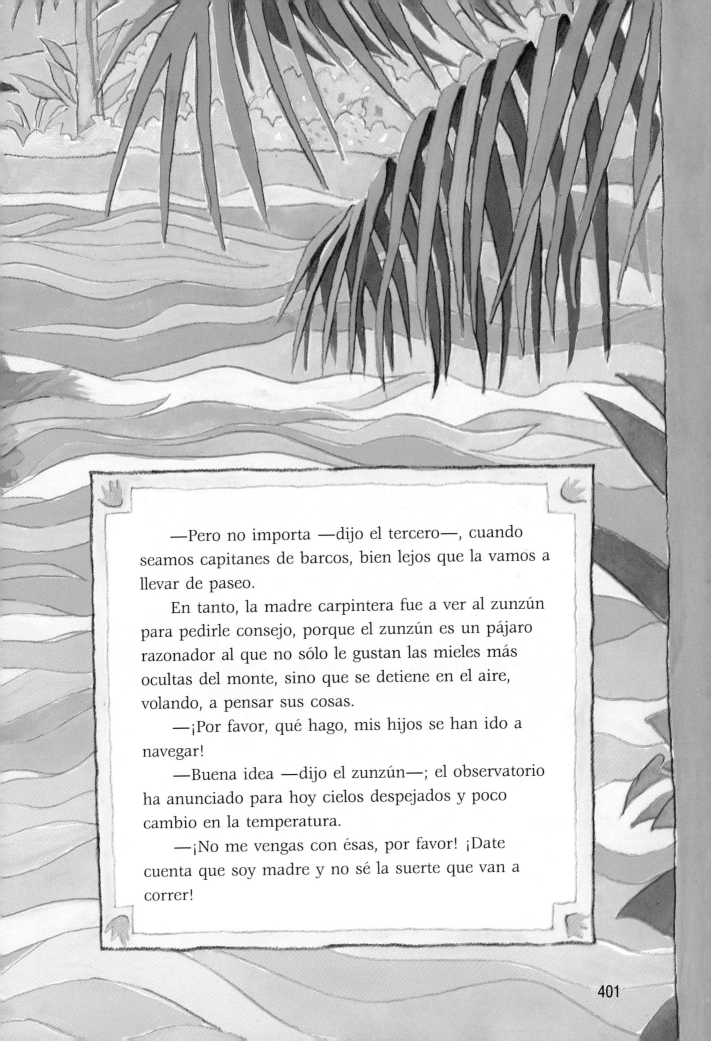

—Pero no importa —dijo el tercero—, cuando seamos capitanes de barcos, bien lejos que la vamos a llevar de paseo.

En tanto, la madre carpintera fue a ver al zunzún para pedirle consejo, porque el zunzún es un pájaro razonador al que no sólo le gustan las mieles más ocultas del monte, sino que se detiene en el aire, volando, a pensar sus cosas.

—¡Por favor, qué hago, mis hijos se han ido a navegar!

—Buena idea —dijo el zunzún—; el observatorio ha anunciado para hoy cielos despejados y poco cambio en la temperatura.

—¡No me vengas con ésas, por favor! ¡Date cuenta que soy madre y no sé la suerte que van a correr!

—Bueno, en cuanto a que eres madre, comprendo. Pero en cuanto a la suerte que van a correr, lo mismo les ocurrirá bajo tu pluma que fuera de ella.

—¡Imposible!

—Absolutamente. Lo malo sería que ellos estuvieran haciendo algo que no quisieran hacer. Eso sí los dañaría aunque vivieran a tu lado. Con el tiempo no serían más que unos pichones tímidos y tristes.

—¡Pero si hace cuatro días eran apenas tres huevitos en el nido!

—¡Sí, pero ahora son tres navegantes en la nave!

—¡La nave! —dijo la madre no sin cierto desprecio.

Y el zunzún entonces dijo: —Sí, la nave; las cosas no son como se llaman, sino como uno las va nombrando por el camino.

Y no se habló más.

Y entonces vinieron los interminables días de navegación, las hambres y las fatigas. Pero los pichones se mantuvieron valientes y decididos. Una vez el río se hizo estrecho y la corriente furiosa. El agua se precipitó dando tumbos violentos al nido entre las piedras, pero los navegantes no pensaron en ningún momento en abandonar el barco. Resistieron el hambre, la lluvia, el trueno y el viento, sin que nadie propusiera el regreso.

Hasta que una madrugada, de noche todavía, mientras pasaban sobre los pichones miles de estrellas, Pichón Segundo, quien dormía con la oreja despierta, dijo saltando: —¡Contra! ¿Eso qué es?

Era un sonido prolongado que bramó una vez, calló y volvió a sonar hasta completar tres rugidos interminables, que despertaron al resto de la tripulación.

Mas, entonces, ya con los ojos abiertos, se quedaron mudos de asombro. Era el río sin orillas, no más que cielo y agua, y tanta, que arriba todas las estrellas juntas no alcanzaban para servirle de techo al agua.

—¡El mar! —gritó Pichón Segundo—. ¡Por fin!

—¡Mira, un barco! —dijo Pichón Primero.

Y volvió de nuevo el bramido. Era un barco inmenso, navegando, todo alumbrado de luces.

En tanto, desde aquel barco, su viejo capitán, mirando atentamente el mar, descubrió el nido a la deriva.

—¡Tres náufragos! —dijo—. ¡Pronto, echen un bote al agua! ¡A recogerlos!

Y así fue como, por fin, los tres flacos y alegres navegantes subieron por primera vez, desde un verdadero mar, hasta un verdadero barco.

Y se fue el barco muy lejos con ellos y navegaron todos los mares del mundo y así pasó un año y pasó otro, y otro más, hasta que fueron tres, tres años de navegar.

Entonces regresaron, y una tarde en que la madre carpintera estaba construyendo, por quinta vez en su vida, un hueco en una palma, oyó tres voces mayores que la llamaban desde el suelo: —Mamá, venga a abrazar a sus hijos.

—¡Muchachos! —gritó la madre carpintera y fue a comérselos a besos.

Pero antes tuvo que detenerse para ver tres gorras que tenían puestas, tres gorras de capitanes de barcos.

Y, desde luego, casi sobra decirlo, los capitanes se llevaron a la madre de paseo por el mundo. Un día volvieron con regalos para el zunzún, que continuaba libando las mieles más secretas del monte.

CONOZCAMOS A

Onelio Jorge Cardoso

Onelio Jorge Cardoso llegó a ser un gran narrador de cuentos, gracias sobre todo a su empeño. Cuando era niño en Calabazar de Sagua, Cuba, la situación económica de su familia era muy difícil. Consiguió terminar la escuela secundaria, pero después se vio obligado a trabajar y no pudo hacer estudios universitarios. Tuvo numerosos empleos: fue aprendiz de laboratorio fotográfico, maestro rural, vendedor de medicinas y guionista de radio y televisión. Sin embargo, nunca perdió de vista su vocación de "cuentero". Seguramente, la narración "Los tres pichones" refleja su propia experiencia, ya que los tres protagonistas se empeñan, contra viento y marea, en realizar su sueño.

Onelio Jorge Cardoso ha obtenido importantes premios literarios y está considerado como uno de los mejores cuentistas de América.

Preguntas y actividades

1. ¿Qué querían ser los tres pichones?

2. ¿Qué hizo la mamá carpintera cuando vio que los pichones se habían echado al agua?

3. ¿Qué le dijo el zunzún a la mamá de los pichones? ¿Estás de acuerdo con él? ¿Por qué?

4. Resume, en orden, lo que les sucede a los pichones del cuento.

5. Piensa en otro cuento en el que los protagonistas hicieran algo en contra de la voluntad de sus padres. ¿En qué se parece ese cuento a "Los tres pichones"? ¿En qué se diferencia?

Escribir un cuento

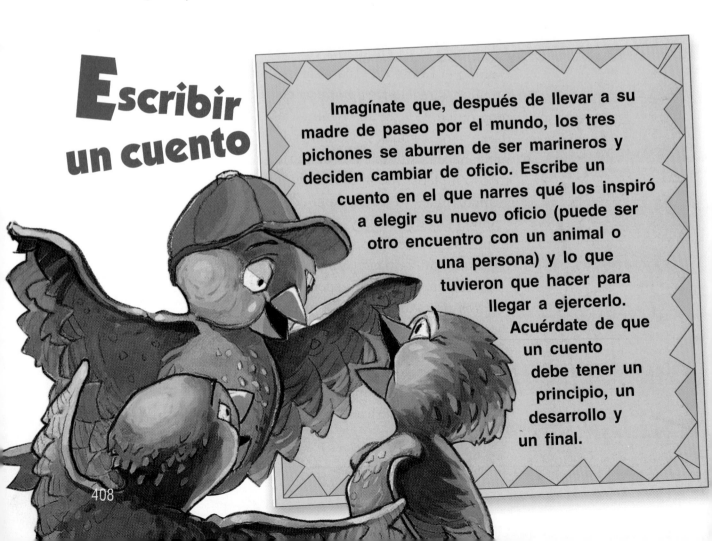

Imagínate que, después de llevar a su madre de paseo por el mundo, los tres pichones se aburren de ser marineros y deciden cambiar de oficio. Escribe un cuento en el que narres qué los inspiró a elegir su nuevo oficio (puede ser otro encuentro con un animal o una persona) y lo que tuvieron que hacer para llegar a ejercerlo. Acuérdate de que un cuento debe tener un principio, un desarrollo y un final.

Hacer un mapa

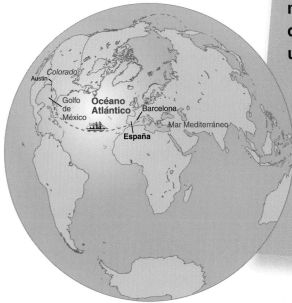

Los tres pichones navegaron por todos los mares del mundo. Calca un mapa del mundo y coloca los nombres de todos los mares y océanos. Elige un puerto desde el que saldrían los tres pichones y traza una ruta marítima alrededor del mundo. En tarjetas, escribe un pequeño diario de a bordo con los nombres de los puertos en los que paran para buscar provisiones. Si quieres, incluye dibujos divertidos de lo que encontraron en cada puerto.

Hacer una pantomima

¿Qué sucede cuando cuentas un cuento sólo con gestos? Piensa en un cuento conocido y trabaja en grupo para hacer una pantomima del mismo. Los demás grupos tienen que adivinar el nombre del cuento.

Investigar

El alcatraz es un ave marina robusta que se encuentra por todo el mundo. Busca en una enciclopedia más información sobre el alcatraz, o sobre alguna otra ave marina que te llame la atención (por ejemplo la gaviota, la golondrina de mar o el pelícano). Prepara un informe con lo que averigües y preséntalo ante tus compañeros.

Leer un anuncio

Imagínate que los tres pichones deciden hacerse marineros al leer un anuncio. Un **anuncio** usa pocas palabras para persuadir a las personas de que compren o hagan algo. Aunque por lo general no mienten, algunos tergiversan la verdad. Es importante leerlos detenidamente para saber si lo que se promete es realmente lo que se ofrece, y si se trata de algo que quieres.

¡Todos a bordo!

Tres marineros expertos ofrecen sus servicios. Experiencia en embarcaciones de todos los tamaños. Familiarizados con los mares de todo el mundo.
Precios razonables.
Llame al 555-1777.

Seguro contra naufragios

¡Las personas inteligentes se preparan para cualquier eventualidad comprando un seguro contra naufragios lo antes posible! Este seguro cuesta apenas unos pocos centavos al día. Llene el formulario de abajo y envíe su dinero a la Compañía de seguros Alcatraz, Apartado Postal 000. ¡Compre su seguro hoy, que queda poco tiempo!

Usa los anuncios de arriba para responder a las siguientes preguntas.

1. ¿Qué vende cada anuncio?

2. ¿Cómo trata cada uno de venderte lo que anuncia?

3. ¿Qué es lo que *no* te dice ninguno de los anuncios?

4. Basándote en los anuncios, ¿emplearías a los marineros? ¿Comprarías un seguro contra naufragios?

5. ¿Por qué es importante leer los anuncios detenidamente?

Sugerencia
para exámenes

El resumen dice
de qué trata el pasaje.

INDICACIONES:
Lee el texto. Luego lee cada una de las preguntas.

MODELO

El viaje en balsa

Hoy Berta viajaría en balsa por un río en cuyas aguas se encontraban algunos de los tramos más <u>traicioneros</u> de Estados Unidos. La fuerza de la corriente y los troncos sumergidos eran sólo algunos de los peligros que ofrecían las aguas de este río. Pero Berta no tenía miedo, porque iría con su amigo Daniel y con el padre de éste, que era un guía en los ríos de Wyoming. Berta no conocía a nadie que supiera tanto como el padre de Daniel sobre ríos y cómo navegarlos en balsa.

Se pusieron los salvavidas y saltaron dentro de la balsa. La empujaron y empezaron a navegar. Berta estaba segura de que sería un viaje muy divertido.

1 ¿Cuál de las siguientes oraciones resume mejor el pasaje?

   A Daniel era un guía en el río.

   B Berta estaba emocionada con el viaje en balsa.

   C La balsa podía estar hecha de goma.

   D Berta tenía miedo de viajar en balsa por el río.

2 ¿Qué significa la palabra <u>traicioneros</u> en este pasaje?

   F sucios

   G lejanos

   H peligrosos

   J tranquilos

Arte y Literatura

El arte es una manera especial de compartir ideas y sentimientos. Mediante el arte, los artistas pueden expresar sus ideas sobre temas que les interesan, y también pueden mostrar cómo es la vida de las personas a su alrededor.

Observa este mural. ¿Qué puedes decir sobre él? ¿Crees que muestra algo importante para la comunidad? ¿Por qué? ¿Qué nos dice sobre el parque y las personas que están en él?

Mira de nuevo el mural. ¿Qué hace que lo recorras con la vista? ¿Qué detalles le mencionarías a un amigo si tuvieras que explicarle cómo es? ¿Parecen menos importantes? ¿Por qué?

Mural de la comunidad
Santa Fe, Nuevo México

LA MEJOR AMIGA DE MAMÁ

Sally Hobart Alexander
Fotografías de George Ancona

La parte buena de tener una madre ciega es vivir con una perra tan especial como Marit, la perra lazarillo de mamá. Al menos eso era lo que mi hermano Joel y yo pensábamos; hasta que, hace cuatro meses, pasó lo peor: Marit murió.

Marit había estado con nosotros desde antes de que yo naciera y su muerte dejó un gran vacío en nuestra familia. Yo seguía pensando que la oía gemir pidiéndome que jugáramos al *frisbee*. Cada vez que dejaba un trozo de pizza en la cocina, volvía corriendo para rescatarlo; pero ya no había una perra que, disimuladamente, estaba a punto de robárselo.

Para mi cumpleaños, Joel me regaló un conejo al que llamé Matusalén. Aunque tener un conejito tan suave me hacía sentir menos triste, yo seguía extrañando a Marit.

Mamá la extrañaba aún más. Además de haber perdido una dulce y peluda mascota, también había perdido su manera favorita de movilizarse. Otra vez tenía que usar su bastón y moverse lentamente por la acera como si fuera un caracol. Una vez, al cruzar la calle, no encontró la acera del otro lado y siguió caminando hacia los autos. Tuve que gritarle para que se subiera a la acera.

Después de ese incidente, me preocupaba que mamá saliera sola a hacer diligencias. Le pedí que no saliera sola y que se agarrara del brazo de papá, del de Joel o del mío. Aunque a veces lo hacía, la mayoría de las veces usaba el bastón. No quería depender de nosotros ni de nadie.

Muchas personas ciegas pueden manejarse muy bien con un bastón. Es como un brazo muy largo que las ayuda a sentir qué hay por donde van pasando: pasos peatonales, cercas, buzones.

Cuando tienen un perro lazarillo, los ciegos usan más el sentido del oído que el del tacto. Es increíble hasta qué punto mamá ha desarrollado su oído: sabe cuándo camina por debajo de algo como, por ejemplo, la marquesina de un cine y cuándo pasa al lado de un poste de alumbrado. Lo sabe porque oye cómo cambia el sonido de sus pasos.

A pesar de su aguzado oído, mamá me preocupaba. Sentí un gran alivio cuando decidió volver a *The Seeing Eye* en busca de un nuevo perro lazarillo.

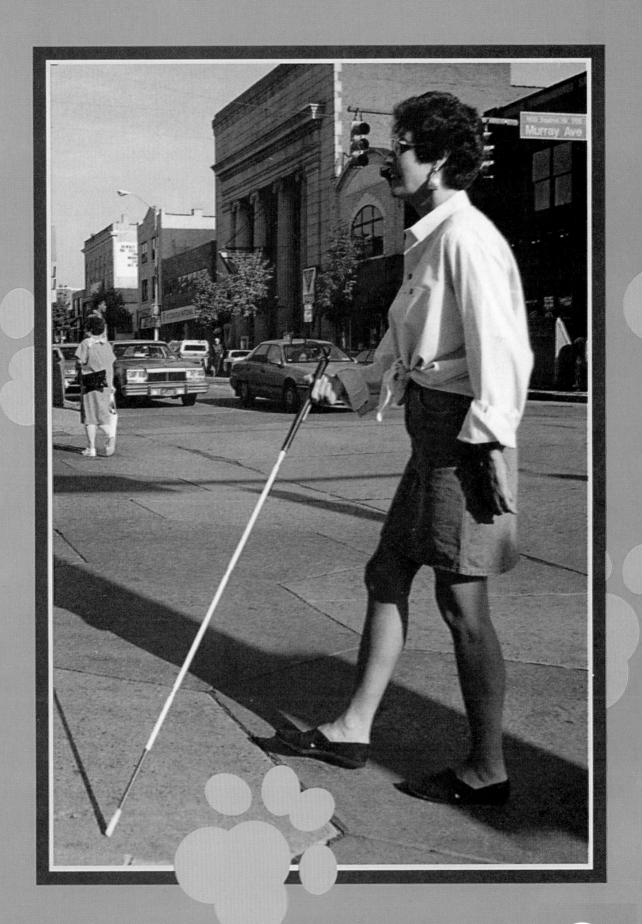

Antes de que se fuera, le dije a mamá que no podría querer al nuevo perro tanto como a Marit. Mamá me abrazó y dijo: "La noche antes de que nacieras me pregunté cómo iba a hacer para querer a otro hijo tanto como quería a tu hermano. Después viniste tú y como por arte de magia, te amaba tanto como a él".

The Seeing Eye, en Morristown, Nueva Jersey, fue la primera escuela de perros lazarillos en Estados Unidos. (Ahora hay nueve más.) Allí adiestran pastores alemanes, labradores y *golden retrievers* durante tres meses. Luego, durante un mes aproximadamente, enseñan a las personas ciegas cómo usarlos.

Pete Jackson, el instructor de mamá, la recibió cuando llegó a *The Seeing Eye*.

Mamá me hacía tanta falta como Marit, pero por lo menos ella telefoneaba todas las noches, escribía cartas y mandaba fotos.

El primer día le resultó muy fácil a mamá. Había estado allí hacía doce años, cuando fue a buscar a Marit, y todavía recordaba dónde estaba todo. Por lo general, cuando mamá llega a un sitio nuevo, tiene que recorrer cada habitación con su bastón y

memorizar dónde está cada cosa.

Por la mañana, mamá salió con Pete para que él viera su manera de caminar y pudiera seleccionar el perro que más le conviniera. Después, mamá tuvo tiempo para tocar el piano, hacer ejercicio... y preocuparse. Se preguntaba si se acostumbraría al nuevo perro y si podrían trabajar juntos.

Al día siguiente le entregaron a Úrsula. Los de *The Seeing Eye* le habían puesto ese extraño nombre cuando nació. (A los hermanos de Úrsula también les pusieron nombres que empezaban con U.) A los cachorros les ponen nombre tan pronto como nacen para poder seguirles el rastro a los cuatrocientos y tantos que nacen cada año. A los dos meses de nacer, los cachorros van a las casas de familias que trabajan para la escuela y aprenden a vivir entre la gente. A los quince meses de edad, ya son lo bastante maduros para volver a *The Seeing Eye* y empezar el programa de adiestramiento de tres meses.

Papá nos dijo que Úrsula significaba "oso". Pero en las fotos que mandó mamá, Úrsula parecía demasiado escuálida como para recibir ese nombre. Mamá nos explicó que ahora en la escuela estaban criando perros más pequeños, porque son más fáciles de manejar, y caben mejor en autobuses y autos.

Mis amigos pensaban que los perros lazarillos eran como unas maquinitas que llevaban a la gente ciega por ahí a toda velocidad. Hasta que mamá fue a la escuela, yo misma no entendía todas las cosas que les enseñaban a estos perros.

En su primera lección con mamá, Úrsula pareció olvidar su adiestramiento. Cambió de dirección en un cruce e hizo que mamá rozara unos arbustos. Para corregirla, mamá retrocedió e hizo que caminara alrededor de los arbustos. Luego la felicitó.

Después de diez salidas con Pete, mamá y Úrsula salieron solas. Úrsula no se detuvo en el borde de la acera y mamá tuvo que regañarla y chasquear la correa, diciéndole "Pfui". Más adelante, Úrsula hizo que mamá chocara contra una rama baja. Esa noche mamá dijo: "Úrsula va a tener que darse cuenta de que hay cosas por encima de su cabeza, o yo voy a tener que llevar en la cartera tijeras para podar ramas".

Aunque Úrsula había caminado muchas veces por Morristown con Pete, se ponía nerviosa cuando sentía que mamá llevaba el arnés. Por su parte, mamá también se ponía nerviosa: Úrsula se movía mucho más rápido que la vieja Marit y mamá no le tenía confianza.

Todos los días, mamá y Úrsula daban dos paseos. Cada semana aprendían nuevas rutas, cada vez más largas y complicadas, y mamá tenía menos tiempo de memorizarlas. Por las noches, mamá le enseñaba a obedecer órdenes verbales: "Ven. Siéntate. Échate. Descansa. Trae". Se me ocurrió que mamá podía tratar de usarlas con Joel.

Mientras mamá trabajaba duramente, en casa hacíamos lo de siempre: escuela, tareas, fútbol, piano, salir con amigos. Nos dividimos las tareas: papá cocinaba, Joel pasaba la aspiradora y lavaba la ropa, yo lavaba los platos, sacudía el polvo y cuidaba el jardín. Las primeras dos semanas estuvieron bien.

Un día, mamá nos contó por teléfono que las cosas iban mejorando en la escuela. "¿Recuerdan mi eterno problema con las aceras que terminan en una rampa?", preguntó. "Como son iguales que cualquier declive en la acera, nunca sé con certeza si he llegado o no a la calle. Bueno, Úrsula se detuvo sin titubear en cada rampa. Y me llevó alrededor, y no por debajo, de una escalera, y pasó de largo por un estacionamiento enorme, sin ningún rodeo. Pero lo mejor es que, de hecho, me salvó la vida. Había una perforadora que estaba haciendo mucho ruido y no me dejaba oír si el semáforo estaba en verde o en rojo. Cuando le dije '¡Adelante!', Úrsula no se movió y evitó que caminara frente a un auto. (Aunque Pete me habría salvado si Úrsula no lo hubiera hecho.)"

Mamá nos hizo pocas preguntas. Todo era: ¡Úrsula, Úrsula! Parecía que había olvidado a Marit. Cuando llegó su carta, estaba segura de que no nos echaba de menos.

Queridos Bob, Joel y Leslie:

¡Hoy Úrsula y yo nos enfrentamos a varios desastres! Primero, ella trató con todas sus fuerzas de no hacerle caso a un bóxer que quería jugar. Minutos más tarde, salió de la nada un gran danés que le brincó por todas partes hasta que se fue dando saltos. Aunque el instinto de Úrsula es perseguir a los perros, no movió ni una pata. Como si no tuviéramos suficiente con los perros, empezó a sonar una alarma de incendios, pero Úrsula siguió caminando como si nada.

Aquí la vida es bastante tranquila. Estar en Seeing Eye es como estar de vacaciones: no tengo que cocinar ni limpiar, y tengo tiempo de hacer nuevos amigos, como el doctor Holle, el veterinario. Como no tengo muchos amigos ciegos, es muy especial estar con mi compañera de cuarto y con los otros veinte estudiantes. Nos reímos de las mismas cosas como, por ejemplo, del gran enemigo de los ciegos: ¡el día que viene el camión de la basura! Cada veinte metros hay un cubo para la basura que apesta a pizza, panecillos y queso viejo. Por lo general, Úrsula evita estos olorosos obstáculos. Pero a veces vence su nariz, y tengo que regañarla, mientras me tapo la mía.

Me ha conmovido el ejemplo de algunos estudiantes como, por ejemplo, Julie Hensley, que se quedó ciega a los veintidós años por la diabetes, y que, aunque ha estado ciega por doce años, sigue enseñando a caballos a hacer piruetas. Para ubicarse pone una radio con música en medio del corral, y galopa a la misma velocidad que cuando podía ver.

Bob Pacheco participaba en carreras de motos y cazaba, hasta que hace dos años, cuando tenía veintinueve años, desarrolló atrofia óptica y en dos meses se quedó ciego. Se puso a pescar, a nadar y hasta a cazar con trampas. Pero sentía que le faltaba algo. No podía movilizarse con rapidez. Después de su primer paseo con un perro lazarillo estaba muy contento. "¡Sally!", me dijo, agarrándome la mano, "ya no me siento como un ciego".

Los perros son maravillosos y la gente aquí es muy especial, igual que ustedes.

Cariños,
Mamá

La vida en casa no era particularmente maravillosa ni especial. A papá se le habían acabado los platillos preparados que mamá había dejado en el congelador, y aunque él no cocinaba mal, me hacía falta la comida de mamá. Lo peor era que los platos no paraban de acumularse. No tenía idea de que Joel comiera tanto.

Después las cosas empeoraron. Mientras papá daba su clase de literatura estadounidense en la escuela nocturna, Joel y yo nos enfrentamos a un desastre que superaba con creces los de Úrsula y mamá: ¡se desbordó la taza del inodoro! Limpiamos el piso con toallas y cuando Joel las llevó a la lavadora, vio que el agua goteaba del techo sobre la mesa del comedor y la alfombra. Salió disparado a buscar más toallas y yo corrí a traer la cera de muebles y el champú de alfombras. Cuando papá llegó a casa, todo estaba impecable. Sin embargo, escribí una carta en braille:

Querida mamá:
Ven pronto. La casa te echa de menos.
Con amor,
Agotada en Pittsburgh.

Mamá me contestó:

Mi querida agotada:
Resiste. Estaremos en casa el jueves. Prepárate, porque cuando me veas, me habrán salido cuatro pies más.
Mamá

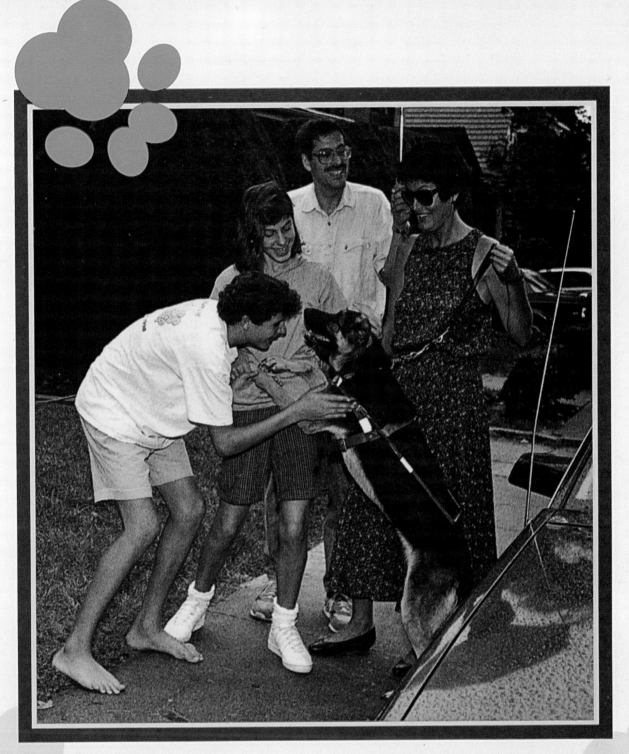

Estaba tan cansada y preocupada que ni reírme pude. ¿Qué pasaría si Úrsula no me gustaba? Ningún perro podía ser como Marit.

A los pocos días llegaron. Tirando de su correa, Úrsula me saltó encima. Tal y como solía hacerlo Marit, puso sus patas sobre mis hombros, mi estómago y mis brazos, y casi me tumba. Saltó sobre Joel y lo lamió por todas partes. Cuando volvió a saltar hacia mí, me di cuenta de que mamá tenía razón. Como por arte de magia, ya quería a esta perra flacuchenta.

En la noche lo que me preocupaba era si Úrsula me iba a querer. Aunque era amistosa, se veía nerviosa, como si se sintiera fuera de lugar.

Mamá nos dijo que debíamos ser pacientes, y nos explicó que Úrsula ya se había encariñado y separado tres veces de seres queridos: de su mamá, de la familia de *The Seeing Eye* que la había criado y, finalmente, de Pete.

"¿Recuerdas cómo te quería Marit, Leslie? Cuando eras pequeña, te dejaba parar sobre su lomo para que te asomaras a la ventana. Úrsula llegará a quererte así, esto de los perros lazarillos funciona gracias al cariño que se establece entre perros y personas."

Así que traté de tener paciencia y me puse a observar lo que hacía mamá. Primero, le enseñó a Úrsula una ruta y la siguieron juntas una y otra vez. Después le enseñó una nueva y, después de repetirla, repasaron la vieja. Cada día, mamá salía con Úrsula dos veces, y recorrían entre dos y tres millas. Ella la alimentaba, la aseaba y le enseñaba a obedecer órdenes verbales. Dos veces por semana le limpiaba las orejas y le cepillaba los dientes.

"Estoy tan ocupada como cuando ustedes eran bebés", decía.

Todos los días, mamá jugaba con Úrsula durante 45 minutos; papá, Joel y yo sólo podíamos mirar. Mamá tenía que ser la persona hacia la que Úrsula desarrollara el mayor apego.

Úrsula se convirtió en la sombra de mamá. Estaba a su lado aun cuando se bañaba o dormía.

Sin embargo, Úrsula seguía sin comer bien (ingería sólo la mitad de lo que comía en *The Seeing Eye*) y ponía a prueba a mamá: la hacía chocar contra ramas, no se paraba en la orilla de las aceras. Una vez trató incluso de tomar un atajo a casa. Otro día, se puso nerviosa y cruzó una calle desconocida en diagonal.

Lo de cruzar la calle es difícil. Úrsula no sabe de qué color está el semáforo, mamá sí. Si oye que los autos pasan a su lado en la misma dirección en que camina, sabe que la luz está en verde. Si los oye pasar frente a ella de izquierda a derecha, o viceversa, el semáforo está en rojo.

Me preocupaban los errores de Úrsula, pero mamá decía que eran de esperar. Se mantenía en contacto con sus compañeros y sabía que los otros perros también los cometían. A uno le había dado por pastar como una vaca; otro perseguía a otros animales; y otro paraba siempre en mitad de la calle, a diez pasos de la acera.

Una que otra vez alguno de sus amigos se perdió (igual que mamá) y tuvo que pedir ayuda.

Mamá dijo que toma entre cuatro y seis meses para que los perros se acostumbren a sus nuevos hogares. Y no importa cuánto tiempo hayan estado juntas, siempre tendrá algo que corregirle a Úrsula. Por ejemplo, si Úrsula se comporta de manera muy amistosa y provoca la caricia de algún transeúnte, mamá tiene que regañarla y pedirle a la persona que no acaricie a un perro lazarillo. Úrsula se desconcentra si otra gente la toca o le habla mientras trabaja.

Al mes de estar en casa, Úrsula empezó a comer bien. Ya sabía todas las rutas y mamá podía moverse rápidamente con la misma confianza que lo hacía con Marit.

"Llegó el momento de que aprenda a estar sola", dijo mamá. Y la dejó sola en casa, al principio por un ratito, mientras salía a trotar con papá. Úrsula nunca podrá ir a correr con mamá porque no puede guiarla a mucha velocidad.

Mamá fue aumentando cada semana el tiempo en que Úrsula estaba sola. Me daba pena nuestra perrita, pero se portó como una campeona: no ladró ni se comió los muebles.

Más adelante, mamá nos dijo a Joel y a mí que podíamos ir presentándole, uno por uno, a nuestros amigos. Y que podían acariciarla cuando no tuviera puesto el arnés.

Cada mañana, Úrsula nos despertaba a Joel y a mí. Cada noche se colaba en mi cama a dormir un rato.

Finalmente, mamá nos dejó jugar con Úrsula y no cabía duda: nuestra flaca y pequeña Úrsula nos adoraba y nosotros a ella.

Pero no hemos olvidado a Marit. Joel dice que no hay perra viva mejor que Úrsula. Y yo siempre digo que es la mejor perra de este mundo.

Conozcamos a
Sally Hobart Alexander

De niña a Sally Hobart Alexander le encantaban los cuentos. Ella y sus amigos solían montar obras de teatro y escribir cuentos para sus compañeros de clase.

Sally comenzó a tener problemas con su visión ya de adulta. Pero eso no le impidió seguir escribiendo, y, de hecho, publicó sus dos primeros libros *Mom Can't See Me* y *Sarah's Surprise*. Muchos libros después, el mensaje de Sally es claro: "¡Si yo puedo, tú también!".

Conozcamos a
George Ancona

La curiosidad es lo que mueve el trabajo de George Ancona. "Me gusta visitar lugares extraños, conocer gente, llegar a saber realmente quiénes son y aprender de ellos; me ayuda a conocerme a mí mismo", dice.

George Ancona se sintió muy afortunado de haber conocido a Sally Hobart Alexander y a su familia, a quienes describe como "maravillosos" y "amorosos".

George dice que, con frecuencia, mantiene amistad con las personas que fotografía. ¡Con casi 80 libros publicados, podemos decir que Ancona tiene muchas amistades!

Preguntas y actividades

1. ¿Qué tipo de adiestramiento necesita un perro lazarillo?

2. ¿Qué información importante sobre los perros lazarillos nos ofrece esta selección?

3. ¿Qué hace que Úrsula sea "la mejor amiga de mamá"?

4. ¿Cuál es la idea principal de esta selección?

5. Compara el trabajo de Úrsula con el de los animales adiestrados para trabajar en el cine y la televisión. Explica en qué se parecen y en qué se diferencian.

Escribir un cuento

Otros perros también ayudan a la gente. Escribe un cuento en primera persona, con un principio interesante y un final dramático, sobre un perro que se convierte en el "mejor amigo" de una persona. Describe el aspecto del perro y los sonidos que hace.

Dibujar un mapa

Dibuja un mapa sencillo de tu barrio. Incluye tu casa, la escuela, la biblioteca, el parque y la oficina de correos. Marca con una "X" las cosas que representarían un peligro para una persona ciega. Luego, crea una ruta para ir, por ejemplo, de tu casa a la oficina de correos. ¿Cómo se la describirías a un ciego? ¿De qué peligros le advertirías?

Escuchar música

Por lo general, cuando las personas pierden el sentido de la vista, se les agudiza el del oído. Con los ojos cerrados, escucha una pieza musical que te guste. ¿Escuchas algo que no habías notado antes? ¿Puedes identificar los distintos instrumentos? Escribe qué sentiste cuando te concentraste en lo que estabas escuchando.

Back Forward Reload Search Guide Images Print Security Stop
Address http://www.worldwideweb.htm

Investigar

¿Por qué es más fácil adiestrar como perros lazarillos a ciertas razas de perros? Para comenzar, investiga distintas razas de perros en la biblioteca o en Internet. Con lo que averigües, haz una tabla en la que muestres qué razas son las más usadas como perros lazarillos. Indica por qué estos tipos de perros sirven para este trabajo y haz un dibujo de cada raza.

Leer un periódico

Fíjate en el periódico y verás que todos los días puedes leer historias de la vida real como *La mejor amiga de mamá*. Al igual que la radio, la televisión y las computadoras, los **periódicos** ofrecen información importante sobre sucesos de actualidad que pueden estar ocurriendo en tu ciudad, en el país o en el mundo.

Un periódico contiene muchos artículos. Los **artículos periodísticos** comienzan con un titular. El **titular** está escrito en letras grandes para atraer tu atención. Por lo general, debajo del titular vienen la **fecha** y el **lugar** de origen de la noticia.

Todos los artículos periodísticos responden a las preguntas *¿Quién? ¿Qué? ¿Cuándo?* y *¿Dónde? ¿Sobre quién* y sobre *qué* es la noticia? *¿Cuándo* y *dónde* tuvo lugar? Lee este artículo periodístico y fíjate en cómo contesta estas preguntas.

El diario de Pittsburgh

Pittsburgh   Miércoles, 9 de agosto

Perra lazarillo salva a una mujer

Pittsburgh, 7 de agosto —El sábado, una perra lazarillo llamada Úrsula salvó la vida de su dueña, Sally Hobart Alexander. La Sra. Alexander, que comenzó a sufrir de la vista hace diez años, afirmó que le debe la vida a Úrsula, una perra de raza pastor alemán. Úrsula fue adiestrada en The Seeing Eye en Morristown, Nueva Jersey y ha estado con la Sra. Alexander durante los últimos dos meses. "Ya antes habíamos estado cerca de tener un accidente", dice la dueña de Úrsula, "pero nunca tanto como el sábado". La Sra. Alexander estuvo a punto de ser atropellada por un auto cuando trataba de cruzar en la intersección de las calles Norte y Principal. "Pensé que era seguro cruzar", explica la Sra. Alexander, "así que le dije a Úrsula '¡Avanza!'. Pero no avanzó. Gracias a ella no me puse frente a aquel auto".

Usa el artículo periodístico para responder a las siguientes preguntas.

1 ¿Cómo se llama el periódico donde aparece el artículo?

2 ¿Te llama la atención el titular? ¿De qué manera?

3 ¿Qué información te da la línea después del titular?

4 ¿Cómo responde el artículo a las preguntas *¿Quién? ¿Qué? ¿Cuándo?* y *¿Dónde?*

5 Compara este artículo con la selección *La mejor amiga de mamá*. Nombra las semejanzas y las diferencias.

Sugerencia para exámenes

Lee detenidamente todas las respuestas.

INDICACIONES:

Lee el texto. Luego lee cada una de las preguntas.

MODELO

El día de los chistes

Hoy era un gran día para José. Aunque sus padres siempre le habían dicho que era muy bueno contando chistes, él no estaba muy convencido. Su padre <u>aseveraba</u> que nadie contaba chistes mejor que José. Pero hoy, después del recreo, cada niño y niña de la clase contaría su chiste favorito frente a los demás. Hoy José sabría si realmente era bueno contando chistes.

¡Estaba aterrorizado! Nadie aparte de su papá le había dicho que era bueno contando chistes. Y nunca los había contado frente a tantas personas y mucho menos frente a su maestra.

"Voy a imaginarme que todos en la clase son mi papá", se dijo para darse confianza.

1 ¿Qué crees que hará José a continuación?

A Contará su chiste favorito.

B Se esconderá en el baño.

C Se irá a la cafetería.

D Hará un dibujo.

2 ¿Qué significa la palabra <u>aseveraba</u> en el pasaje?

F bromeaba

G afirmaba

H trabajaba

J se reía

Explica cómo sabes que éstas son las respuestas correctas.

Arte y Literatura

Pensar es necesario tanto al analizar una obra de arte como al jugar juegos de mesa. Sin embargo, cuando tratas de entender una obra de arte suele haber más de una respuesta acertada.

¿Qué puedes decir acerca de este cuadro? ¿Cómo ha usado el artista los colores llamativos para lograr que centres la mirada en el juego? Fíjate en el tablero. ¿Puedes predecir quién ganará? ¿Cómo se sentirá el ganador? ¿Cómo reaccionará el perdedor?

Imagínate que juegas una partida con el ganador. ¿Quién crees que ganará? ¿Por qué? Piensa en algunas preguntas que les harías a tus compañeros acerca del cuadro.

La familia del pintor
Henri Matisse, 1911
Museo del Ermitage, San Petersburgo, Rusia

EL
ARROZ DEL RAJÁ

Un cuento tradicional de la India

Versión de David Barry
Ilustraciones de Donna Perrone

Había una vez, hace mucho tiempo, una niña llamada Chandra que vivía en una pequeña aldea de la India. A Chandra le encantaban los elefantes y también le gustaban mucho los números. Por supuesto, le encantaban todos los números relacionados con los elefantes: cada elefante tenía dos colmillos para pulir, dieciocho uñas que cortar, y, en cada baño, había que restregarlos cien veces por cada lado. Chandra tenía muchas oportunidades de pensar en los números relacionados con los elefantes porque tenía un trabajo muy especial: era la encargada de bañar a los elefantes del rajá.

A Chandra también le gustaban otros números.
Mientras pasaba por los arrozales, llenos de fango después
de la cosecha, contaba las garcetas níveas que volaban
sobre su cabeza.

Atravesaba el mercado de las afueras de la aldea y se detenía para ayudar a contar monedas al buhonero que vendía especias.

Cuando se reunió con sus amigos a mirar el
desfile de los elefantes del rajá por la plaza de la
aldea, Chandra repasó mentalmente todos los números
relacionados con estos animales. Después, empezó
a pensar en el arroz.

Era el día de la recaudación de impuestos, y
bolsas repletas de arroz colgaban del lomo de los
elefantes.

Con razón la gente se veía triste. El rajá se había
llevado tanto arroz que la aldea entera pasaría hambre.

Pero siempre había sido así. Por miles de años, los aldeanos habían cultivado las tierras del rajá. Por miles de años, el rajá había venido con sus elefantes a llevarse la mayor parte de la cosecha de arroz.

Toda esta situación enfurecía a Chandra, pero, ¿qué podía hacer?

El día que le tocaba bañar a los elefantes, Chandra agarró sus utensilios y caminó por los campos hasta el palacio. Estaba a punto de entrar cuando un guarda la detuvo.

—No puedes entrar esta mañana. Los elefantes se han enfermado.

Chandra se asomó por entre las cañas de bambú del portón y miró hacia el patio donde estaban los elefantes. Allí pudo verlos, echados en el suelo, inmóviles como árboles caídos. Chandra los llamó, les cantó y les susurró agradables palabras, pero ni siquiera levantaron la cabeza.

En los días que siguieron, Chandra se sentó a vigilar cómo seguían sus queridos elefantes. Como no la dejaban entrar, se quedaba en el portón y observaba a los médicos que venían a curarlos de todos los rincones del reino.

El primer médico, se sentó sobre cojines en el patio y comió opíparamente. En cada comida, devoró ocho pasteles de carne,

440

diez empanaditas de garbanzo y doce langostas servidas sobre hojas de plátano. Mientras comía, los elefantes se ponían cada vez más enfermos.

Otro médico pasó todo el día y la mayor parte de la noche repitiendo un mantra y quemando incienso. Los elefantes empeoraron.

Siete médicos más vinieron a curarlos, pero los elefantes seguían empeorando.

Una mañana, de regreso de un paseo por los jardines, el rajá encontró a Chandra en el portón mirando a los elefantes: —¿Qué haces aquí? —le preguntó.

—Me preocupan los elefantes —respondió—. Yo los quiero mucho y los conozco bien; quizás pueda ayudarlos.

El rajá pensó por un momento: —Ve e inténtalo —dijo—. Necesito esos elefantes. Sin ellos no podré llevar el arroz al mercado el día de la venta. Si los salvas, puedes escoger tu recompensa.

El guarda abrió el portón y Chandra y el rajá caminaron en silencio hacia el patio de los elefantes. Chandra se acercó a Misha, el elefante favorito del rajá y se puso a examinarle las

patas. Le miró las uñas, la parte de abajo de las patas y las cutículas. Le examinó los colmillos y las ocho muelas mirando dentro de su boca. Observó con atención los labios, la lengua y la garganta. Luego le miró los ojos.

Cuando se puso a examinarle un oído, descubrió una infección que parecía dolorosa en el conducto auditivo. El otro oído también estaba infectado. Y también lo estaban los oídos del resto de los elefantes. Chandra les limpió los oídos, les cantó una hermosa canción y se fue a casa.

Cuando Chandra regresó al amanecer del día siguiente, los elefantes caminaban de un lado a otro en su patio y la saludaron barritando alegremente.

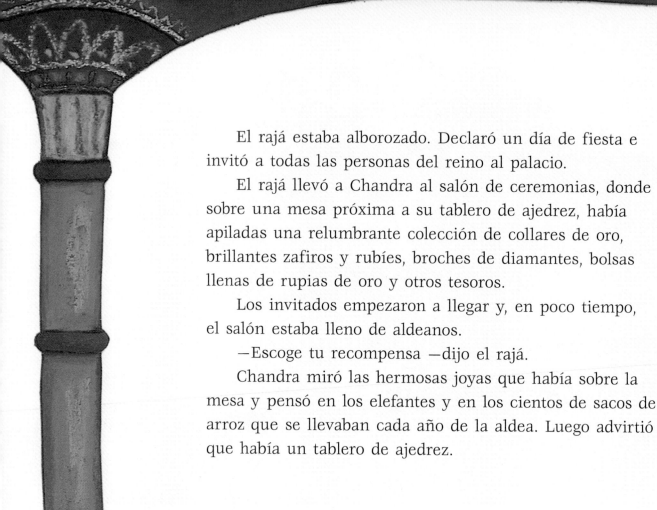

El rajá estaba alborozado. Declaró un día de fiesta e invitó a todas las personas del reino al palacio.

El rajá llevó a Chandra al salón de ceremonias, donde sobre una mesa próxima a su tablero de ajedrez, había apiladas una relumbrante colección de collares de oro, brillantes zafiros y rubíes, broches de diamantes, bolsas llenas de rupias de oro y otros tesoros.

Los invitados empezaron a llegar y, en poco tiempo, el salón estaba lleno de aldeanos.

—Escoge tu recompensa —dijo el rajá.

Chandra miró las hermosas joyas que había sobre la mesa y pensó en los elefantes y en los cientos de sacos de arroz que se llevaban cada año de la aldea. Luego advirtió que había un tablero de ajedrez.

—Los aldeanos tienen hambre, Rajá —comenzó—. Todo lo que pido es arroz. Si Su Majestad lo desea, haga poner dos granos de arroz en la primera casilla de este tablero, luego cuatro en la segunda, ocho en la siguiente y así sucesivamente, de modo que en cada casilla se ponga el doble de la anterior hasta llenar todo el tablero.

Los aldeanos movieron la cabeza en un gesto de desaprobación ante la recompensa que Chandra había elegido.

Aunque no lo demostró, el rajá estaba fascinado: unas cuantas pilas de arroz serían con toda seguridad mucho más baratas que sus preciosas joyas.

—Denle lo que pide —ordenó a sus sirvientes.

Dos sirvientes trajeron un pequeño tazón con arroz y colocaron dos granos en la primera casilla del tablero. En la segunda colocaron cuatro, luego ocho en la tercera, dieciséis en la cuarta, treinta y dos en la quinta, sesenta y cuatro en la sexta, 128 en la séptima y, finalmente, 256 granos de arroz en la última casilla de la primera fila.

Varios sirvientes se rieron de Chandra con disimulo al ver que los 256 granos que llenaban la octava casilla no eran más que una cucharada de arroz.

Cuando llegaron a la primera casilla de la segunda fila, los sirvientes estaban desconcertados pues no sabían cómo seguir contando el arroz: el próximo número era 512 y, además de ser muchos granos como para contarlos rápidamente, no cabían en la casilla del tablero de ajedrez.

Chandra les explicó: —En la última casilla de la primera fila acaban de poner una cucharada de arroz, ¿por qué no, simplemente, ponen dos cucharadas?

Pero el rajá la interrumpió: —Limítense a colocar el doble de lo que pusieron en la casilla anterior —ordenó—. No hay necesidad de ponerse a contar cada grano.

De modo que los sirvientes echaron en un tazón dos cucharadas de arroz correspondientes a la primera casilla de la segunda fila. Luego echaron cuatro cucharadas por la segunda casilla, ocho por la tercera, y así sucesivamente, hasta llenar toda la segunda fila.

Para la octava casilla de la segunda fila
necesitaron 256 cucharadas de arroz, lo que era
suficiente para llenar otro tazón.

Cuando empezaron con la tercera fila, los
sirvientes siguieron contando cucharadas de arroz,
pero el rajá los interrumpió. Jactándose de sus
conocimientos de matemáticas dijo: —Si por la casilla
número dieciséis echaron un tazón, por la diecisiete
tienen que echar dos tazones de arroz. No es
necesario que sigan midiendo con cucharadas.

De modo que los sirvientes comenzaron a contar tazones de arroz: dos tazones por la primera casilla, luego cuatro, después ocho, después dieciséis, y así sucesivamente. El arroz correspondiente a la última casilla de la tercera fila llenaba una carretilla grande.

Los vecinos de Chandra le sonrieron.

—Muy bien —dijo uno de ellos—. Con eso comería mi familia durante todo un año.

Mientras los sirvientes trabajaban trayendo carretillas llenas de arroz para la cuarta fila, el rajá caminaba nervioso sin poder creer lo que veían sus ojos. Sus sirvientes se le acercaron:

—¿Traemos arroz de los depósitos reales? —preguntaron.

—Por supuesto —fue su respuesta—. Un rajá nunca rompe una promesa.

Los sirvientes se fueron con los elefantes al primer depósito en busca de más arroz.

Hacia el final de la tarde, el rajá yacía acostado en el sofá, mientras sus ayudantes lo abanicaban con hojas de palma. Sus sirvientes empezaron con la quinta fila del tablero de ajedrez, y pronto ya habían vaciado en el patio depósitos enteros de arroz.

Pocas casillas después, el arroz se desbordaba por las ventanas del palacio hacia los jardines. Cuando llegaron a la mitad de la quinta fila ya estaban vacíos todos los depósitos del rajá.

Se había quedado sin arroz.

454

El rajá hizo un esfuerzo por ponerse en pie
y ordenó que se cargara el arroz en los elefantes
y que lo llevaran a la aldea. Después se acercó
a Chandra.

—Niña —le dijo—, se me acabó el arroz y
no conseguí llenar todo el tablero. Dime qué
otra cosa puedo darte para cumplir mi promesa.

—Puede regalar a los aldeanos la tierra que cultivan y sólo tomar el arroz que necesita para usted —contestó Chandra.

El rajá miró hacia las montañas de arroz que llenaban el palacio y los jardines, y luego, más allá de los jardines, hacia los campos que los aldeanos cultivaban, que se extendían tan lejos como alcanzaba la vista.

—Así se hará —dijo.

Esa noche, el rajá llegó a la aldea mientras Chandra y otros aldeanos preparaban un banquete para celebrar.

—Chandra, ¿serías tan amable de acompañarme a dar un paseo? —preguntó el rajá—. Quiero hacerte una pregunta.

El rajá comenzó a hablar mientras caminaban hacia la plaza de la aldea: —Soy un hombre muy rico; sin embargo, llenar un poco más de la mitad del tablero de ajedrez tomó todo el arroz que poseo. ¿Cuánto arroz se necesitaba para llenarlo todo?

—Si hubiera seguido colocando el doble de la casilla anterior hasta completar la última, todo el pueblo de la India tendría arroz hasta las rodillas —dijo Chandra con una sonrisa.

Nota sobre las matemáticas

Multiplicar un número por 2 varias veces produce enseguida cifras muy altas. Si tomamos el número 2 y lo doblamos 64 veces (número de casillas en un tablero de ajedrez) obtenemos la cifra 18,446,744,073,709,551,616, lo que equivale a suficientes granos de arroz como para llenar el gran volcán Kilimanjaro.

La tabla que aparece a continuación te ayudará a hacerte una idea de la rapidez con que algo crece cuando se multiplica por 2 repetidas veces.

Comienza con granos de arroz.

| granos | cucharadas | tazones | carretillas | salones de fiesta | palacios | Edificios del World Trade Center | Islas del tamaño de Manhattan |

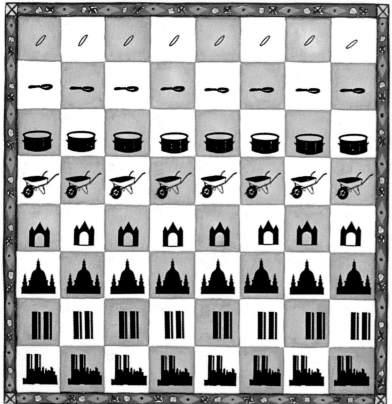

256 granos = 1 cucharada

256 cucharadas = 1 tazón

256 tazones = 1 carretilla

256 carretillas = 1 salón de fiestas lleno hasta el techo

256 salones de fiesta = 1 palacio de 256 habitaciones

256 palacios = 1 edificio del *World Trade Center*

256 edificios del *World Trade Center* = 1 isla del tamaño de Manhattan cubierta por 7 pisos de arroz

256 islas del tamaño de Manhattan = 1 volcán Kilimanjaro lleno de arroz

Suma las 64 casillas y tienes la cantidad necesaria para que todo el pueblo de la India tenga arroz hasta las rodillas.

Conozcamos a
DAVID BARRY

David Barry dice que nada le gusta más que los números y las palabras. Por esa razón siempre le han gustado los conceptos matemáticos del cuento *El arroz del rajá*.

Al igual que Chandra, David entiende el poder de las matemáticas. "Si eres bueno en matemáticas, puedes ir a cualquier parte, hacer cualquier cosa", explica.

Conozcamos a
DONNA PERRONE

A Donna Perrone le gustan las manifestaciones artísticas del mundo entero y visita los lugares que ha visto en libros de arte. Luego usa las fotografías que toma para recrear esos lugares.

Para hacer las ilustraciones de *El arroz del rajá*, Donna estudió el uso de los detalles en el arte hindú. Puedes ver esta atención por los detalles en la escena del mercado, que es la favorita de la ilustradora.

Preguntas y actividades

1. ¿Cuáles son las dos cosas que más le gustan a Chandra?

2. ¿Por qué son importantes las matemáticas en este cuento?

3. ¿Crees que el rajá cumplirá la promesa que le hace a Chandra? ¿Qué te hace pensar eso?

4. ¿Cuáles son las partes más importantes del cuento?

5. Compara la manera en que Chandra solucionó el problema de los aldeanos, con la manera en que el protagonista de otro cuento tradicional que hayas leído solucionara un problema.

Escribir un diálogo

Los personajes de Chandra y el rajá cobran vida por medio de los diálogos. Piensa en un problema (puede ser un problema de la vida real) y escribe la conversación que tendrías con alguien mayor que tú para resolverlo.

Hacer una hoja de calendario

Supón que puedes ir a la India por una semana. ¿Qué lugares te gustaría visitar? Piensa en qué mes te gustaría hacer tu viaje y haz una hoja de calendario con suficiente espacio para hacer anotaciones. Luego, dibuja en tu hoja un sitio famoso de la India, por ejemplo, el Taj Mahal. Escribe los días de la semana y las fechas, y anota lo que te gustaría ver y hacer en los siete días de tu viaje.

Hacer casillas con monedas

¿Qué pasaría si pusieras monedas de un centavo en vez de granos de arroz en las casillas del tablero de ajedrez? En la primera casilla pondrías dos centavos. En la segunda pondrías cuatro. ¿Cuánto dinero pondrías en la tercera? ¿Y en la cuarta? ¿Y en la novena? ¿En qué casilla pondrías $10.24?

Investigar

En el cuento, a Chandra le gustan dos cosas: los números y los elefantes. ¿Sabías que hay dos tipos de elefantes? Compara el tamaño de los colmillos y las orejas del elefante africano y del asiático. Haz una gráfica, un cuadro o un dibujo para mostrar las diferencias.

461

Seguir una receta

El arroz es un alimento muy importante en la India. Sus habitantes lo preparan de muchas maneras: con especias o con salsas o guisos. La principal manera de preparar el arroz es con *curry,* que es una combinación de distintas especias.

ARROZ con *CURRY*

Ingredientes
3 tazas de arroz cocido caliente (úsese arroz instantáneo o de cocción rápida)
1 cucharada de cebolla picada
2 cucharadas de mantequilla

1 cucharadita de *curry* en polvo
1/4 de cucharadita de sal
1/4 de cucharadita de pimienta
1/4 de taza de almendras cortadas en finas rodajas
1/4 de taza de aceitunas picadas

Instrucciones
Se prepara el arroz según las instrucciones del empaque, y se mantiene tibio. En una sartén, se cocina a fuego medio la cebolla con la mantequilla, revolviendo por unos 3 minutos, hasta que la cebolla esté cocida, pero sin dorarse. Se añade el *curry*, la sal, la pimienta y se mezclan bien. Se añade el arroz cocido y se revuelve hasta que la salsa de *curry* lo cubra bien. Se añaden las almendras y las aceitunas. Se sirve enseguida. Rinde como plato de acompañamiento para 6 personas o como plato principal para 3.

Usa la receta para responder a las siguientes preguntas.

1 ¿Qué se hace primero, antes de hacer el *curry*?

2 ¿Por cuánto tiempo se cocina la cebolla?

3 ¿Cuándo se añaden las almendras y las aceitunas?

4 ¿Cuánto arroz se necesitaría para hacer arroz con *curry* como plato principal para seis personas?

5 ¿Por qué es importante seguir una receta al pie de la letra?

Sugerencia para exámenes

Busca en el pasaje pistas sobre cómo se siente el personaje.

INDICACIONES:

Lee el texto. Luego lee cada una de las preguntas.

MODELO

La carrera

Mindy estaba impaciente porque llegara la carrera de este año. En la carrera, los corredores irían a seis lugares del pueblo. Cuando sonara el pito, los <u>participantes</u> tendrían que ir primero a la biblioteca, donde encontrarían un papelito que les indicaría cuál era el sitio siguiente. Los corredores no sabían adónde tenían que correr antes de leer el papelito. Al llegar al nuevo sitio encontrarían otro papelito y así seguirían hasta recorrer los seis sitios. ¡Ganaba el que recorriera todos los sitios en menos tiempo!

Mindy estaba segura de que este año podría ganar. ¡A ella le encantaba correr!

1 En el pasaje, la palabra <u>participantes</u> se refiere a personas que

A han hecho algo antes.

B toman parte en el evento.

C no están interesadas en el evento.

D se ríen de alguien.

2 ¿Cómo se sentía Mindy de participar en la carrera?

F emocionada

G enojada

H indiferente

J aburrida

Arte y Literatura

Como una obra de arte se puede hacer con distintos materiales y sobre infinitos temas, los artistas tienen que decidir qué quieren usar en su obra y qué le quieren comunicar al público.

Observa el boceto del arrecife coralino. El artista lo creó antes de hacer un diorama. ¿Qué detalles te llaman la atención? ¿Cómo crees que los artistas usan los bocetos para decidir qué mostrarán en la obra final?

Mira de nuevo el boceto. ¿Cuáles crees que son los detalles más importantes? ¿Qué información sobre los arrecifes coralinos te proporcionan?

464

Boceto de diorama de los jardines submarinos en Bermuda
Samuel Ernest Whatley
Galería Maas, Londres

465

¿PODEMOS ARRECIFES SALVAR LOS CORALINOS?

Este merillo leonado del mar Caribe es uno de los miles de animales que habita en los arrecifes coralinos.

Conozcamos los arrecifes

Para salvar los arrecifes coralinos debemos entender su importancia

Los arrecifes coralinos del mundo entero corren peligro de desaparecer. Los expertos estiman que si no hacemos algo para salvarlos, hasta un 60 por ciento se perderá en los próximos 45 años. Entre las razones de que el 10 por ciento de los arrecifes ya haya desaparecido se encuentran la contaminación, la pesca indiscriminada y los submarinistas poco cuidadosos.

Clive Wilkinson, un biólogo del Instituto de Ciencias Marinas de Australia, opina que "es difícil señalar un factor y decir *esto* es lo que está acabando con los arrecifes; de hecho, casi todo contribuye a dañarlos".

Científicos y amantes de la naturaleza del mundo entero creen que la gente contribuirá a salvar los arrecifes coralinos si entiende cuál es su función.

CÓMO SE FORMA UN ARRECIFE

Los arrecifes coralinos están formados por colonias de animales llamados corales. Al igual que sus primas las aguamalas, estos animales son traslúcidos y pican si los tocas. Algunos tienen forma de torre, otros parecen racimos de cerebros o un montón de fideos.

¿De dónde crees que vienen los nombres del coral látigo (arriba) y de la meandrina o coral cerebro (derecha)?

Los corales desarrollan un caparazón duro y se pegan unos a otros para formar colonias de hermosas formas, en las que sólo los más externos están vivos. Llamamos arrecife al conjunto de colonias de corales. En el mundo hay arrecifes de hasta siete mil años de antigüedad que pueden ser de muchos colores y extenderse por miles y miles de millas.

Pequeñísimas plantas que habitan dentro de cada coral son las responsables de sus brillantes colores. Los corales se alimentan de estas plantas que, como las terrestres, transforman la luz del Sol en alimento.

LOS ARRECIFES CUMPLEN UNA FUNCIÓN

Los arrecifes forman una barrera que protege las costas de

La parte blanca del coral está muerta.

los efectos de las tormentas y proporcionan un lugar seguro donde los barcos pueden atracar. Al mismo tiempo, brindan comida y refugio a peces pequeños, y un sitio donde encontrar presas para los más grandes.

"Los arrecifes son muy resistentes", afirma Clive Wilkinson. "Les puede pasar un ciclón por encima y al poco tiempo, vuelven a reaparecer." Sin embargo, los arrecifes no pueden resistir los daños que les causa el ser humano.

En los alrededores de Jamaica, por ejemplo, la pesca indiscriminada ha acabado con los peces que se comen las algas, y la vegetación ha sofocado los arrecifes. En las Filipinas la pesca ha dañado o destruido casi todos los arrecifes coralinos de ese país.

Un ángel del mar (pomacéntrido) nada entre las torres de un coral en el Caribe.

INVESTIGA

Visita nuestra página web:

www.mhschool.com/

CONEXIÓN
*inter*NET

DESDE TIERRA ADENTRO EL HOMBRE DAÑA LOS ARRECIFES

Aunque no lo creas, la tala de árboles puede dañar los arrecifes coralinos. Toneladas de tierra, que en un principio estaba adherida a las raíces de los árboles, se desprende y termina en ríos y mares bloqueando la luz del sol, que es vital para los corales.

Los científicos temen que el aumento de la temperatura en el mundo entero afecte a los arrecifes coralinos, ya que éstos no pueden sobrevivir en aguas muy calientes.

¿Qué se puede hacer para salvar los arrecifes? Clive Wilkinson sugiere que lo primero es educar a las personas que viven cerca de ellos, para que comprendan cómo sus acciones pueden dañar la vida submarina. Él piensa que una vez que entiendan que los arrecifes son muy frágiles, empezarán a cuidarlos y de ese modo quizá podremos conservarlos para siempre.

¿LO SABÍAS?
DATOS SOBRE LOS ARRECIFES

◆ **La Gran Barrera de Arrecifes en Australia tiene 1,250 millas de largo.**

◆ **Aunque los arrecifes coralinos ocupan menos del 1 por ciento del fondo del mar, contienen más del 25 por ciento de las especies marinas.**

◆ **Existen unas 2,500 clases de corales.**

◆ **En el océano Índico y en el mar Rojo se encuentran el 60 por ciento de los arrecifes coralinos del mundo.**

Unas 5,000 clases de peces habitan en los arrecifes coralinos.

Basado en un artículo de *TIME FOR KIDS*.

469

Preguntas y actividades

1. ¿Qué es un arrecife coralino?

2. ¿Qué actividades del ser humano dañan los arrecifes coralinos?

3. ¿Por qué es importante salvar los arrecifes coralinos?

4. ¿Cuáles son los datos más importantes que proporciona este artículo?

5. Imagínate que Joanna Cole quisiera escribir sobre los arrecifes coralinos. ¿Qué pasos crees que seguiría?

Escribir un relato fantástico

Escribe un relato fantástico sobre alguien que vive en un arrecife coralino. Puede ser un pez, una persona que puede respirar bajo el agua, u otra criatura imaginaria. Describe un problema y haz que el personaje lo resuelva de una manera poco común.

Hacer un colage

Hay arrecifes coralinos de muchas formas, tamaños y colores. En grupo, planifiquen un colage de un arrecife coralino. En un fondo azul, peguen trozos de cartulina de distintas formas y colores, o cosas de la naturaleza. Dibujen peces, almejas gigantes, tortugas marinas, estrellas de mar, pájaros y plantas, y colóquenlos en el arrecife o cerca de él. Finalmente, pónganle un título a su "jardín submarino" y fírmenlo.

Pintar los colores de un arrecife

Haz una pintura para mostrar qué pasa cuando miles de millones de corales se adhieren a un arrecife coralino. Sobre una hoja, haz manchones con pintura azul, verde, morada, roja, rosada y amarilla. Luego, pide a familiares y amigos que adivinen qué representa la pintura.

Investigar

¿Sabías que la Gran Barrera de Arrecifes de Australia es el conjunto de arrecifes coralinos más grande del mundo? Consulta una enciclopedia para averiguar qué peligros corre. Busca información sobre por qué las estrellas de mar "corona de espinas" lo están dañando, y qué está haciendo la gente para detener la extracción de petróleo en esa área. Conversa con un compañero o compañera sobre lo que investigaste.

Usar una guía telefónica

¿Te gustaría bucear entre hermosos arrecifes coralinos? Es posible que necesites tomar clases y el equipo adecuado. Esto lo puedes buscar en las **páginas amarillas** de una **guía telefónica**. Las guías telefónicas tienen nombres de personas, sus direcciones y números de teléfono. Las páginas amarillas ofrecen información sobre los negocios locales.

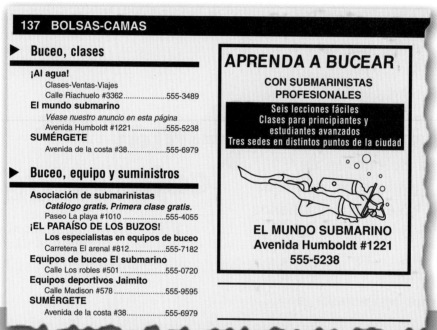

137 BOLSAS-CAMAS

▶ **Buceo, clases**

¡Al agua!
Clases-Ventas-Viajes
Calle Riachuelo #3362....................555-3489
El mundo submarino
Véase nuestro anuncio en esta página
Avenida Humboldt #1221.................555-5238
SUMÉRGETE
Avenida de la costa #38...................555-6979

▶ **Buceo, equipo y suministros**

Asociación de submarinistas
Catálogo gratis. Primera clase gratis.
Paseo La playa #1010 555-4055
¡EL PARAÍSO DE LOS BUZOS!
Los especialistas en equipos de buceo
Carretera El arenal #812..................555-7182
Equipos de buceo El submarino
Calle Los robles #501 555-0720
Equipos deportivos Jaimito
Calle Madison #578 555-9595
SUMÉRGETE
Avenida de la costa #38...................555-6979

APRENDA A BUCEAR
CON SUBMARINISTAS
PROFESIONALES
Seis lecciones fáciles
Clases para principiantes y
estudiantes avanzados
Tres sedes en distintos puntos de la ciudad

EL MUNDO SUBMARINO
Avenida Humboldt #1221
555-5238

Usa esta guía telefónica para responder a las preguntas.

1 ¿Cuál es la dirección y el número de teléfono de la Asociación de submarinistas?

2 ¿Crees que encontrarías anuncios de camiones en esta página? Explica tu respuesta.

3 ¿Qué tienda vende equipos y da clases?

4 ¿Qué tienda tiene tres sedes?

5 ¿Cuándo resulta útil usar las páginas amarillas?

INDICACIONES:

Lee el texto. Luego lee cada
una de las preguntas.

MODELO

El espectáculo de los payasos de trapo

Después de obtener la
autorización de sus padres, Rita
llevó a su hermano menor a la
librería para que viera el cartel
que estaba pegado en la vitrina.
Ella sabía que a su hermanito le
encantaría ver ese espectáculo.

El Teatro Tilingo presenta

El famoso espectáculo de los payasos de trapo

**Sábado 2 de mayo y
domingo 3 de mayo a las 3 p.m.
Precios: mayores de 13 años: $3.00
entre 4 y 12 años: $1.00
menores de 4 años: ¡GRATIS!**

**El espectáculo tendrá lugar
en el escenario al aire libre
al lado de la piscina municipal.
¡Compra los boletos por
teléfono o en esta tienda!**

1 ¿Dónde iba a tener lugar el
espectáculo de los payasos de
trapo?

  A en el escenario al aire libre

  B en la librería

  C en la escuela

  D en la casa de Rita

2 Según el cartel, ¿qué podía
comprar Rita por teléfono?

  F carteles

  G una muñeca de trapo

  H un payaso

  J boletos

FÁBULA DEL CIEMPIÉS

ERA UN CIEMPIÉS
que no llegaba.
Y vio al vidrio
mirando por el ojo,
al peldaño
subiendo la escalera,
al bosque
sobre el hombro de la hormiga,
a la letra detrás de la palabra.
Y vio a la oveja manta,
al invierno renunciando al fuego.
Y vio la pampa
—cielo pegado al horizonte—
de un árbol a otro árbol
para llegar a nada,
apenas unos berros,
un arroyo,
un sudor fatigado,
cuando el clavo y el martillo
no se entienden,
cuando el caballo es látigo
y la tierra
es algo más que un trébol.
Vio la flor en la arena,
los labios en la sed
bebiéndose en las piedras,
mordiéndose los dientes.
Y el ciempiés, entonces,
se contó los pies de a pares.
Pidió dos alas
y un cielo desprendido de los árboles.

Javier Villafañe

Nuevas ideas

Lección

Yo quisiera aprender una cosa:
cómo hacer con las manos
un pétalo de rosa.

José Antonio Dávila

Arte y Literatura

Los artistas pueden usar el arte
para comunicar sus sentimientos por
personas y lugares, por la familia y
los amigos.

Observa este cuadro. ¿Qué ves?
¿Qué puedes decir acerca de las
dos muchachas? ¿Cómo sabes que
son amigas? ¿Cómo nos muestra el
artista la armonía que existe entre
las dos?

Cierra los ojos. ¿Por qué crees
que las muchachas han salido a
dar un paseo por la orilla del
agua? ¿Qué efecto tiene el día
sobre como se sienten? ¿Qué
sientes tú cuando miras este
cuadro?

Hijas del Sur
Jonathan Green, 1993

478

COMPA
DE EQ

Peter Golenbock

Jackie Robinson

ÑEROS
UIPO

ilustraciones de Paul Bacon

FIELD

"Pee Wee" Reese

Jackie Robinson fue mucho más que mi compañero de equipo. Tenía un inmenso talento, habilidad y dedicación. Jackie creó un modelo para las futuras generaciones de jugadores de béisbol. Era un ganador.

Jackie Robinson era también un hombre.

PEE WEE REESE
31 de octubre, 1989

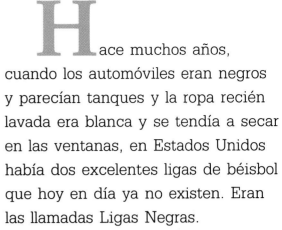

H ace muchos años, cuando los automóviles eran negros y parecían tanques y la ropa recién lavada era blanca y se tendía a secar en las ventanas, en Estados Unidos había dos excelentes ligas de béisbol que hoy en día ya no existen. Eran las llamadas Ligas Negras.

Las Ligas Negras contaban con extraordinarios jugadores, a los que los aficionados iban a ver jugar dondequiera que fueran. Los jugadores de estas ligas eran héroes, pero no ganaban mucho dinero y sus vidas no eran nada fáciles.

En los años 40 no existían leyes contra la segregación racial.

En muchos lugares del país no se permitía que las personas de raza negra fueran a las mismas escuelas e iglesias que las de raza blanca. No podían sentarse en la parte delantera de los autobuses o de los tranvías. No podían beber agua de las mismas fuentes que los blancos.

En aquel entonces, muchos hoteles no admitían a negros, así que los jugadores dormían en sus carros. En muchas ciudades no había restaurantes que les sirvieran comida, por lo que a menudo tenían que comer sólo lo que pudieran comprar y llevar con ellos.

Muy diferente era la vida de los jugadores en las Ligas Mayores. Éstas eran ligas para jugadores de raza blanca. Si se los compara con los de las Ligas Negras, los jugadores blancos ganaban mucho dinero. Se alojaban en buenos hoteles y comían en los mejores restaurantes. Sus fotos aparecían en tarjetas de béisbol y los mejores jugadores llegaban a ser famosos en el mundo entero.

Muchos norteamericanos sabían que los prejuicios raciales eran algo censurable, pero pocos se atrevían a discutir la situación abiertamente. Y mucha gente era insensible a los problemas raciales. Algunos temían protestar: grupos como el Ku Klux Klan reaccionaban violentamente contra aquellos que intentaban cambiar el trato que se daba a los negros.

El gerente del equipo de béisbol de los Dodgers de Brooklyn era Branch Rickey. Él no tenía miedo de cambiar las cosas. Quería ofrecer a los seguidores de los Dodgers los mejores jugadores sin que importara el color de su piel. Rickey pensaba que la segregación era injusta y quería dar a todo el mundo la oportunidad de competir por igual en todos los estadios de béisbol de los Estados Unidos.

Para esto, necesitaba a un hombre especial.

Branch Rickey quería encontrar a un jugador destacado de las Ligas Negras que fuera capaz de competir con éxito a pesar de las posibles amenazas o agresiones. Tendría que poseer el suficiente autocontrol para no reaccionar agresivamente contra aquellos jugadores que trataran de intimidarlo o lesionarlo. Rickey sabía que si ese hombre daba una mala imagen en el campo, sus oponentes tendrían una excusa para seguir excluyendo a los negros de las Ligas Mayores por muchos años más.

Rickey pensó que Jackie Robinson podría ser el hombre que buscaba.

BRANCH RICKEY

J ackie fue a Brooklyn para entrevistarse con Rickey.

—Quiero un hombre que tenga el coraje de no devolver los golpes —le dijo Rickey.

—Si usted se arriesga, yo haré todo lo que pueda para cumplir —le respondió Jackie Robinson.

Se dieron la mano. Branch Rickey y Jackie Robinson inauguraban así lo que más tarde se conocería como "el gran experimento".

Durante el entrenamiento de primavera con los Dodgers, multitudes de negros, viejos y jóvenes, se agolpaban alrededor de Jackie como si fuera un salvador. Era el primer jugador negro que se sometía a la prueba de jugar en un equipo de las Ligas Mayores. Sabían que si él tenía éxito otros seguirían su camino.

Al principio, la vida de Jackie en el equipo estuvo llena de humillaciones.

Los jugadores que venían del Sur, hombres a quienes se les había enseñado desde niños a evitar a la gente negra, se iban a otra mesa cuando él se sentaba a su lado. Muchos jugadores de los equipos rivales eran crueles con él, y lo insultaban desde sus "dugouts"; algunos intentaban hacerle daño con los clavos de sus zapatos. Los lanzadores apuntaban a su cabeza al lanzar la pelota. Y recibía amenazas de muerte, de individuos y de organizaciones como el Ku Klux Klan.

A pesar de todas esas dificultades, Jackie Robinson no se dio por vencido y consiguió entrar en el equipo de los Dodgers de Brooklyn.

Pero entrar en los Dodgers fue sólo el comienzo. Jackie tuvo que soportar abusos y hostilidades a lo largo de toda la temporada. Lo peor era lo que sentía: a menudo se encontraba muy solo. Cuando el equipo iba de viaje él tenía que ir por su cuenta, pues sólo los jugadores blancos podían quedarse en los hoteles de las ciudades donde jugaban.

Pee Wee Reese, el jardinero corto de los Dodgers, había crecido en Louisville, Kentucky, y rara vez había visto a una persona de raza negra, a menos que fuera en la parte trasera de un autobús. Muchos de sus amigos y familiares detestaban la idea de que fuera a jugar con un hombre negro. Además, de todos los jugadores, Pee Wee Reese era el que más tenía que perder con la llegada de Jackie al equipo.

Jackie había jugado como jardinero corto, y todo el mundo creía que le quitaría ese puesto a Pee Wee. Otros hombres se habrían enfurecido con Jackie, pero Pee Wee era diferente. Él se dijo: "Si es lo bastante bueno como para tomar mi puesto, se lo merece".

Cuando sus compañeros sureños hicieron circular una petición para echar a Jackie del equipo y le pidieron que firmara, Pee Wee contestó:

—Me da igual que sea negro, azul o a rayas —y se negó a firmar—. Sabe jugar y nos puede ayudar a ganar —les dijo—. Eso es lo que importa.

Al comenzar la temporada, los Dodgers jugaron contra los Reds en Cincinnati, muy cerca de Louisville, el pueblo de Pee Wee.

Los Reds jugaban en un estadio tan pequeño que los jugadores casi podían sentir en la nuca el aliento de los espectadores. Muchos de los que estaban allí ese día le gritaron cosas terribles y detestables a Jackie.

Por encima de todo, Pee Wee Reese creía que uno tiene que hacer lo que considera justo. Cuando oyó los gritos de los aficionados, decidió hacer algo.

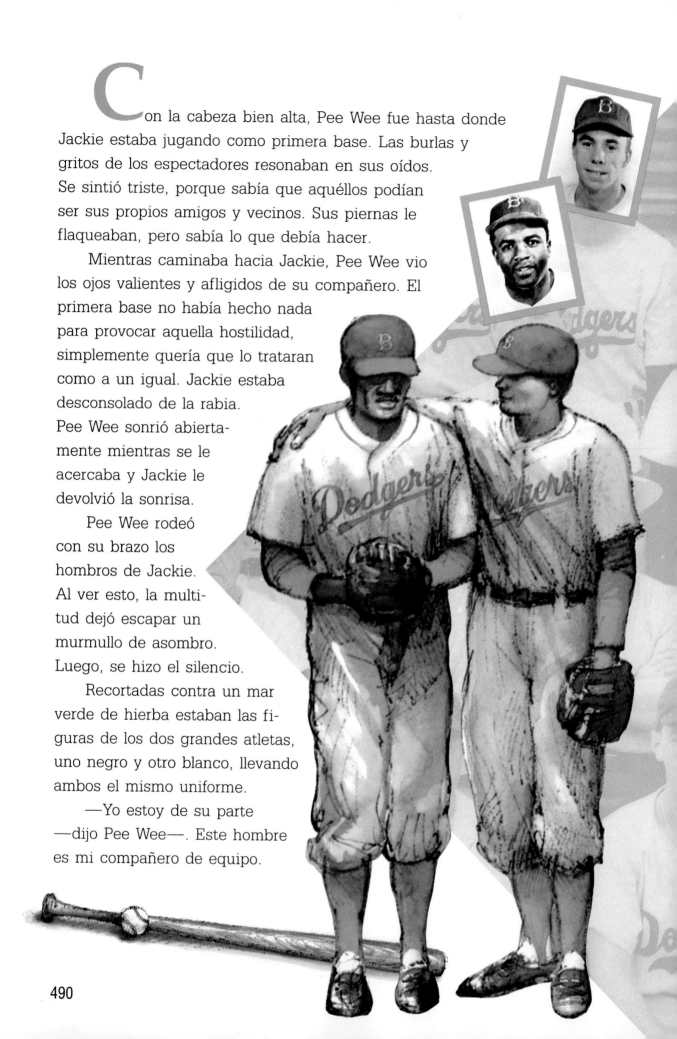

Con la cabeza bien alta, Pee Wee fue hasta donde Jackie estaba jugando como primera base. Las burlas y gritos de los espectadores resonaban en sus oídos. Se sintió triste, porque sabía que aquéllos podían ser sus propios amigos y vecinos. Sus piernas le flaqueaban, pero sabía lo que debía hacer.

Mientras caminaba hacia Jackie, Pee Wee vio los ojos valientes y afligidos de su compañero. El primera base no había hecho nada para provocar aquella hostilidad, simplemente quería que lo trataran como a un igual. Jackie estaba desconsolado de la rabia. Pee Wee sonrió abiertamente mientras se le acercaba y Jackie le devolvió la sonrisa.

Pee Wee rodeó con su brazo los hombros de Jackie. Al ver esto, la multitud dejó escapar un murmullo de asombro. Luego, se hizo el silencio.

Recortadas contra un mar verde de hierba estaban las figuras de los dos grandes atletas, uno negro y otro blanco, llevando ambos el mismo uniforme.

—Yo estoy de su parte —dijo Pee Wee—. Este hombre es mi compañero de equipo.

CONOZCAMOS A
Peter Golenbock

Cuando Peter Golenbock tenía trece años conoció a uno de sus héroes: tras un partido de la Serie Mundial entre los Dodgers y los Yankees, estrechó la mano de Jackie Robinson. Para el autor fue una gran experiencia. "Sentía mucha admiración por él", recuerda Golenbock. "Robinson era inmenso y cuando nos saludamos mi mano desapareció dentro de la suya."

Algunos años después, Golenbock comenzó a trabajar como periodista deportivo. Rex Barney, que era el lanzador de los Dodgers cuando Robinson jugaba con ellos, le contó la anécdota de dos de sus compañeros: Jackie Robinson y Pee Wee Reese. Peter Golenbock nunca olvidó la historia.

Cuando lo invitaron a escribir sobre béisbol para jóvenes, pensó inmediatamente en el valor con que Robinson se propuso ser el primer jugador negro de las Ligas Mayores, y además, claro, también recordó la anécdota que Rex Barney le había contado.

En "Compañeros de equipo", Golenbock narra lo que hizo Robinson para cambiar la historia del béisbol. Como el autor, nunca olvidarás esta narración.

Preguntas y actividades

1 ¿Cómo se llamaban las ligas de béisbol de los jugadores afroamericanos antes de la década de 1940? ¿Cómo se llamaban las de los jugadores blancos?

2 ¿Por qué decidió Branch Rickey contratar a Jackie Robinson?

3 ¿Qué efecto tuvo en el béisbol la decisión de Branch Rickey de contratar a Jackie Robinson?

4 ¿Cuál es la idea principal de esta selección?

5 Imagínate que Jackie Robinson "entra" en el cuadro de las páginas 478-479. ¿Qué les diría a las muchachas sobre lo que significa ser realmente "compañeras de equipo"? ¿Crees que ellas estarían de acuerdo con él? Explica tu respuesta.

Escribir un ensayo

Jackie Robinson jugó con el equipo de los Dodgers de Brooklyn. Escribe un ensayo sobre este equipo. Escoge un año en particular. Si es posible, entrevista a adultos que recuerden el equipo. Pregúntales sobre juegos y jugadores famosos.

Hacer un colage

Jackie Robinson fue el primer jugador afroamericano en las Ligas Mayores. Prepara un colage con fotos de otras personas que hayan sido las primeras en hacer determinada actividad, por ejemplo, Amelia Earhart, que fue la primera mujer que pilotó un avión sobre el océano Atlántico. Busca datos sobre las personas que elijas y averigua qué obstáculos tuvieron que superar para ser las primeras en hacer lo que hicieron.

Contestar preguntas sobre béisbol

Busca la respuesta a las siguientes preguntas en un libro sobre béisbol o en Internet:

- ¿Por cuántos años jugó Jackie Robinson en las Ligas Mayores?

- ¿Cuántos jonrones conectó en sus primeros cinco años con los Dodgers?

- ¿Cuántas bases robó en sus primeros ocho años en las Ligas Mayores?

Piensa en otras preguntas sobre béisbol que sorprendan a tus compañeros.

Investigar

Jackie Robinson fue el primer jugador afroamericano en la Liga Nacional. ¿Quién fue el primer jugador afroamericano en la Liga Americana? ¿Qué estrellas de las Ligas Negras jugaron luego en las Ligas Mayores? Busca las respuestas en una enciclopedia o en un libro sobre béisbol. Luego, explícale a un amigo o amiga lo que aprendiste.

Usar el catálogo general: Fichas de tema

¿Dónde buscarías un libro sobre las Ligas Negras? Un buen lugar sería el **catálogo general** de la biblioteca. Cada libro de la biblioteca tiene una **ficha de autor**, una **ficha de título** y una **ficha de tema**. Algunas bibliotecas tienen catálogos generales ordenados alfabéticamente en gavetas. Otras tienen el catálogo en computadora. Para hallar un libro sobre el béisbol, buscarías en una ficha de tema. La **signatura**, en la parte superior de la ficha, te indica dónde puedes encontrar el libro en la biblioteca.

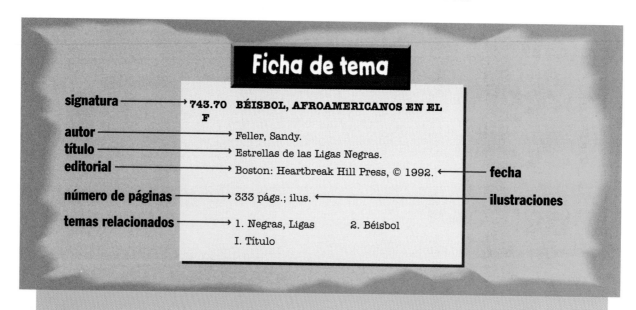

Ficha de tema

signatura →	**743.70 BÉISBOL, AFROAMERICANOS EN EL** **F**
autor →	Feller, Sandy.
título →	Estrellas de las Ligas Negras.
editorial →	Boston: Heartbreak Hill Press, © 1992. ← **fecha**
número de páginas →	333 págs.; ilus. ← **ilustraciones**
temas relacionados →	1. Negras, Ligas 2. Béisbol I. Título

Usa la ficha para responder a las siguientes preguntas.

1 ¿Cuál es el tema del libro?

2 ¿Cómo se titula?

3 ¿Quién es el autor?

4 ¿Cuántas páginas tiene el libro?

5 ¿Cómo usarías la signatura en la parte superior de la ficha?

Sugerencia para exámenes

Una OPINIÓN se basa en los sentimientos de alguien.

INDICACIONES:

Lee el texto. Luego lee cada una de las preguntas.

MODELO

A plantar nuevos árboles

—Papá, ¿tienen que talar todos los árboles? —preguntó Bárbara.

Su papá acababa de explicarle que hoy iban a talar los árboles de la cuadra. Eran olmos que tenían la enfermedad holandesa y podían infectar a todos los demás olmos de la ciudad si no los cortaban de inmediato.

—Lamentablemente, no podemos hacer nada para salvarlos —contestó su papá.

—Quizás plantar árboles nuevos nos alegraría el ánimo —sugirió Bárbara con una sonrisa—. ¿Qué te parece si vamos a la universidad y le pedimos a un especialista que nos recomiende qué sembrar?

1 ¿Por qué iban a talar los olmos?

   A Iban a construir una acera.

   B Los olmos tenían una enfermedad.

   C Iban a plantar otro tipo de árboles.

   D A Bárbara le gustaban los árboles.

2 ¿Cuál de las siguientes es una OPINIÓN de uno de los personajes del pasaje?

   F Plantar nuevos árboles les alegraría el ánimo.

   G Bárbara y su padre van a ir a la universidad.

   H Los olmos infectados contagiarían a los demás.

   J Todos los árboles de la cuadra eran olmos.

Arte y Literatura

Desde la antigüedad, la naturaleza ha servido como fuente de inspiración a muchos artistas. Algunos la combinan con elementos fantásticos, y otros la retratan de manera realista, presentando ante nuestros ojos los problemas a que deben enfrentarse los animales para sobrevivir.

Observa el cuadro. ¿Qué está haciendo el leopardo? ¿Crees que esto representa un problema para los argalíes? ¿Crees que éstos tienen miedo? ¿Qué te hace pensar eso?

Mira de nuevo el cuadro. ¿Crees que los argalíes que vienen detrás se han dado cuenta de que hay un leopardo? ¿Cómo lo sabes?

Un leopardo de las nieves acechando argalíes
Joseph Wolf, 1890

CONOZCAMOS A
Rafael Rivero Oramas

Rafael Rivero Oramas es uno de los escritores de literatura infantil más destacados de Latinoamérica.

Fundó varias revistas para niños y durante 30 años escribió y dirigió un programa de radio en el que narraba historias del folklore venezolano.

Bajo el nombre de Tío Nicolás, escribió maravillosas versiones de cuentos tradicionales reunidas en el libro *El mundo de Tío Conejo.* En estas divertidas aventuras casi siempre se aprende alguna lección. En "La piedra del zamuro", vemos que para superar dificultades la única magia es la inteligencia y el coraje.

CONOZCAMOS A
Susana López

La ilustradora Susana López busca la inspiración para sus ilustraciones en las cosas que la rodean en la vida diaria. Por eso, cuando ilustró su primer libro, "La piedra del zamuro", decidió comprarse un conejo y familiarizarse con su personaje: el pícaro Tío Conejo.

Susana López también ha ilustrado otro cuento del Tío Nicolás: *Tío Caricari* y muchos otros cuentos de la tradición oral latinoamericana.

La piedra del zamuro

Rafael Rivero Oramas

ilustraciones
de Susana López

Una tarde Tío Zorro
estuvo a punto de atrapar
a Tío Conejo. Fue en el pozo,
mientras Tío Conejo bebía, tranquilo, sin saber
que Tío Zorro lo miraba agazapado entre las matas.
De repente, Tío Zorro dio un gran salto para caer justo
sobre él, pero Tío Conejo alcanzó a oírlo y escapó.

$\mathcal{C}$orrió monte adentro con Tío Zorro pegado atrás.
Brincando de una mata a otra, logró despistarlo. Ya fatigado,
se tendió en una gramita húmeda a descansar. Miraba los hele-
chos y las grandes mariposas azules mientras el corazón
se le aquietaba. En eso, una ramita crujió. Tío Conejo
se enderezó atento. Ya iba a correr cuando vio
asomarse a Tío Morrocoy.

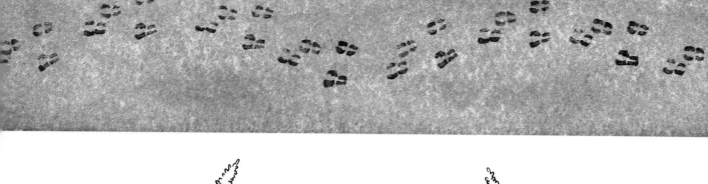

—Pero si es usted, Tío Morrocoy —dijo Tío Conejo—.
¡Qué susto me ha dado!

—¿Y de quién escapas hoy, Tío Conejo? —preguntó con
su voz seca Tío Morrocoy.

—Ahorita, de Tío Zorro; ayer, de Tío Tigre; antes de ayer,
de Tío León y la semana pasada de Tío Gavilán. ¿Qué le
parece?

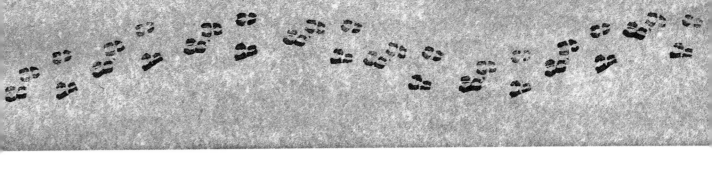

—Resígnate, Tío Conejo. Ésa es la suerte de nosotros, los pequeños —dijo tranquilo el morrocoy.

—Ah sí, para usted es fácil decirlo. Con ese tremendo carapacho que carga —dijo Tío Conejo—, nadie se atreve a meterle el diente. Ni tampoco al cachicamo ni al puercoespín. Todos tienen con qué defenderse: Tío Venado y Tío Toro tienen sus cuernos, y las aves tienen sus alas. Y, míreme a mí, yo no tengo nada.

—¿Y tus veloces piernas, Tío Conejo? ¿No crees que son tus mejores armas? —le preguntó Tío Morrocoy.

—Es verdad —dijo Tío Conejo—. Pero no me bastan mis piernas. Yo quisiera algo más. ¡Cómo me gustaría pelear con los animales más feroces y ganarles siempre!

—Para eso necesitarías la piedra del zamuro, Tío Conejo. Los animales de la selva dicen que es el mejor amuleto contra el peligro y que da poderes mágicos a quien la posee. Pero es muy difícil conseguirla. Sólo se encuentra en el nido del Rey Zamuro.

Desde ese día Tío Conejo sólo pensó en la piedra del zamuro. ¡Qué bueno sería ser invencible y poderoso! ¡Qué bueno sería!

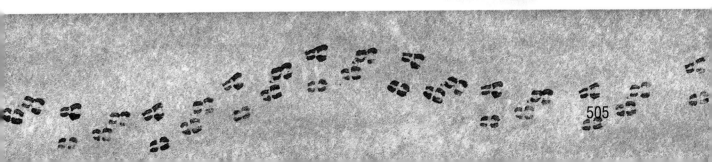

Pasó el tiempo, terminaron las lluvias y llegó el verano.

Una mañana, Tío Conejo vio volando muy alto en el cielo a un gran pájaro de amplias alas y hermosos colores. ¡Era el Rey Zamuro! Volaba sin esfuerzo hacia las montañas azules que se veían en el horizonte. "¡Seguro que allí está su nido!", pensó Tío Conejo y corrió veloz, siguiéndolo.

Corrió mucho, mucho, hasta que llegó, jadeando, al pie de las empinadas montañas. Desde allí vio cómo el Rey Zamuro se remontaba aún más para desaparecer por una grieta del picacho más alto, allá, casi entre las nubes.

Tío Conejo tomó aliento y comenzó a trepar. Por fin llegó junto al nido y sin pararse a descansar le contó al Rey Zamuro por qué quería la piedra mágica.

—La piedra está aquí, en mi nido —graznó el Rey Zamuro—. Pero no puedo dártela ahora. Primero tienes que cumplir cuatro pruebas.

Tío Conejo estaba feliz y dijo: —Mande usted, Tío Rey Zamuro. Yo haré lo que me diga.

—Pon atención —dijo el rey—. Te entregaré la piedra cuando me hayas traído lo siguiente: un colmillo de caimán, una culebra sabanera, un pelo de las barbas del león y algunas lágrimas de tigre.

Tío Conejo bajó de la montaña y esa noche durmió contento.

A la mañana siguiente cogió su cuatro y un garrote y se fue a la orilla del río. Allí se puso a cantar:

Un colmillo de caimán
busco de cualquier manera
y también una culebra
que llaman la sabanera.

Busco lágrimas de tigre
y, aunque haya complicación,
yo conseguiré un pelito
de las barbas de Tío León.

Tío Sapo dormitaba entre los juncos de la orilla y al escuchar el cuatro y la canción se despabiló. Dando salticos se acercó a Tío Conejo para hacer la segunda voz. Juntos cantaron y bailaron y luego, Tío Sapo cogió el cuatro para tocar unas coplas.

Apenas con la punta del hocico asomada sobre la superficie del río, Tío Caimán dormía. El ruido que hacían los músicos le hizo despertar de mal humor.

Lentamente se fue acercando a los cantores. Tío Conejo lo miraba con un ojo. Tío Caimán avanzaba. Traía la inmensa boca abierta. Cuando calculó que lo tenía a buena distancia, Tío Conejo le dio un solo golpe con el garrote. Un enorme colmillo saltó por el aire. Tío Conejo lo cogió al vuelo y con tres brincos se alejó.

Al otro día, Tío Conejo preparó un tapón bien ajustado para su tapara encabullada y salió a buscar a la culebra sabanera. La encontró tomando el sol junto a unos bejucos y la saludó: —Hola, Tía Culebra. Justamente de usted estaban hablando unos animales, allí cerca de la laguna.

—¿Y qué decían? —dijo la culebra desenrollándose.

—Pues... no eran cosas muy buenas.

—¿Cómo va a ser? —silbó la sabanera—. Dime qué decían esos chismosos —y miró a Tío Conejo con sus ojos amarillos.

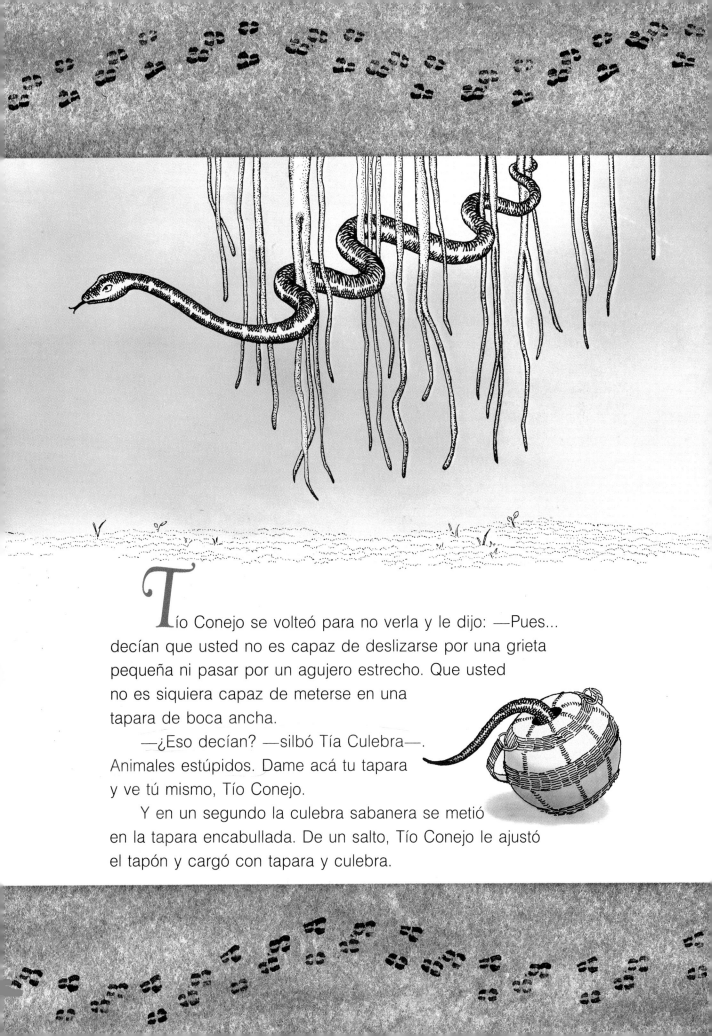

Tío Conejo se volteó para no verla y le dijo: —Pues...
decían que usted no es capaz de deslizarse por una grieta
pequeña ni pasar por un agujero estrecho. Que usted
no es siquiera capaz de meterse en una
tapara de boca ancha.

—¿Eso decían? —silbó Tía Culebra—.
Animales estúpidos. Dame acá tu tapara
y ve tú mismo, Tío Conejo.

Y en un segundo la culebra sabanera se metió
en la tapara encabullada. De un salto, Tío Conejo le ajustó
el tapón y cargó con tapara y culebra.

De regreso a su casa se topó con Tío León. Se le veía contento, con la barriga llena, y Tío Conejo se atrevió a saludarlo: —Hola, Tío León. Qué bien se le ve.

El león sonrió satisfecho y a Tío Conejo se le ocurrió una idea. Se acercó y se le quedó mirando fijamente.

—No puede ser —dijo—. No puede ser que usted tenga en su barba un pelo gris como los de Tío Burro. ¡Qué mal se ve todo un león con un pelo de burro!

Tío León gruñó: —¿Y a qué esperas, Tío Conejo? Arráncamelo de una vez.

Y Tío Conejo hizo enseguida lo que Tío León le ordenaba.

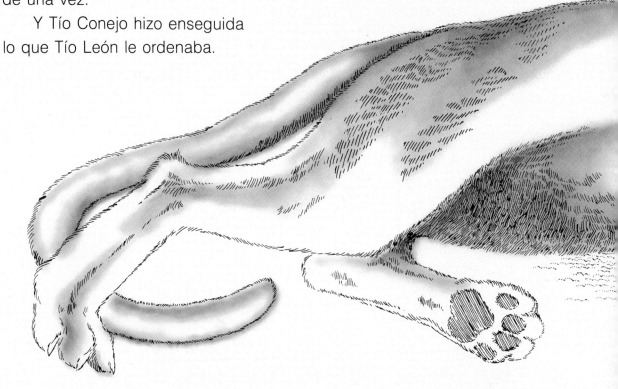

Esa tarde en su casa, Tío Conejo exprimió el jugo de varios limones en una taparita. "Ya tengo colmillo, culebra y pelito. Sólo me faltan las lágrimas de Tío Tigrito", canturreaba.

Muy temprano al día siguiente se fue camino de la casa de Tío Tigre. Cerca de allí se encaramó a un samán y se puso a esperar. Al rato, pasó Tío Tigre todavía soñoliento pero con mucha hambre. Tío Conejo habló duro desde el árbol: —¡Qué sabroso está este paují! ¿No quiere compartir mi desayuno, Tío Tigre?

—¿Compartir? Nada de eso. Paují y conejo serán mi desayuno —rugió Tío Tigre y trepó al samán.

—Por aquí —gritó Tío Conejo desde arriba.

Tío Tigre miró las ramas altas del samán y en ese mismo instante, Tío Conejo le lanzó a los ojos el jugo de limón.

Tío Tigre rugió y lloró. Por su nariz rodaron unas enormes lagrimotas. Tío Conejo tuvo tiempo de ir a lavar la taparita al río y recoger de regreso diez lágrimas de tigre.

Al día siguiente, se presentó en el nido del Rey Zamuro.

—Aquí están los cuatro encargos que me hizo —dijo Tío Conejo.

El Rey Zamuro examinó con cuidado el colmillo del caimán, la culebra sabanera, el pelito del león y las lágrimas del tigre. Y se quedó pensativo.

—Ahora me puede dar la piedra del zamuro —dijo Tío Conejo orgulloso.

—Sí, ahora puedo dártela —dijo el Rey Zamuro, y con el pico le alargó una piedra redonda y blanca.

Tío Conejo la tocó. Era lisa y fría y parecía brillar con la luz. Tío Conejo estaba feliz.

—Pero hay algo que tengo que decirte, Tío Conejo —graznó el Rey Zamuro—. Ésa es una piedra de estas montañas que mis hijos y yo hemos alisado afilando en ella nuestros picos. Es una piedra cualquiera. No es una piedra mágica ni puede darte ningún poder.

Tío Conejo no podía creerlo. Se veía tan blanca y pulida. Tenía que haber un poder oculto en ese trozo de roca.

—El poder no está en la piedra —continuó el Rey Zamuro—, sino en ti mismo. Guárdala para que recuerdes que sin ella lograste cuatro cosas casi imposibles.

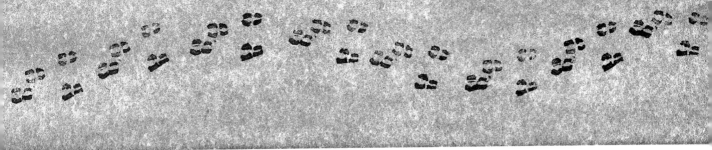

Tío Conejo bajó sin prisa de la montaña. Guardó la piedra del zamuro y cada vez que lo persigue Tío Tigre, toca su amuleto y se acuerda de sus cuatro hazañas. Entonces el mundo le parece más luminoso y sus piernas más veloces.

Preguntas y actividades

1 ¿Qué es la piedra del zamuro?

2 ¿Qué tiene que llevarle Tío Conejo al Rey Zamuro?

3 ¿Cómo sabía Tío Morrocoy que existía la piedra del zamuro? ¿En qué te basas para pensar eso?

4 ¿Cuál es la moraleja de este cuento tradicional?

5 Piensa en otro cuento tradicional que hayas leído y compara su moraleja con la de "La piedra del zamuro".

Escribir un informe

¿Habías oído hablar de los zamuros o zopilotes antes de leer este cuento? ¿Alguna vez has visto uno? Investiga cómo son los zamuros, dónde habitan y de qué se alimentan, y escribe un informe con lo que averigües. Ilustra tu informe con fotos o dibujos.

Inventar problemas de matemáticas

Inventa 3 problemas de matemáticas usando algunos de los siguientes datos:

- Tío Conejo corre a 72 km/h.

- Tío Morrocoy corre a 0.016 km/h.

- Tío Zorro corre a 64 km/h.

- Tío León corre a 31 km/h.

Intercambia problemas con un compañero o compañera y resuélvelos.

Representar una entrevista

Tío Conejo parece un personaje muy ingenioso. Imagínate que tienes la oportunidad de entrevistarlo. ¿Qué le preguntarías? Prepara tarjetas con tus preguntas y pídele a un compañero o compañera que conteste como lo haría Tío Conejo.

Investigar

"La piedra del zamuro" es un cuento del folklore venezolano. ¿Sabías que la costumbre de contar cuentos es muy antigua? Busca más información sobre la tradición de contar cuentos. Consulta una enciclopedia o un libro sobre literatura tradicional. Escribe un párrafo sobre lo que averigües y léeselo a tus compañeros.

Usar el catálogo general: Fichas de autor y de título

El **catálogo general** de una biblioteca te ayuda a encontrar los libros que buscas. En el catálogo hay fichas de título, autor y tema, ordenadas alfabéticamente. Las **fichas de autor** te ayudan a encontrar los libros por autor. Las **fichas de título** te ayudan a encontrar un libro por su título. También puedes hallar el catálogo en la computadora.

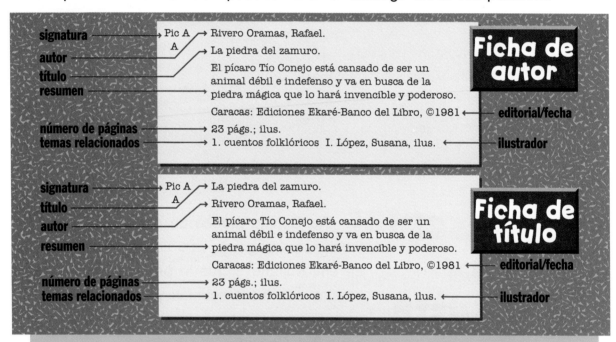

Usa las fichas para responder a las siguientes preguntas.

1 ¿Qué ficha usarías si sólo supieras el nombre del autor?

2 ¿Cuándo usarías la ficha de título?

3 ¿Es *La piedra del zamuro* un libro reciente? Explica.

4 ¿Tiene ilustraciones el libro de Rafael Rivero Oramas? ¿Cómo lo sabes?

5 ¿Por qué es importante saber usar el catálogo general?

INDICACIONES:

Lee el texto. Luego lee cada una de las preguntas.

MODELO

Carlos quita la nieve

Carlos se sacudió la nieve de las botas. Estaba acalorado y frustrado. Entró en la cocina, lanzó su gorro sobre una silla y comenzó a quitarse las botas. Su tía Teresa terminó de servirse una taza de café y le preguntó:

—¿Qué te pasa?

—¡Hace media hora que empecé a quitar la nieve con la pala y ya estoy exhausto! Tenía que irme caminando al cine para encontrarme con Gustavo, pero voy a llegar tarde.

—Vuelve a ponerte las botas y te llevo en mi auto al pueblo. Puedes terminar de quitar la nieve después de la película.

1 ¿Por qué está frustrado Carlos al comienzo del pasaje?

A No le cae bien su tía Teresa.

B Va a llegar tarde al cine.

C Se olvidó de que tenía que encontrarse con Gustavo.

D No quería ir al cine.

2 ¿Dónde tiene lugar el pasaje?

F en la escuela

G en la entrada al garaje

H en la cocina

J en el centro comercial

Arte y Literatura

Esta fotografía muestra una escena de una antigua película del cine mudo. Tanto las películas antiguas como las actuales suelen presentar a personajes que tienen que tomar importantes decisiones.

Observa esta fotografía de una escena de la película *Tiempos modernos*. ¿Qué puedes decir acerca de la película? ¿Qué decisión tiene que tomar el personaje representado por Charlie Chaplin? ¿Está tratando de ayudar al trabajador atrapado en los engranajes? ¿Crees que Chaplin está tratando de detener la máquina? ¿Qué te hace pensar eso? ¿Qué nos querrá decir el cineasta sobre la relación entre el hombre y la máquina en el mundo moderno?

Vuelve a observar la fotografía. ¿Qué te indica que se trata de una película antigua? Explica qué máquina usarías si te tocara hacer esta película hoy en día.

Escena de Tiempos modernos, 1936

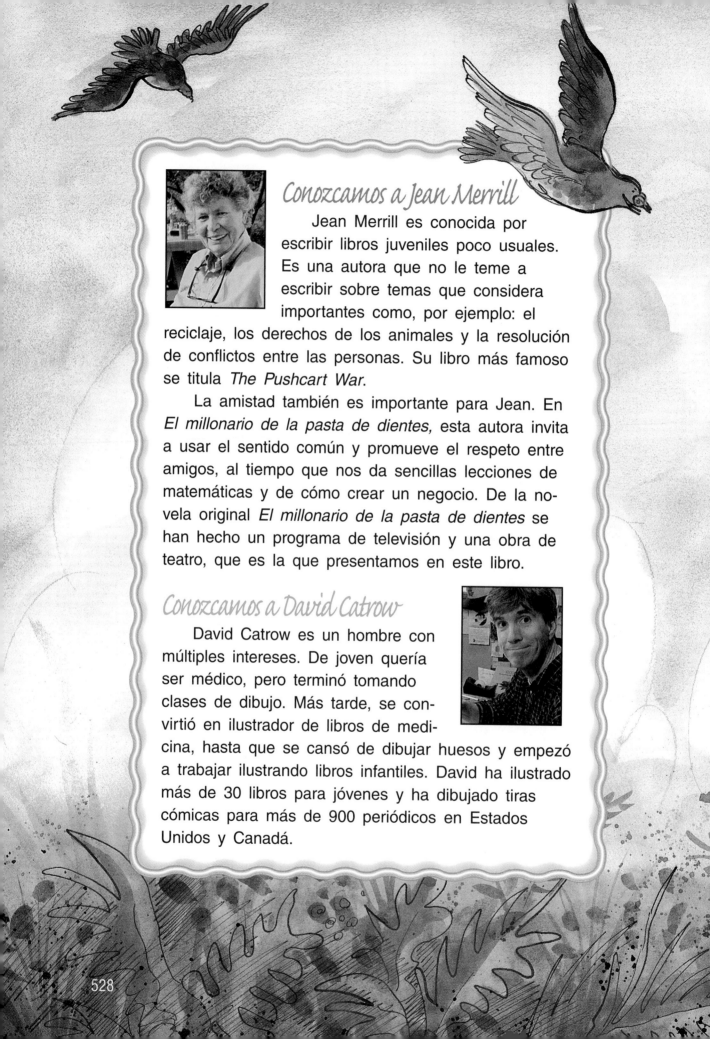

Conozcamos a Jean Merrill

Jean Merrill es conocida por escribir libros juveniles poco usuales. Es una autora que no le teme a escribir sobre temas que considera importantes como, por ejemplo: el reciclaje, los derechos de los animales y la resolución de conflictos entre las personas. Su libro más famoso se titula *The Pushcart War*.

La amistad también es importante para Jean. En *El millonario de la pasta de dientes,* esta autora invita a usar el sentido común y promueve el respeto entre amigos, al tiempo que nos da sencillas lecciones de matemáticas y de cómo crear un negocio. De la novela original *El millonario de la pasta de dientes* se han hecho un programa de televisión y una obra de teatro, que es la que presentamos en este libro.

Conozcamos a David Catrow

David Catrow es un hombre con múltiples intereses. De joven quería ser médico, pero terminó tomando clases de dibujo. Más tarde, se convirtió en ilustrador de libros de medicina, hasta que se cansó de dibujar huesos y empezó a trabajar ilustrando libros infantiles. David ha ilustrado más de 30 libros para jóvenes y ha dibujado tiras cómicas para más de 900 periódicos en Estados Unidos y Canadá.

El millonario de la pasta de dientes

Obra de teatro de Susan Nanus,
basada en la novela de Jean Merrill.

Ilustraciones de David Catrow

Rodolfo Flores era un muchacho con ideas tan buenas que se volvió millonario. Jamás pensó crear una empresa con mucho éxito; sólo tuvo la iniciativa de ponerse a trabajar, y de hacer que sus ideas y sus amigos trabajaran también. Rodolfo se hizo muy famoso. En esta obra de teatro es entrevistado en el programa "Platicando con Pepe Palma".

PERSONAJES

Pepe Palma

Rodolfo Flores

Sara Martínez

Sr. Conde

Berta

Rosita

Tito

Jaime

Rematador

Cliente #1

Cliente #2

Cliente #3

Héctor

José

Silvia

Compañeros de clase

Sr. Pérez

Secretaria del Sr. Pérez

531

Un largo banco atraviesa el centro del escenario. Hay un gran pizarrón portátil detrás. Al frente izquierdo del escenario hay una mesa larga con varios tazones, y al derecho hay una mesa más pequeña y dos sillas. Al abrirse el telón PEPE PALMA y RODOLFO están sentados a la mesa pequeña.

PEPE: ¡Bienvenidos a "Platicando con Pepe Palma"! Hoy tenemos a un invitado fantástico que ha usado su fantástica cabeza para hacerse millonario. Con ustedes, Rodolfo Flores de East Cleveland, Ohio. *(a Rodolfo)* ¡Bienvenido, Rodolfo!

RODOLFO: Gracias, Sr. Palma.

PEPE: Bien Rodolfo, mi primera pregunta es la que todos quieren hacerte. ¿Cómo te las ingeniaste para hacer tanto dinero?

RODOLFO: Bueno, no traté de hacer dinero, sino de hacer pasta de dientes, nada más.

PEPE: Bueno, Rodolfo. ¿Cómo se te ocurrió esa idea tan brillante?

RODOLFO: Todo comenzó un día en la farmacia de descuento. Estaba con mi amiga Sara haciendo compras para mamá.

(SARA sale al centro del escenario. RODOLFO se le acerca. SARA hace ademán de empujar un carrito de compras. RODOLFO saca una lista.)

RODOLFO: Bueno, vamos a ver. Necesito una pasta de dientes.

SARA: Aquí está.

(SARA finge darle un tubo.)

RODOLFO: ¿Un dólar treinta y nueve centavos por un tubo de pasta de dientes de seis pulgadas? ¡Qué locura!

SARA: Es mejor que este otro de un dólar ochenta y nueve centavos.

RODOLFO: ¡Más cara todavía! ¿Qué contienen estos tubos? Sólo un poco de pasta con sabor a menta.

SARA: Quizás cuesta mucho dinero hacer pasta de dientes.

RODOLFO: ¿Quién sabe? Yo nunca he tratado, pero te apuesto a que no es difícil. Deja ese tubo donde estaba.

SARA: Pero Rodolfo, tu mamá te pidió pasta de dientes. Aunque sea cara tienes que comprarla.

RODOLFO: La haré yo mismo. Te apuesto que hago un galón por menos de un dólar.

533

(SARA se sienta en el banco. RODOLFO regresa a la mesa pequeña para continuar la entrevista con Pepe Palma.)

PEPE: ¡Fantástico! Supongo que trabajaste día y noche creando tu fórmula secreta.

RODOLFO: No. Usé cosas que se pueden comprar por pocos centavos y las mezclé en unos minutos. El ingrediente principal fue puro bicarbonato de soda.

PEPE: ¿Qué pasó después?

RODOLFO: A la mañana siguiente, Sara pasó por mi casa camino a la escuela.

(RODOLFO va a la mesa larga. SARA se le acerca.)

SARA: ¿Qué estás haciendo?

RODOLFO: Ya la hice.

(Le da a SARA una cucharada.)

No te la comas. Frótate un poquito en los dientes.

(SARA la prueba.)

SARA: ¿Qué tiene esto?

RODOLFO: Una gota de aceite de menta. ¡Tengo suficiente para hacer cuarenta tubos!

SARA: ¡Ajá! Deja que lo sepan en la escuela. ¡Vamos!

(SARA y RODOLFO corren hacia el banco y se sientan. BERTA, ROSITA y TITO salen y se unen a ellos. Todos están frente al SR. CONDE, su maestro de matemáticas, quien está junto al pizarrón.)

SR. CONDE: Bien, saquen los libros de matemáticas.

(RODOLFO le pasa una nota a BERTA, quien se la da a ROSITA, y ella a TITO, quien se la pasa a SARA. SARA abre la nota.)

SR. CONDE: Sara Martínez, ¿quiere darme esa nota, por favor?

SARA: Bueno, no es una nota exactamente, Sr. Conde.

SR. CONDE: Ya lo veo. Supongo que es un problema de matemáticas.

SARA: Parece que sí, Sr. Conde.

SR. CONDE: *(lee)* Hay como 226 millones de personas en Estados Unidos. Cada una compra unos diez tubos de pasta de dientes al año. ¡Eso da dos mil doscientos sesenta millones de tubos al año! Si un inventor hace una nueva pasta de dientes, vende sólo *mil* millones de tubos, y gana un centavo por tubo, ¿cuánto ganaría en total? *(Levantando la vista)* Bien, chicos, ¿cómo harían este cálculo?

BERTA: Multiplicaríamos mil millones por un centavo o sea .01. Eso vendría siendo…

TODOS: ¡Diez millones de dólares!

536

ROSITA: ¿Tú inventaste una pasta de dientes, Rodolfo?

BERTA: ¿Cómo se llama?

TITO: ¿Cuánto cuesta?

SR. CONDE: Vamos, chicos, cálmense.

(RODOLFO se pone de pie y vuelve a sentarse a la mesa pequeña con PEPE PALMA.)

RODOLFO: La llamé *Pasta de Dientes*.

PEPE: ¿No la llamaste *Brillo* o *Resplandor*?

RODOLFO: No. La llamé simplemente *Pasta de Dientes*. Sara y yo la empacamos en frasquitos esterilizados de comida para bebé. Íbamos en bicicleta a repartirla a los clientes.

PEPE: ¿A cómo la vendías?

RODOLFO: Como me costaba dos centavos hacerla, la vendí a tres, a menos que tuviera que mandarla por correo a otro lugar. En ese caso incluí el franqueo. En un par de meses tenía tantos clientes que mis compañeros de clase tuvieron que ayudarme.

(RODOLFO, SARA, BERTA, ROSITA y TITO van a la mesa con los tazones. Hacen ademán de llenar los frasquitos.)

BERTA: Rodolfo, ¿qué harías si tuvieras que pagarnos por todo este trabajo?

ROSITA: Pasamos horas lavando los frasquitos y llenándolos con *Pasta de Dientes*.

RODOLFO: Todavía no tengo ganancias y no puedo pagarles. El dinero que estoy haciendo lo uso para comprar más ingredientes para la *Pasta de Dientes*. Pero puedo darles acciones de mi compañía.

BERTA: ¿Acciones? ¿Para qué sirven?

RODOLFO: A fin de año, cada accionista recibirá parte de las ganancias anuales.

SARA: ¿Como en ese juego "La Bolsa de Valores"?

RODOLFO: Sí. El que trabaje cien horas ayudándome a hacer la *Pasta de Dientes*, recibirá un certificado de acciones, que le dará derecho a una parte de las ganancias de la compañía. Utilizaré los certificados de acciones de mi juego.

SARA: Mira, yo ya he trabajado más de doscientas horas.

RODOLFO: Entonces tú eres la primera accionista.

(RODOLFO regresa adonde está PEPE PALMA a continuar con la entrevista.)

PEPE: ¡Es fascinante! ¿Qué pasó después?

RODOLFO: Le toca a Sara contar la próxima parte de la historia.

(SARA habla con TITO, BERTA y ROSITA, quienes siguen trabajando en la mesa larga.)

SARA: ¿Saben una cosa? Me gustaría que tuviéramos tubos de verdad en vez de estos frasquitos de comida para bebé.

TITO: Sería mejor.

SARA: ¿Cómo podría conseguir algunos tubos?

BERTA: Aunque pudieras conseguirlos, te apuesto a que son caros.

SARA: Los voy a buscar. *(Mira el reloj.)* ¡Ay! Ya me tengo que ir a casa. ¡Hasta mañana!

(SARA se aleja de la mesa larga y regresa al banco. Sale su hermano JAIME leyendo un periódico. Se sienta en el banco.)

SARA: Hola, Jaime.

JAIME: No me molestes. Estoy leyendo.

SARA: ¡Aaahh, disculpa! Para mí eso no es leer. Es sólo una lista de compañías que han cerrado.

JAIME: Puede ser muy útil, ¿sabes? Vamos a ver... *(lee)*... equipo de heladería... asientos para ruedas de feria... 15 camiones con remolque... 50 gruesas de tubos de aluminio de alta calidad...

SARA: ¿Dijiste *tubos*? Déjame ver. *(Mira el periódico.)* No dan el precio.

JAIME: Claro que no lo dan. Tienes que ir al remate y hacer una oferta.

SARA: ¿Un remate? ¿Dónde?

JAIME: En el depósito de los Hermanos Pulaski. Alguien que tenía muchos tubos cerró el negocio.

(JAIME deja el escenario. SARA está de pie detrás del banco. Durante el remate varios CLIENTES permanecen de pie cerca de SARA. Sale el REMATADOR. Mira a los CLIENTES y a SARA.)

540

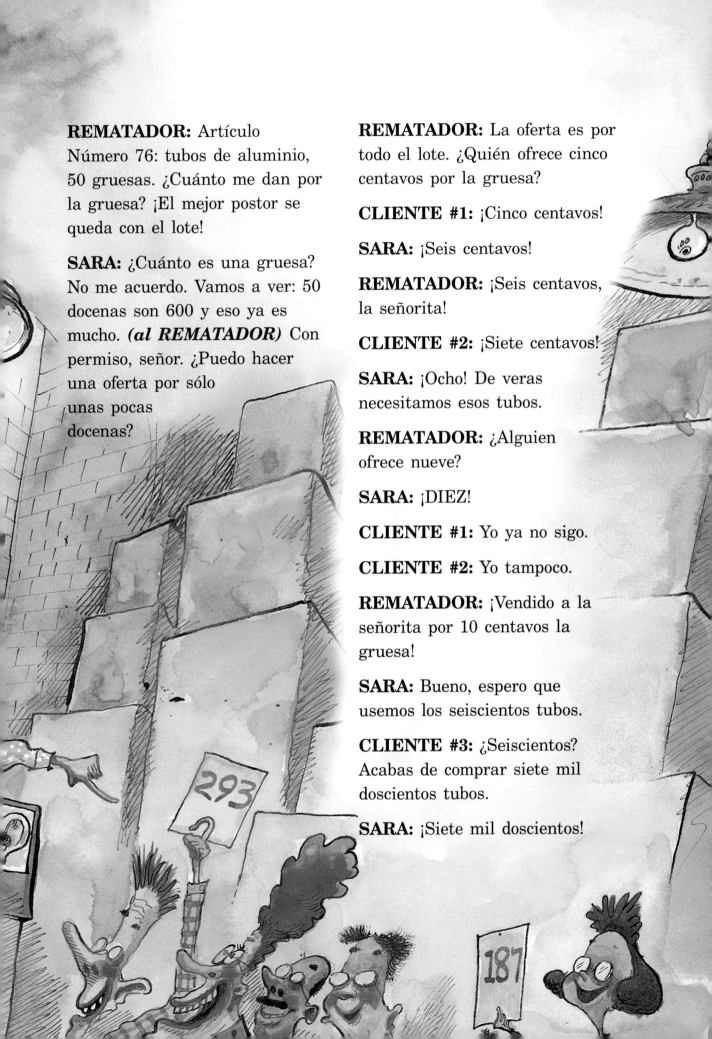

REMATADOR: Artículo Número 76: tubos de aluminio, 50 gruesas. ¿Cuánto me dan por la gruesa? ¡El mejor postor se queda con el lote!

SARA: ¿Cuánto es una gruesa? No me acuerdo. Vamos a ver: 50 docenas son 600 y eso ya es mucho. *(al REMATADOR)* Con permiso, señor. ¿Puedo hacer una oferta por sólo unas pocas docenas?

REMATADOR: La oferta es por todo el lote. ¿Quién ofrece cinco centavos por la gruesa?

CLIENTE #1: ¡Cinco centavos!

SARA: ¡Seis centavos!

REMATADOR: ¡Seis centavos, la señorita!

CLIENTE #2: ¡Siete centavos!

SARA: ¡Ocho! De veras necesitamos esos tubos.

REMATADOR: ¿Alguien ofrece nueve?

SARA: ¡DIEZ!

CLIENTE #1: Yo ya no sigo.

CLIENTE #2: Yo tampoco.

REMATADOR: ¡Vendido a la señorita por 10 centavos la gruesa!

SARA: Bueno, espero que usemos los seiscientos tubos.

CLIENTE #3: ¿Seiscientos? Acabas de comprar siete mil doscientos tubos.

SARA: ¡Siete mil doscientos!

(Los CLIENTES y el REMATADOR se van. SARA regresa a la mesa larga con ROSITA, BERTA y TITO.)

SARA: Se me olvidó que hay doce docenas en una gruesa. Lo que yo compré son doce por doce por cincuenta.

TITO: ¿Hay algún tipo de máquina que llene tubos?

BERTA: Tal vez en el lugar de donde vienen estos tubos.

SARA: Vamos a ver si hay un nombre en la caja. *(Hace ademán de mirar la caja y lee:)* Compañía de Cosméticos Labiofeliz. Voy a ir a averiguar.

(HÉCTOR sale al escenario. Mueve el banco y le da vuelta al pizarrón frente al escenario para mostrar el diagrama de una máquina muy complicada.)

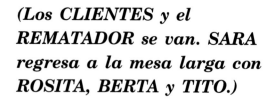

(SARA *se acerca a*
HÉCTOR.)

HÉCTOR: ¿Qué deseaba?

SARA: Nada, gracias. Estoy
mirando a ver si hay...

HÉCTOR: ¿Qué?

SARA: Una máquina. Un amigo
mío necesita cierto tipo de
máquina para llenar tubos de
pasta de dientes.

HÉCTOR: ¿Tubos de pasta de
dientes?

SARA: Sí, como éste.

(*Saca un tubo y se lo muestra.*)

HÉCTOR: ¡Ah, por supuesto!
Ese es el Número 5, de aluminio
con base redonda.

SARA: ¿Usted está en el negocio
de pasta de dientes?

HÉCTOR: No, yo era mecánico
en la Compañía de Cosméticos
Labiofeliz. Pero, ¿está *su* amigo
en el negocio de pasta de
dientes?

SARA: Sí. ¿Le queda alguna
máquina de llenar tubos?

HÉCTOR: ¡Sí, me queda! Es la
mejor máquina del mundo.

543

(HÉCTOR le muestra a SARA la máquina en el pizarrón.)

HÉCTOR: La Compañía de Cosméticos Labiofeliz le debía tanto alquiler al dueño del edificio que tuvo que darle esta máquina. El dueño me paga algo por vigilar la fábrica.

SARA: Esa máquina parece una maravilla.

HÉCTOR: Sí, señorita. Si su amigo alquilara este lugar y me contratara para cuidar la maquinaria, podríamos comenzar a producir mañana mismo. ¿Tienen muchos pedidos?

SARA: Más de cinco mil.

HÉCTOR: ¿Lo lograrán? El alquiler es de trescientos dólares al mes, más o menos.

SARA: ¿El alquiler? ¡Ah, se me había olvidado! Y, ¿cuánto quiere ganar *usted*?

HÉCTOR: En Labiofeliz ganaba ocho dólares la hora; estaré contento con lo mismo.

SARA: Mmmmm... me parece que será mejor reunir a los accionistas.

(La entrevista continúa.
RODOLFO habla con PEPE
PALMA.)

RODOLFO: De esa manera nos
reunimos y lo discutimos. Para
ese entonces, también había otros
chicos trabajando con nosotros.

(BERTA, ROSITA y TITO
retiran los tazones de la
mesa. Traen sillas. SARA y
RODOLFO se sientan a cada
extremo de la mesa larga.
BERTA, ROSITA, TITO,
JOSÉ, SILVIA y otros
COMPAÑEROS DE CLASE se
sientan alrededor.)

RODOLFO: Bueno, yo diría que
necesitamos como $15,000.

TITO: ¿Y de dónde sacamos ese
dinero? ¿Entramos a un banco a
pedirlo?

RODOLFO: ¿Por qué no? ¿No
es eso lo que hace la gente de
negocios? Iré al Banco Somos
Amigos y ¡pediré un préstamo!

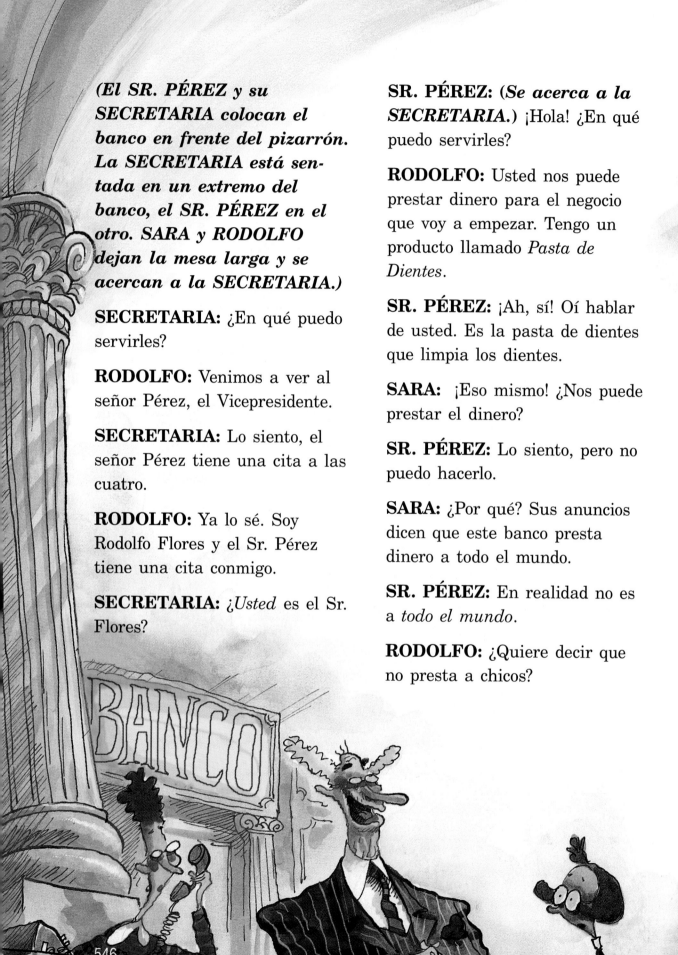

(*El SR. PÉREZ y su SECRETARIA colocan el banco en frente del pizarrón. La SECRETARIA está sentada en un extremo del banco, el SR. PÉREZ en el otro. SARA y RODOLFO dejan la mesa larga y se acercan a la SECRETARIA.*)

SECRETARIA: ¿En qué puedo servirles?

RODOLFO: Venimos a ver al señor Pérez, el Vicepresidente.

SECRETARIA: Lo siento, el señor Pérez tiene una cita a las cuatro.

RODOLFO: Ya lo sé. Soy Rodolfo Flores y el Sr. Pérez tiene una cita conmigo.

SECRETARIA: ¿*Usted* es el Sr. Flores?

SR. PÉREZ: (*Se acerca a la SECRETARIA.*) ¡Hola! ¿En qué puedo servirles?

RODOLFO: Usted nos puede prestar dinero para el negocio que voy a empezar. Tengo un producto llamado *Pasta de Dientes.*

SR. PÉREZ: ¡Ah, sí! Oí hablar de usted. Es la pasta de dientes que limpia los dientes.

SARA: ¡Eso mismo! ¿Nos puede prestar el dinero?

SR. PÉREZ: Lo siento, pero no puedo hacerlo.

SARA: ¿Por qué? Sus anuncios dicen que este banco presta dinero a todo el mundo.

SR. PÉREZ: En realidad no es a *todo el mundo.*

RODOLFO: ¿Quiere decir que no presta a chicos?

(*El SR. PÉREZ y la SECRE-TARIA se alejan. RODOLFO y SARA regresan a la mesa larga. HÉCTOR acerca una silla.*)

HÉCTOR: ¡Increíble! Los rechazaron sólo por ser menores de edad. Tenemos la máquina. Tenemos el producto. ¡Podemos hacer una fortuna!

RODOLFO: Es cierto, Héctor. Estoy seguro de que si tuvieras el dinero me harías un préstamo.

HÉCTOR: ¡Con toda seguridad!

RODOLFO: ¡Muy bien, Héctor! Ve a hablar con el Sr. Pérez y pídele que te preste el dinero.

HÉCTOR: ¿A mí?

RODOLFO: Te haré gerente de la fábrica de pasta de dientes. El dinero que pidas prestado servirá para pagar tu sueldo por un año, y para pagar el alquiler y comprar más tubos. También te daré acciones de la compañía.

HÉCTOR: ¿Quieres decir que yo sería dueño de una parte del negocio? ¡Sería maravilloso!

(*RODOLFO regresa a sentarse con PEPE PALMA.*)

PEPE: ¡Es increíble! ¿Conseguiste el dinero?

RODOLFO: ¡Por supuesto! Luego tuvimos que buscar más clientes. Mi amigo Tito tenía una cámara de cine. Nos reunimos y decidimos hacer el anuncio comercial "más honesto".

(BERTA, ROSITA y SARA se van al centro del escenario. TITO, de rodillas en frente de ellas, hace ademán de filmarlas.)

TITO: Listos... ¡Acción!

BERTA: No tiene un nombre atractivo.

ROSITA: Ni promete fantasía.

SARA: Lo único que promete la *Pasta de Dientes* es limpiar los dientes.

BERTA: La fabricamos económicamente para no cobrar mucho por ella.

SARA: Por eso, la *Pasta de Dientes* viene en una simple cajita de cartoncillo. Así mantenemos los precios bajos.

ROSITA: Solamente ganamos un centavo por tubo, pero creemos que limpia tan bien como las marcas más caras.

TITO: ¡CORTEN!

(PEPE PALMA continúa la entrevista con RODOLFO.)

PEPE: ¿Qué volumen tiene ahora el negocio?

RODOLFO: Le contaré que tuvimos que encargar tres máquinas más y emplear a diez personas a tiempo completo.

PEPE: ¡Fantástico! Rodolfo, sin lugar a dudas, eres el Millonario de la *Pasta de Dientes.* ¿Cuál será tu próximo paso? ¿Piensas en algo nuevo?

RODOLFO: *(Sonríe)* Todavía no. Pero no me preocupo. Lo único que debo hacer es entrar a otra tienda, andar por ahí en bicicleta, o tener los ojos bien abiertos y los oídos atentos, y simplemente hacer funcionar mi cabeza. Ya se me ocurrirá algo.

PEPE: ¿Verdad que es *fantástico?*

FIN

Preguntas y actividades

1. ¿Por qué decide Rodolfo hacer su propia pasta de dientes?

2. ¿Por qué tiene tanto éxito la compañía de Rodolfo?

3. Explica qué te hace pensar que Rodolfo es un hombre de negocios inteligente.

4. ¿Qué piensas sobre esta obra de teatro? Explica.

5. Imagínate que Rodolfo tiene la oportunidad de actuar en la película que se muestra en las páginas 526-527. ¿Crees que querría ser el personaje de Charlie Chaplin? ¿Por qué?

Escribir un informe de negocios

¿Qué se le ocurrirá a Rodolfo la próxima vez? Escoge un producto que pudiera interesarle. Investiga cuánto cuesta y cómo se hace. ¿Quién compra este producto y por qué? Escribe un informe sobre lo que descubras. Incluye ideas para hacer un producto similar que sea mejor y más barato.

Resolver problemas de matemáticas

Rodolfo cobraba tres centavos por cada tubo de pasta de dientes. ¿A cuánto tendría que vender cada tubo si quisiera ganar el doble de lo que ganaba? ¿Y si quisiera ganar el triple? ¿A cuánto tendría que vender cada uno si quisiera aumentar el precio un 100%? ¿Y un 1000%?

Hacer una encuesta

Hay pastas de dientes de distintos tamaños, empaques, sabores y marcas. Haz una encuesta a diez personas. Pregúntales qué marca de pasta de dientes compran y por qué. Haz una gráfica o un cuadro para mostrar los resultados de tu encuesta.

Investigar

En el cuento, Rodolfo calcula que en Estados Unidos se venden unos dos mil doscientos sesenta millones de tubos de pasta de dientes al año. ¿Por qué la gente compra pasta de dientes? ¿Por qué tenemos que cepillarnos los dientes? Empieza por conversar con tu dentista. Luego busca más información en una enciclopedia o en un folleto sobre la higiene bucal. Haz un cartel en el que muestres lo que averiguaste.

Usar un catálogo de biblioteca en computadora

Rodolfo se ha hecho millonario y quiere ir a la biblioteca para aprender más sobre la historia del dinero. La mayoría de las bibliotecas tienen su catálogo en computadora. Puedes usar el **catálogo en computadora** para buscar libros por título, nombre del autor o tema. En las pantallas siguientes puedes ver cómo hacer una búsqueda por autor.

Bienvenido al catálogo en computadora público

BÚSQUEDA

Oprime A para buscar por **NOMBRE DEL AUTOR**
Oprime B para buscar por TÍTULO
Oprime C para buscar por TEMA

Oprime A-C

BÚSQUEDA POR AUTOR
Por favor teclea abajo el NOMBRE DEL AUTOR que estás buscando y oprime la tecla de retorno.

Debes escribir primero el apellido del autor.

AUTOR: Ramos, Ana

PANTALLA DEL AUTOR
BÚSQUEDA POR AUTOR: Ramos, Ana
Ramos, Ana –1944– La historia del dinero contada por un niño
SIGNATURA: 332W
AUTOR: Ramos, Ana, 1944–
TÍTULO: La historia del dinero contada por un niño/ Ana Ramos; ilustraciones de Cristóbal Ruiz; 99 págs.; ilus. 23 cm.
EDITORIAL: Nueva York: La Plata, © 2000
La historia del dinero en el mundo, desde la prehistoria hasta el presente.
DÓNDE SE ENCUENTRA: en la sucursal del Bronx EN LA ESTANTERÍA

Usa el catálogo en computadora para responder a las siguientes preguntas.

1 ¿Quién es el autor del libro?

2 ¿Cuál es el título del libro?

3 ¿Cómo escribirías el nombre del autor para hacer una búsqueda en la computadora?

4 ¿Cómo sabes si se trata de un libro viejo o reciente?

5 ¿Cómo encontrarías un libro en la biblioteca usando la pantalla del autor?

INDICACIONES:

Lee el texto. Luego lee cada una de las preguntas.

MODELO

Las plumas del tucán

Aunque Tony era un tucán, no tenía plumas de colores vivos como las de sus padres.

Para divertirse, Tony graznaba y se escondía entre los demás pájaros. Los otros animales no podían determinar quién era el responsable de aquel horrendo sonido.

—¿Quién está dando esos gritos horripilantes? —preguntaron los animales.

Un día Tony volvió a graznar aún más fuerte y trató de esconderse, pero los animales lo vieron. Sus plumas eran ahora de los mismos colores vivos que las del resto de los tucanes.

Los animales le dijeron: —Siempre resaltarás con esas plumas escandalosas. ¡De ahora en adelante sabremos quién hace el horrendo sonido!

1 ¿Qué significa la palabra escandalosas en el pasaje?

A opacas

B llamativas

C ruidosas

D escasas

2 ¿Por qué graznaba Tony?

F para divertirse

G para que todos lo vieran

H para llamar a otro tucán

J para hablar con sus amigos

Arte y Literatura

Al igual que los científicos, los artistas observan y estudian la naturaleza. A veces llegan incluso a usar escenas de la naturaleza para comunicarnos diversas ideas.

Observa el cuadro. ¿Qué es lo que hace que tu vista se fije en distintos puntos? ¿Qué efecto tiene esto? ¿Cómo te ayuda a captar toda la escena?

Analiza el cuadro. ¿Qué elementos usa la artista para hacernos sentir que hay un cierto equilibrio en la obra? ¿Te parece que los animales y la vegetación encajan bien en el paisaje? ¿Qué te dice eso de la armonía que hay en la naturaleza? ¿Qué pasaría si se perturba esta armonía? ¿Crees que la artista quiere transmitirnos que es importante proteger la naturaleza? ¿Por qué?

Jungla caribeña
Hilary Simon
Colección privada

554

TIME FOR KIDS

INFORME ESPECIAL

SALVEMOS LOS EVERGLADES

Si queremos un futuro mejor para muchos animales como este bebé caimán, es necesario acabar con la contaminación de los Everglades en Florida.

¿A dónde se fue el caimán?

Muchos animales de Florida se benefician de las acciones de las personas que cuidan de los Everglades

Desde un avión no hay mucho que decir sobre el Parque Nacional Everglades: unos pocos árboles sobresalen en una llanura cubierta de pantanos y hierba alta, que se pierde en el horizonte bajo el sol de Florida.

Sin embargo, más de cerca se revela un mundo fascinante: los Everglades son el hogar de cientos de especies animales. Mientras aves como las garcetas y los ibis blancos sobrevuelan el agua, las ranas arborícolas de color verde limón croan, y los caimanes se ocultan en el pantano.

A pesar de su belleza, en los Everglades también hay serios problemas. La flora y la fauna de este parque están desapareciendo a consecuencia de muchos años de mala planificación. Docenas de especies animales están en peligro de desaparecer; algunas de sus plantas y flores ya lo han hecho. Afortunadamente, hay muchas personas involucradas en poner un punto final a la contaminación en los Everglades.

GEORGIA

Océano Atlántico

Golfo de México

FLORIDA

Lago Okeechobee

EVERGLADES

Parque Nacional Everglades

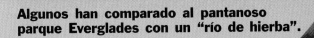

Algunos han comparado al pantanoso parque Everglades con un "río de hierba".

LOS HUMANOS CAUSARON PROBLEMAS

Para quienes comenzaron a establecerse en Florida hace más de un siglo atrás, los Everglades no eran más que un enorme pantano. Nadie prestó atención a su belleza ni a la fauna y la flora que había allí. Los constructores trataron de drenar el pantano, para poner granjas y ciudades donde antes vivían libremente los caimanes.

En la década de 1920, se construyeron miles de millas de canales y diques para enderezar el curso de los ríos, logrando evitar que se desbordaran, y proporcionar un suministro constante de agua para granjas y ciudades.

Pero estos cambios tuvieron un efecto negativo en los Everglades. Su superficie se redujo a la mitad y empezó a escasear el agua dulce. El número de aves, caimanes y otros animales también disminuyó.

"Todo depende del agua", afirma Sandy Dayhoff, una trabajadora de este parque. "Tiene que haber suficiente agua, de acuerdo a la estación." Dayhoff dice que los Everglades son como una especie de bañera que tiene que estar muy llena en el invierno y vaciarse lentamente en el verano. La intervención del ser humano ha interrumpido este ciclo natural.

CONTAMINACIÓN QUÍMICA

Los fertilizantes que usan los agricultores también han resultado ser un problema, porque contienen productos químicos que afectan el crecimiento de las plantas del parque. La espadaña, por ejemplo, que absorbe los productos químicos

DERECHA: TONY ARRUZA/CORBIS. DERECHA, EXTREMO: KEVIN FLEMING/CORBIS

Los canales controlan las inundaciones.

La caña de azúcar es un cultivo importante en los Everglades.

¿Caimán o cocodrilo?

El caimán y su primo, el cocodrilo americano, proceden de una familia de reptiles de cincuenta pies de largo que vivieron hace millones de años.

Aunque estos primos se parecen bastante, hay varias características que los distinguen entre sí. El modo más simple de determinar cuál es cuál es fijarte en sus hocicos. El cocodrilo americano tiene el hocico puntiagudo y cuando lo cierra sobresalen algunos de sus largos dientes. Por su parte el caimán tiene el hocico redondeado y ancho, y cuando lo cierra no se le ven los dientes.

Sólo uno de ellos, el cocodrilo americano, está en la lista de animales en peligro de desaparecer. Los Everglades son el único sitio en Estados Unidos donde viven juntos el cocodrilo americano y el caimán.

Cocodrilo americano

Caimán del Mississippi

con facilidad, está creciendo descontroladamente, dejando sin lugar a otras plantas de las que se alimentan los animales.

Hoy en día, todo el mundo conoce la importancia de conservar los Everglades: los agricultores saben los daños que causan los fertilizantes y los ingenieros están devolviendo los ríos a sus cursos originales. Salvar los Everglades es un proyecto enorme que tomará hasta por lo menos el año 2003 y costará miles de millones de dólares. Para la mayoría de la gente es dinero bien invertido ya que, como dice Dayhoff, "éste es un lugar único en la Tierra".

INVESTIGA
Visita nuestra página web:
www.mhschool.com/

CONEXIÓN
*inter*NET

Basado en un artículo de *TIME FOR KIDS*.

Preguntas y actividades

1. ¿Dónde está el Parque Nacional Everglades?

2. ¿Qué está "matando" los Everglades?

3. ¿Qué pasaría con el parque Everglades si no se toman medidas para salvarlo?

4. Resume este artículo en dos oraciones.

5. Compara este artículo con "¿Podemos salvar los arrecifes coralinos?" ¿En qué se parecen y en qué se diferencian?

Escribir un artículo de enciclopedia

Las áreas como los Everglades son llamadas tierras pantanosas. En muchos lugares estas tierras han sido destruidas. Escribe un artículo de enciclopedia sobre las tierras pantanosas. Explica qué son, dónde pueden encontrarse y por qué son importantes. Asegúrate de describir algunas de las cosas que están haciendo las personas para protegerlas.

Hacer un mural

¡Cuánta actividad debe haber en los Everglades! Busca fotos de algunos animales de este parque en revistas o en Internet y pégalos en una hoja de papel grande para hacer un mural de los Everglades. Luego, haz rótulos con el nombre de cada animal.

Escribir una canción

Usa una melodía que te guste para escribir una canción sobre lo que está pasando en los Everglades y qué podemos hacer para salvarlos.

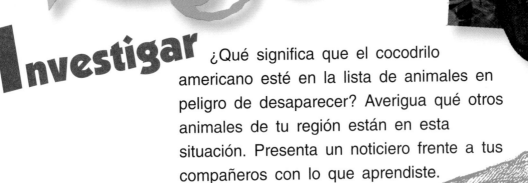

Investigar

¿Qué significa que el cocodrilo americano esté en la lista de animales en peligro de desaparecer? Averigua qué otros animales de tu región están en esta situación. Presenta un noticiero frente a tus compañeros con lo que aprendiste.

Usar Internet

Una forma de obtener más información sobre un tema es buscarlo en **Internet**. Abajo puedes ver una **página** en Internet del Parque Nacional Everglades. La página presenta varios temas; mueve el cursor sobre el que te interese y haz *clic*. Repite la operación hasta encontrar la información que buscas.

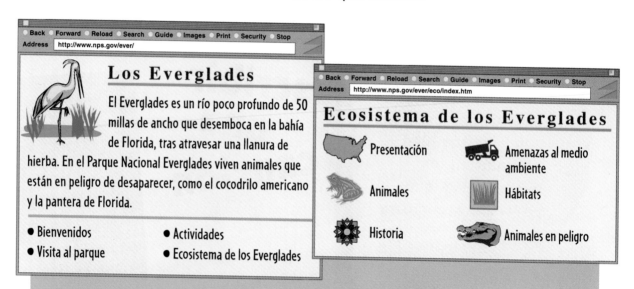

Responde a las siguientes preguntas sobre las pantallas.

1 ¿Qué pantalla te da información general sobre el parque?

2 ¿Dónde harías *clic* para hallar información sobre el ecosistema de los Everglades?

3 ¿Dónde buscarías información sobre los indígenas americanos de los Everglades?

4 ¿Qué harías para obtener más datos sobre los animales de los Everglades que están en peligro de desaparecer?

5 ¿Por qué buscarías un tema en Internet?

Sugerencia para exámenes

Ve eliminando las respuestas incorrectas.

INDICACIONES:

Lee el texto. Luego lee cada una de las preguntas.

MODELO

Cómo hacer una máscara de león

Materiales: plato de cartón, tijeras, pegamento, creyones, hilo de lana, 4 limpiapipas

Paso 1: Colócate el plato sobre la cara y pídele a un adulto que marque a qué altura te quedan los ojos. Retírate el plato de la cara y corta dos agujeros para los ojos.

Paso 2: Con los creyones, dibuja la nariz, boca y cejas.

Paso 3: Pega los limpiapipas debajo de la nariz para hacer los bigotes del león.

Paso 4: Pega hilo de lana alrededor del plato para hacer la melena del león.

Paso 5: Corta dos pedazos de hilo de lana y pégalos a cada lado de la máscara para que puedas atártela.

1 Según las instrucciones, ¿qué cosa NO se necesita para hacer la máscara?

A papel de colores

B pegamento

C plato de cartón

D limpiapipas

2 Según los pasos, ¿qué se hace antes?

F Pegar hilo de lana a los lados para atarse la máscara.

G Pegar los bigotes.

H Hacer agujeros para los ojos.

J Dibujar la nariz, boca y cejas.

564

Ecopoemas

El error consistió
en creer que la tierra era nuestra
cuando la verdad de las cosas
es que nosotros somos de la tierra.

Nicanor Parra

Glosario

En este glosario puedes encontrar el significado de muchas de las palabras más difíciles del libro. Están en orden alfabético. Las palabras españolas están divididas en sílabas. En la parte superior de cada página verás dos palabras: son la primera y la última de esa página. Te ayudarán a encontrar la palabra que busques.

Los adjetivos aparecen en masculino singular. Los sustantivos aparecen en singular. Los verbos aparecen en infinitivo.

Palabras guía

abrigado/amate

Primera palabra de la página

Última palabra de la página

Ejemplo de artículo

Parte de la oración

Artículo

a•do•be *m.* Un tipo de arcilla arenosa que se usa para hacer ladrillos. En algunos lugares mezclan la arcilla con un poco de paja y luego la dejan secar al sol. *Muchas casas de México y del sudoeste de Estados Unidos son de adobe.*

Definición

Oración de muestra

En este glosario se utilizan las siguientes abreviaturas:

adj.	adjetivo
adv.	adverbio
f.	sustantivo femenino
fr.	frase
m.	sustantivo masculino
m. y f.	sustantivo masculino y femenino
n.p.	nombre propio
v.	verbo
s.	sustantivo masculino o femenino

567

a·ban·do·nar *v.* **1.** Dejar de utilizar algo que le pertenece a uno. **2.** Deshacerse de una pertenencia o persona. **3.** Irse de un lugar.

▲ **Sinónimos: 1.** prescindir; **2.** descuidar, desatender; **3.** marcharse, retirarse

a·bor·dar *v.* **1.** Empezar alguna actividad que ofrezca ciertas dificultades. *El científico abordó su investigación con mucho interés.* **2.** Asaltar una embarcación. *Los piratas abordaron el galeón español.*

▲ **Sinónimos: 1.** afrontar, emprender

ab·sor·ber *v.* **1.** Introducir o incorporar algo exterior. **2.** Ejercer atracción una sustancia sólida sobre un líquido o gas con el que está en contacto. *La aspiradora absorbe bien el polvo.*

▲ **Sinónimos: 1.** aprender; **2.** chupar, empapar

a·bul·ta·do *adj.* Grueso, que ocupa mucho espacio.

▲ **Sinónimo:** voluminoso

a·cam·par *v.* Detenerse durante una caminata por el campo para pasar la noche, o varios días, en una carpa o tienda de campaña.

acampar

a·ca·rre·ar *v.* Llevar o arrastrar algo. *Entre todos acarrearon el pesado baúl.*

▲ **Sinónimo:** transportar

ac·ce·si·ble *adj.* **1.** Claro o fácil de comprender. **2.** Se dice del lugar al que se puede llegar con facilidad. *La cima del Everest es muy poco accesible.*

▲ **Sinónimos: 1.** comprensible, inteligible; **2.** alcanzable, asequible

ac·ción *f.* **1.** Cada una de las partes iguales en las que se divide el valor de una empresa, y que se representan mediante un título o documento. *El presidente de Acme vendió sus acciones de la empresa a los demás accionistas.* **2.** Efecto de hacer algo. **3.** Sucesión de hechos en un relato, película u obra de teatro.

▲ **Sinónimos: 2.** acto, hecho, obra

a·cu·rru·car·se *v.* Encogerse para resguardarse del frío o por otro motivo. *Se acurrucó junto a su padre y se quedó dormida.*

a·dies·trar *v.* Enseñar a una persona o animal a hacer algo.
▲ **Sinónimos:** amaestrar, entrenar

a·dul·to *adj.* y *m.* Persona o animal que ha llegado a su mayor crecimiento o desarrollo. *Esa es una película para adultos.*

ad·ver·tir *v.* **1.** Avisar o informar de algo. **2.** Fijar la atención o darse cuenta de algo. *Advirtió que se había olvidado las llaves cuando ya era tarde para ir a buscarlas.*
▲ **Sinónimos: 1.** anunciar, enterar; **2.** notar, observar, reparar

a·fli·gi·do *adj.* Que está triste o deprimido. *Era un día de lluvia y se sentía afligido.*

a·guas ter·ma·les *f.* Agua que sale caliente de un manantial por estar en una zona de actividad volcánica o sísmica.

a·lar·ma *f.* **1.** Cualquier dispositivo que avisa de algo mediante luces o sonidos. *Sonó la alarma y los bomberos salieron.* **2.** Susto o sobresalto que produce una situación inesperada y peligrosa. *Estaban en estado de alarma.* **3.** Señal que se da a un ejército para que se prepare inmediatamente para el combate.

Historia de la palabra

La palabra **alarma** viene de una voz militar que se daba antiguamente a los soldados para que tomaran sus armas antes de entrar en combate: "¡Al arma!".

---

al·de·a *f.* Pueblo pequeño y de pocos habitantes que suele ser administrado por otro pueblo o ciudad más grande.

a·lien·to *m.* **1.** Bocanada de aire que se inhala o se exhala al respirar. *Corrió tan rápido que se quedó sin aliento.* **2.** Acción de alentar o de dar ánimo a alguien.
▲ **Sinónimos: 1.** soplo, resuello

a·ma·ble *adj.* Se dice de la persona de compañía agradable y grata. *El director es un señor muy amable.*
▲ **Sinónimos:** afable, complaciente

a·ma·ne·cer *v.* Empezar a aparecer la luz del día.
▲ **Sinónimos:** aclarar, alborear

a·mu·le·to *m.* Objeto que se cree que tiene poderes mágicos, que da buena suerte o protege de un peligro.
▲ **Sinónimo:** talismán

an·cho 1. *adj.* De anchura considerable o excesiva. *Este vestido me queda ancho porque adelgacé.* 2. *m.* En una cosa o figura plana, la menor de sus dos dimensiones principales. *Este rectángulo tiene dos pies de largo y uno de ancho.*
▲ **Sinónimos:** 1. amplio; 2. anchura

a·no·tar *v.* Escribir notas o apuntes en un papel o libro.
▲ **Sinónimo:** apuntar

an·sie·dad *f.* 1. Estado de inquietud del ánimo. 2. Inquietud que acompaña a ciertas enfermedades.
▲ **Sinónimos:** 1. desasosiego, nerviosismo

an·te·pa·sa·do *m.* Abuelo, ascendiente o cualquier persona o animal del pasado que tiene relación directa con el origen de otra. *Walter y su familia viven en Austin, pero sus antepasados son africanos.*
▲ **Sinónimos:** ancestro, antecesor, predecesor

an·tro·pó·lo·go *m.* Científico que estudia los orígenes del hombre y las culturas que éste ha creado.

a·nun·cio *m.* 1. Conjunto de palabras o signos con los que se da a conocer un producto de venta al público. *En los descansos de las películas en la televisión hay muchos anuncios.* 2. Comunicación, proclamación o aviso por los que se hace saber algo. *El anuncio de su boda nos sorprendió a todos.*

a·pa·re·ar *v.* 1. Juntar las hembras de los animales domésticos o salvajes con los machos para reproducirse. 2. Unir una cosa con otra formando un par.
▲ **Sinónimos:** 1. montar; 2. emparejar

a·pu·ro *m.* 1. Situación difícil o embarazosa. *Tienes que ayudarme, porque estoy en un apuro, y no sé como salir de él.* 2. Escasez. *La herencia nos ha sacado de apuros.* 3. Prisa. *¡Qué tiempos aquellos en los que nadie tenía apuro!*
▲ **Sinónimos:** 1. conflicto, dificultad; 2. aprieto, necesidad

ar·bo·rí·co·la *adj.* Que vive en los árboles.

ar·mo·ní·a *f.* **1.** Correspondencia y proporción adecuadas entre las partes de un todo. *La belleza de este cuadro deriva de la armonía de sus colores.* **2.** Combinación de sonidos simultáneos y diferentes pero acordes.

a·rre·ci·fe *m.* Formación de aspecto rocoso que aparece bajo el mar, muy cerca de la superficie, y que en aguas tropicales suele estar formada por masas de corales.

a·rru·gar *v.* Formar pliegues, dobleces o arrugas en la piel, sobre una tela o en cualquier material o cosa flexible.
▲ **Sinónimos:** plegar, doblar

a·se·gu·rar *v.* **1.** Garantizar o dar fe de que algo que se dice es cierto. *Te aseguro que el gato bajó del árbol: yo lo vi.* **2.** Dejar firme y seguro.
▲ **Sinónimos: 1.** aseverar, ratificar; **2.** afianzar, fijar

a·sig·na·tu·ra *f.* Cada una de las materias que se estudian en una escuela o universidad. *La asignatura preferida de Ana es historia.*

a·som·bro *m.* Admiración, sorpresa.
▲ **Sinónimos:** estupor, estupefacción

a·tra·car *v.* **1.** Aproximar una embarcación a otra, o a tierra firme. *Después de un mes sin ver tierra, atracamos en Puerto Rico.* **2.** Asaltar a una persona para robarle.

aus·te·ro *adj.* Que sólo come, tiene y usa lo necesario; sin lujos. *Ese vestido no tiene ningún adorno: es muy austero.*

Historia de la palabra

La palabra **austero** deriva del adjetivo latino *austerus*, que además de su significado actual, quería decir "áspero" y "severo".

a·van·zar *v.* Ir hacia adelante.
▲ **Sinónimos:** adelantar, progresar

á·vi·do *adj.* **1.** Que siente ansia o un deseo muy fuerte e intenso de algo. *Es una persona siempre ávida de novedades.* **2.** Persona que actúa con codicia.
▲ **Sinónimos: 1.** anhelante, deseoso; **2.** avaricioso, ambicioso

a·yu·dan·te *m.* El que recibe órdenes de otra persona en una tarea o trabajo que realizan ambos. *La doctora está fuera y hoy pasa consulta su ayudante.*
▲ **Sinónimos:** asistente, auxiliar

a·zo·gue *m.* Metal líquido y plateado que se utiliza en los termómetros.
▲ **Sinónimo:** mercurio

a·zo·ra·do *adj.* Que está aturdido o avergonzado. *El primer día de clases me sentí tan azorado que me senté en un rincón.*

Historia de la palabra

El adjetivo **azorado** deriva de la palabra latina *acceptor*, que es el ave rapaz que conocemos como "azor". Su derivación se refiere al efecto que provoca este pájaro en las aves del campo, que al verlo volar se asustan y se esconden.

---

ban·qui·sa *f.* Capa continua de hielo formada en las regiones polares por la congelación directa del agua del mar.

ba·rra·ca *f.* Edificio de construcción simple empleado para alojar a grupos de personas, o para almacenar materiales destinados al comercio. *Los soldados viven en barracas.*

be·ju·co *m.* Nombre dado a diferentes plantas tropicales de tallo largo y flexible. Se usan para hacer cestos, cuerdas, etc.

bon·dad *f.* Cualidad de ciertas personas que tienden a hacer el bien. *La Madre Teresa era conocida por su bondad.*
▲ **Sinónimo:** benevolencia

bra·ce·ro *m.* Persona que trabaja en el campo durante la época de cosecha, y que cobra por jornada trabajada.
▲ **Sinónimos:** jornalero, peón

brai·lle *m.* Método de lectura y escritura para ciegos a base de puntos en relieve, llamado así en honor a su inventor: Louis Braille. *El braille es un método de lectura basado en el sentido del tacto.*

bri·llan·te *adj.* **1.** Admirable, genial. *Pepe sacó unas notas brillantes en el último curso de la primaria.* **2.** Que brilla mucho. *El Sol brilla en el firmamento.*
▲ **Sinónimos: 1.** sobresaliente, excelente; **2.** fulgurante, resplandeciente

brin·dar *v.* **1.** Ofrecer alguna cosa. *Teníamos mucho trabajo, y mi hermano nos brindó su ayuda.* **2.** Manifestar con unas palabras, antes de beber, el bien que se desea a personas o cosas. *¡Brindemos por los novios!*

brú·ju·la *f.* Instrumento que consiste en una aguja imantada. Se emplea para determinar las direcciones de la superficie terrestre. *Como llevó la brújula, no se perdió en el monte.*

Historia de la palabra

La palabra **brújula** procede del italiano *brussola*, que significa cajita.

---

bu·ho·ne·ro *m.* El que lleva consigo y vende cosas variadas y de poco valor.
▲ **Sinónimo:** mercachifle

Cc

ca·ba·lle·ri·za *f.* Lugar donde se guardan caballos u otros animales de carga.
▲ **Sinónimos:** cuadra, establo

ca·ba·ña *f.* **1.** Casa pequeña y tosca, generalmente de madera, construida en el campo. **2.** Conjunto de cabezas de ganado (vacas, ovejas, caballos, etc.) de un territorio determinado.
▲ **Sinónimos: 1.** choza, rancho

ca·de·ra *f.* Cada uno de los salientes formados por la parte de arriba de la pelvis, que es el hueso situado entre la espina dorsal y las piernas. *Tienen que operarla porque se ha roto la cadera.*

ca·pa·taz *m. y f.* Persona que dirige a un grupo de obreros, o que controla las actividades agrícolas. *Los capataces se ocupan de la venta de los productos que da la tierra.*

ca·paz *adj.* **1.** Que tiene las habilidades y aptitudes necesarias para hacer algo. *Es capaz de comérselo todo en sólo cinco minutos.* **2.** Que tiene el espacio para contener dentro de sí otra cosa. *Busca un salón que sea capaz para cien personas.*
▲ **Sinónimos: 1.** competente, apto; **2.** grande, espacioso, amplio

ca·pri·cho *m.* Idea o propósito que se forma sin razón aparente. *Me he comprado este jarrón por capricho.*
▲ **Sinónimo:** antojo

Historia de la palabra

La palabra **capricho** procede del italiano *capriccio*, que significa "idea nueva o extraña en una obra de arte".

---

ca·rac·te·rís·ti·ca *f.* Cualidad que permite diferenciar a una persona o cosa de otras semejantes. *La característica principal de esa muchacha es su amabilidad.*

ca·ro *adj.* **1.** Aquello cuyo precio está por encima de lo que vale. *He visto este mismo juguete en otra tienda y allí era más caro.* **2.** Querido, amado. *Escúchame, caro amigo.*
▲ **Sinónimo: 1.** costoso

ce·le·brar *v.* **1.** Festejar o conmemorar un hecho importante. **2.** Realizar un acto, un espectáculo, una reunión, etc.

cen·su·ra·ble *adj.* Que se puede juzgar como malo o no conveniente; que no se aprueba. *Maltratar a los animales es algo muy censurable.*
▲ **Sinónimos:** condenable, reprochable

ce·rá·mi·ca *f.* **1.** Vasijas y otros objetos de barro, loza o porcelana. *Tiene la sala adornada con varias cerámicas de México.* **2.** Arte de fabricar estos objetos. *Aprendió cerámica en el taller de un viejo artesano.*
▲ **Sinónimo: 2.** alfarería

chi·llón *adj.* **1.** Se dice de todo sonido agudo y desagradable. **2.** Que chilla mucho. **3.** Se dice de los colores muy vivos o mal combinados. *Siempre va vestido con ropa de colores chillones.*

cir·cu·lar *v.* **1.** Correr o pasar algo de unas personas a otras. *Entre los conocidos circula el rumor de que te vas de la ciudad.* **2.** Ir y venir. *Por esta calle principal circulan muchos autos.*
▲ **Sinónimos: 1.** distribuir, propagar; **2.** transitar

co·di·fi·car *v.* Representar información mediante signos según una serie de reglas o código. *Para convertir un libro normal en un libro para ciegos, es necesario codificarlo.*

col·mi·llo *m.* Diente afilado y fuerte, que en los mamíferos está justo antes de la primera muela.
▲ **Sinónimo:** canino

co·lo·no *m.* Persona que emigra a otro país o territorio para establecerse en él, cultivando sus tierras y explotando sus recursos. *Los primeros colonos de Norteamérica llegaron en el Mayflower.*

com·bi·nar *v.* **1.** Unir dos o más cosas distintas para un mismo fin. **2.** Unir dos o más cosas de manera que formen otra compuesta de cada una de las originales.

com·pa·rar *v.* Observar dos o más objetos para descubrir sus semejanzas y diferencias.
▲ **Sinónimo:** cotejar

com·pe·tir *v.* Hacer un esfuerzo físico o intelectual, un individuo o equipo, para vencer al individuo o equipo contrario con el que se enfrenta.
▲ **Sinónimos:** rivalizar, contender

com·pli·ca·ción *f.* **1.** Acción y efecto de hacer las cosas más difíciles. **2.** Acción y efecto de unir o mezclar entre sí cosas diferentes. *La complicación del decorado hace que su casa no sea un lugar agradable.*

co·mu·ni·car *v.* **1.** Transmitir información por medio de un código. *El código morse nos permite comunicarnos a grandes distancias.* **2.** Hacer saber alguna cosa. **3.** Tratar con alguien.
▲ **Sinónimos: 2.** anunciar, informar

co·no·ci·mien·to *m.* Acción y efecto de saber. *Mi padre tiene conocimientos de química.*

cons·tan·te·men·te *adv.* Sin parar; una y otra vez; siempre de la misma manera. *Gerardo es un niño distraído que se tropieza constantemente.*

con·te·ner *v.* Llevar o tener dentro de sí una cosa a otra. *Esta botella contiene aceite de oliva.*
▲ **Sinónimos:** comprender, abarcar

con·tri·bu·ir *v.* Ayudar al logro de un fin. *Todos los jugadores contribuyeron a la victoria del equipo.*
▲ **Sinónimos:** cooperar, colaborar

con·ver·sar *v.* Hablar entre sí dos personas.
▲ **Sinónimos:** platicar, charlar

con·vi·dar *v.* Invitar a una persona a comer o a beber. *Insistió en que nos quería convidar a comer en un buen restaurante.*

co·o·pe·rar *v.* Hacer algo entre varias personas. *El escritor y el ilustrador han cooperado para hacer este libro.*
▲ **Sinónimos:** colaborar, ayudar

co·pla *f.* Poema que sirve de letra para una canción popular.

co·ral *m.* Organismo marino diminuto que vive en grandes colonias formando arrecifes.

crin *f.* Conjunto de pelos gruesos que tienen algunos animales en la parte superior del cuello.

cuá·que·ro *m.* Miembro de una agrupación religiosa que llegó a EE.UU. con William Penn. Los cuáqueros fueron los primeros europeos en condenar la esclavitud en EE.UU.

cu·rio·si·dad *f.* **1.** Deseo de saber o averiguar algo. *¿No sientes curiosidad por saber cómo entró el gato en el refrigerador?* **2.** Vicio que lleva a algunas personas a meterse en lo que no debiera importarles. *La curiosidad es tu mayor defecto.*

cu·tí·cu·la *f.* Piel delgada y delicada que se encuentra en el borde de las uñas.

Historia de la palabra

La palabra **cutícula** deriva del sustantivo latino *cutis*, que significa "piel" o "pellejo".

Dd

da·ño *m.* **1.** Mal, perjuicio. *El terremoto causó daños importantes en San Francisco.* **2.** Dolor. *La dentista no me ha hecho daño al sacarme la muela.*
▲ **Sinónimo: 1.** deterioro

de·fen·der·se *v.* **1.** Desenvolverse bien. *Aunque no hablo muy bien francés, puedo defenderme en una conversación.* **2.** Oponerse al ataque de un agresor.
▲ **Sinónimos: 1.** apañarse; **2.** protegerse

de·lei·tar *v.* Producir placer o agrado. *Me deleito leyendo buenos libros.*
▲ **Sinónimos:** agradar, gustar

den·so *adj.* Apretado, ceñido, cerrado. *La niebla era tan densa que no se podía ver a cinco metros.*
▲ **Sinónimos:** compacto, espeso

de·sa·fí·o *m.* **1.** Acción o efecto de hacer alguna cosa difícil o peligrosa. *Acepté su desafío porque sé que voy a ganar.* **2.** Acción de provocar a alguien.
▲ **Sinónimos: 1.** y **2.** reto; **2.** duelo

de·sas·tre *m.* **1.** Gran desgracia. **2.** Derrota importante en una guerra.
▲ **Sinónimos: 1.** calamidad, catástrofe, fatalidad

desastre

des·co·mu·nal *adj.* Extraordinario, de gran tamaño. *La descomunal estatua tiene más de diez metros.*
▲ **Sinónimos:** enorme, gigantesco, monumental

des·con·cer·ta·do *adj.* Se dice de quien no sabe qué hacer o qué decir en una situación determinada. *La acusación lo dejó desconcertado.*
▲ **Sinónimos:** turbado, desorientado, alterado

des·con·fiar *v.* No tener esperanza en que una persona vaya a hacer lo que se espera de ella. *Julio es un mentiroso y yo desconfío de él.*
▲ **Sinónimos:** dudar, sospechar, recelar

des·ga·no *m.* **1.** Falta de interés o entusiasmo. *Tengo desgano, y no me provoca hacer nada.*
2. Inapetencia, falta de ganas de comer.

des·hi·dra·ta·do *adj.* Se dice de la persona, animal, planta o cosa a la que se le ha quitado, o a perdido, toda o parte del agua que contiene. *La leche en polvo es leche deshidratada.*

de·si·lu·sio·nar *v.* Quitar o perder las ilusiones. *Me desilusioné al saber que no vendrías.*
▲ **Sinónimos:** desencantar, desengañar, decepcionar

Historia de la palabra

La palabra **desilusionar** deriva del verbo latino *illudere*, que significa "burlarse de alguien", o "ilusión".

des·pia·da·da·men·te *adv.* Modo de causar daño o mal sin compasión, ni pena.
▲ **Sinónimos:** impíamente, cruelmente

des·pren·der *v.* Arrancar o desatar una cosa de su lugar original. *Se han desprendido varias tejas y han caído a la acera.*
▲ **Sinónimos:** despegar, soltar

des·ta·ca·do *adj.* Que se distingue entre los demás, generalmente por algo positivo. *Los alumnos más destacados obtendrán una beca.*
▲ **Sinónimos:** sobresaliente, notorio, conspicuo

des·te·llar *v.* Emitir ráfagas o destellos de luz, brillar con intensidad. *Las estrellas destellan en la noche.*

des·te·tar *v.* Dejar de mamar o de alimentarse de la leche materna.

di·fun·dir *v.* Propagar o divulgar noticias, modas, conocimientos o costumbres. *El reciclaje del papel se ha empezado a difundir en todo el mundo.*

di·li·gen·cia *f.* **1.** Algo que se tiene que hacer para resolver un asunto. *Tengo que ir a la ciudad a hacer unas diligencias.* **2.** Cuidado y eficiencia para hacer una cosa. *Acudió con diligencia a mi llamada.*
▲ **Sinónimo: 1.** recado

di·que *m.* Muro hecho por el hombre para contener el agua.
▲ **Sinónimo:** malecón

di·si·par *v.* **1.** Esparcir las partes que forman un cuerpo más o menos compacto. *Había una densa niebla, pero el viento la disipó.*
2. Desvanecerse, quedar en nada una cosa. *Todas mis dudas se disiparon cuando la maestra me explicó el problema.*
▲ **Sinónimo: 1.** dispersar

dis·pa·ra·ta·do *adj.* **1.** Se dice de las ideas y enunciados poco razonables. *Decir que los burros vuelan es una idea disparatada.* **2.** Persona que piensa, actúa y dice cosas sin sentido común.

dis·po·ni·ble *adj.* Que puede ser utilizado o que está libre para hacer algo. *Si necesitas ayuda yo estoy disponible.*

dis·tan·te *adj.* Se dice de aquello que está a cierta distancia. *Es una aventurera y le gusta viajar por lugares distantes y exóticos.*
▲ **Sinónimos:** lejano, apartado, remoto

di·ver·ti·do *adj.* **1.** Que entretiene o divierte. *Te recomiendo esta película, es muy divertida.* **2.** Persona alegre, festiva y de buen humor. *Es una persona muy divertida y lo pasamos bien juntos.*
▲ **Sinónimo: 2.** ameno

dre·nar *v.* Vaciar de agua un terreno húmedo o pantanoso. *Después de las inundaciones, tuvieron que drenar varios campos.*
▲ **Sinónimos:** desaguar, avenar

du·da *f.* **1.** Sentimiento o situación que se produce cuando no se puede decidir entre una cosa y otra.
2. Cuestión que se propone para resolverla. *Dedicamos la última clase antes del examen a ver dudas.*
▲ **Sinónimos: 1.** incertidumbre;
2. problema

e·cua·to·rial *adj.* Del ecuador, la línea imaginaria que divide la Tierra en dos partes iguales: el hemisferio norte y el hemisferio sur.

e·jem·plo *m.* Algo que sirve de modelo. *Todas las aves, por ejemplo, el águila, tienen el cuerpo cubierto de plumas.*

e·mi·grar *v.* **1.** Cambiar periódicamente de clima ciertas especies de animales que, con tal fin, recorren largas distancias. **2.** Abandonar su propio país para establecerse en otro. *Mi padre es de Bolivia, pero hace veinte años emigró a Canadá.*

en·car·go *m.* Acción y efecto de pedir a alguien que lleve o traiga alguna cosa de un lugar a otro. *Fui a Nueva York con dos encargos: un reloj para mi hermano y una cámara para mi tía.*

en·cí·a *f.* Carne que recubre y protege la parte de la boca donde se alojan los dientes.

e·ner·gí·a so·lar *f.* Energía que procede de la luz del Sol; calor del Sol.

en·tor·no *m.* Ambiente o conjunto de circunstancias, de personas o de cosas que rodean a alguien o algo. *La gente de su entorno ha influido mucho en él.*

en·tu·sias·mar *v.* Estar visiblemente alegre y eufórico a causa de algo. *Cuando le dijeron que por fin le regalarían un perrito, Ana se entusiasmó.*
▲ **Sinónimo:** emocionar

e·qui·po *m.* **1.** Grupo de personas organizado para conseguir un objetivo común. *Un equipo de científicos descubrió un modo de curar el cáncer.* **2.** Conjunto de ropas o de cosas para el uso particular de una persona.

es·ca·se·ar *v.* Haber poco de alguna cosa. *En el desierto escasea el agua.*
▲ **Sinónimo:** faltar

es·cuá·li·do *adj.* Flaco, delgado o esquelético. *Ese perro está escuálido, se le ven todos los huesos.*
▲ **Sinónimos:** frágil, macilento, esmirriado

Historia de la palabra

La palabra **escuálido** deriva del adjetivo latino *squalidus*, que significa "asqueroso y de aspecto ordinario o tosco".

es·pe·cia·li·dad *f.* **1.** Rama de una ciencia, arte o actividad, que se dedica a una parte limitada de la misma. *Mi tía es médico y su especialidad es el aparato digestivo.* **2.** Preparación de un producto propio de una casa, ciudad o región. *La especialidad de este restaurante es el arroz con frijoles.*

es·pe·cie *f.* Conjunto de animales o plantas de la misma categoría. *El perro y el gato son especies distintas.*

es·te·ri·li·za·do *adj.* Que ha atravesado un proceso mediante el cual se destruyen todos los gérmenes. *El biberón debe ser esterilizado antes de dárselo al bebé.*

es·tor·bar *v.* Dificultar la ejecución de alguna tarea. *Esta silla estorba el paso.*
▲ **Sinónimos:** obstaculizar, entorpecer

Es·tre·lla Po·lar *n.p.* Estrella visible en el hemisferio norte, cuya posición fija en el firmamento sirve como punto de orientación, ya que apunta siempre hacia el Polo Norte.

es·tre·me·cer *v.* **1.** Hacer temblar, conmover. *Susana se estremeció al oír cantar los pájaros de madrugada.* **2.** Sobresaltarse o asustarse a causa de algo inesperado. *Me estremezco de miedo al pensar en fantasmas.*

es·tre·nar *v.* **1.** Usar una cosa por primera vez. *El domingo estrenaré la camisa que me compró mi mamá.* **2.** Representar o mostrar por primera vez un espectáculo público. *Mañana se va a estrenar una película de ciencia ficción.*
▲ **Sinónimo: 2.** inaugurar

es·tre·pi·to·sa·men·te *adv.* Que sucede con mucho ruido o estruendo.
▲ **Sinónimos:** ruidosamente, ensordecedoramente

e·vo·lu·cio·nar *v.* Desarrollarse las características de un ser vivo a lo largo del tiempo, para una mejor adaptación a su medio ambiente.

e·xa·mi·nar *v.* **1.** Observar una cosa cuidadosamente. *La abogada examinó el contrato antes de darnos su opinión.* **2.** Evaluar los conocimientos. *Hoy van a ser examinados los alumnos que no pasaron el curso.*
▲ **Sinónimos: 1.** escrutar, inspeccionar

ex·cu·sa *f.* Motivo o pretexto para no cumplir con una obligación o para disculpar una falta. *Aceptó sus excusas y quedaron como amigos.*

é·xi·to *m.* Buen resultado de un negocio, de una actuación, etc. *Espero que tengas éxito en todo lo que intentes en la vida.*

ex·per·to *adj.* y *m.* Que ha tenido mucha preparación y práctica, o experiencia, en un oficio o profesión. *Lleva años trabajando en esto y se ha convertido en una experta.*

ex·ten·sión *f.* **1.** Espacio ocupado por una superficie. *La pampa es una gran extensión de praderas.* **2.** Aumento del espacio que ocupa algo. *Me preocupa la rápida extensión de la mancha de humedad.*

ex·tin·to *adj.* Se dice de las especies animales o vegetales que han desaparecido por completo. También se usa para referirse a culturas, idiomas, etc. *El mamut es un animal extinto.*

ex·tra·ño 1. *adj.* Raro. *Hoy tenías una expresión extraña y pensé que te pasaba algo.* **2.** *adj.* y *m.* De nación, familia o profesión distintas. *Cuando vayas solo por la calle, no hagas caso a ningún extraño.*
▲ **Sinónimos: 1.** diferente, singular

ex·tra·or·di·na·rio 1. *adj.* Fuera de lo común; que no suele suceder. **2.** *m.* Número de un periódico que se publica por algún motivo especial. *El periódico sacó un extraordinario con los últimos datos de las elecciones.*
▲ **Sinónimo: 1.** excepcional

fac·tor *m.* **1.** Cada una de las causas que da lugar a un efecto. *La luz del sol y el agua, son los dos factores principales para el crecimiento de las plantas.* **2.** Cada una de las cantidades que se multiplican para obtener un producto.

fas·ci·na·do *adj.* Que no puede creer lo que ven sus ojos.
▲ **Sinónimos:** maravillado, deslumbrado

fa·ti·go·so *adj.* Que provoca cansancio o fatiga. *Hacia la mitad de aquella fatigosa subida, nos sentamos a descansar.*
▲ **Sinónimos:** agotador, trabajoso, cansado

fer·ti·li·zan·te *m.* Sustancia que se emplea para favorecer el crecimiento de las plantas. *El estiércol es un fertilizante.*

fór·mu·la *f.* Receta o escrito con las indicaciones necesarias para preparar algo. *La farmacéutica hizo el preparado siguiendo la fórmula que me había dado el médico.*

fu·gi·ti·vo **1.** *adj.* y *m.* Se dice de la persona que huye. *Los fugitivos pasaron la frontera y se refugiaron en el país vecino.* **2.** *adj.* Se dice de aquello que pasa rápida o fugazmente.

ga·lón *m.* **1.** Unidad de capacidad que equivale a ocho pintas o 3.8 litros. **2.** Insignia que llevan los militares para distinguir su categoría. *Los galones de sargento son tres cintas de tela amarilla.*

ge·mir *v.* **1.** Aullar o emitir un sonido semejante al gemido humano. *El viento gemía en el valle.* **2.** Expresar con sonido o voz lastimera la pena y el dolor.
▲ **Sinónimos: 2.** quejarse, plañir, lamentarse

ge·ne·ra·ción *f.* **1.** Conjunto de personas que viven en una época determinada. **2.** Sucesión de descendientes en línea recta. *En esta foto hay tres generaciones de mi familia: mi abuelo, mi padre y yo.* **3.** Acción y efecto de generar o crear una cosa. *Prometieron la generación de nuevos puestos de trabajo.*

go·ber·nar *v.* **1.** Guiar y dirigir una embarcación. *El timonel gobierna el barco.* **2.** Ejercer la autoridad en un territorio. *Este presidente gobierna un Estado democrático.*

guar·de·rí·a *f.* Lugar donde se cuida a los niños pequeños.

ha·bla·dor *adj.* **1.** Que habla mucho **2.** Persona que por imprudencia o malicia habla más de la cuenta.
▲ **Sinónimos: 1.** locuaz; **2.** cotorra, charlatán

he·le·cho *m.* Planta de color verde intenso. Crece a la sombra de los árboles y se reproduce por esporas, como los hongos.

her·bí·vo·ro *adj.* y *m.* Animal que sólo se alimenta de vegetales y especialmente de hierbas. *Algunos herbívoros son rumiantes.*

ho·ci·co *m.* Parte alargada de la cabeza de ciertos animales, al final de la cual se encuentra su boca. *El perro se lamió el hocico al oler la comida.*
▲ **Sinónimos:** morro, jeta

ho·ri·zon·te *m.* Línea que parece formarse entre el cielo y el mar o la tierra. *Vimos ponerse el Sol en el horizonte.*

hos·ti·li·dad *f.* Actitud de quien es enemigo de alguien o de quien no es amable o amistoso.
▲ **Sinónimos:** agresión, rivalidad

hu·mi·lla·ción *f.* Hecho por el cual se pierde la dignidad o el orgullo. *Sus enemigos lo sometieron a graves humillaciones.*
▲ **Sinónimos:** afrenta, ofensa

im·pe·dir *v.* Evitar que se haga alguna cosa. *Se puso delante y me impidió salir.*
▲ **Sinónimos:** imposibilitar, dificultar

im·per·ti·nen·te *adj.* Se dice de las personas que no respetan a los demás, y de sus frases y actitudes. *Era un joven impertinente que criticaba a todo el mundo.*
▲ **Sinónimos:** insolente, fastidioso

im·por·tan·cia *f.* Valor, interés o grado de influencia de una cosa. *Tu cariño es para mí lo que más importancia tiene.*

Historia de la palabra

La palabra **importancia** deriva del verbo latino *importare*, que significa "llevar adentro".

in·ca·pa·ci·dad *f.* Falta de capacidad para hacer, recibir o aprender una cosa.
▲ **Sinónimos:** ineptitud, incompetencia, ignorancia

in·cien·so *m.* Resina de algunos árboles que al quemarse despide un humo perfumado.

in·cré·du·lo *adj.* Desconfiado, que no cree las cosas con facilidad.
▲ **Sinónimos:** receloso, escéptico

in·dí·ge·na *m.* y *f.* Originario o propio de un lugar. Se aplica especialmente a los primeros pobladores de un lugar. *Los indígenas del Amazonas conservan muchas de las costumbres de sus antepasados.*
▲ **Sinónimos:** nativo, aborigen

in·dis·cri·mi·na·do *adj.* Que no discrimina o distingue entre unos y otros. *La vejez es indiscriminada, tarde o temprano nos llega a todos.*

in·ge·nio·so *adj.* Se dice de las personas que tienen cierta facilidad para inventar cosas. *Benjamin Franklin era un hombre ingenioso.*
▲ **Sinónimos:** astuto, hábil

in·gre·dien·te *m.* Sustancia que forma parte de un compuesto. *Lee en la receta qué ingredientes necesitamos para hacer el pastel.*

i·ni·cia·ti·va *f.* Propuesta o idea que inicia algo. *La iniciativa del proyecto fue mía.*

in·men·so *adj.* Muy grande, de gran tamaño.
▲ **Sinónimos:** descomunal, enorme

in·quie·to *adj.* **1.** Intranquilo, nervioso. *Estaba inquieto esperando las notas finales del curso.* **2.** Que no se puede quedar quieto. *Es una niña muy inquieta y traviesa.*

ins·pi·ra·ción *f.* **1.** Estado favorable para la creación artística. *Escribió el poema en un momento de inspiración.* **2.** Acción de introducirse aire en los pulmones.

ins·tin·to *m.* Lo que hace cada animal por naturaleza y sin haberlo aprendido. *Mi perro Bruno ladra por instinto cada vez que oye una motocicleta.*

Historia de la palabra

La palabra **instinto** deriva del sustantivo latino *instinctus*, que significa "impulso". Esta palabra deriva, a su vez, del verbo latino *instigare*, que significa "estimular".

---

ins·ti·tu·ción *f.* Ver **organización**.

in·ter·mi·na·ble *adj.* Que no tiene o que no parece tener fin. *Tardaste tanto en venir que la espera se me hizo interminable.*
▲ **Sinónimo:** inacabable

in·ves·ti·ga·ción *f.* Proceso mediante el cual se obtiene información ya conocida o desconocida. *Después de muchos años de investigaciones, Marie Curie descubrió la radiación.*

i·ra *f.* **1.** Enojo o enfado muy fuerte. *Descargó su ira contra mí.* **2.** Actitud violenta.

▲ **Sinónimos:** cólera, furia, rabia

i·rre·gu·lar *adj.* **1.** Forma cuyos ángulos y lados no son iguales entre sí. *Esta figura geométrica es un polígono irregular.* **2.** Que no suele suceder. **3.** Palabra que no se deriva igual que otras palabras de su clase. *"Hacer" y "tener" son verbos irregulares.*

▲ **Sinónimos: 2.** desusado, infrecuente

i·rri·ga·ción *f.* Acción de regar o echar agua sobre un terreno de cultivo. *Los árabes usaban un sistema de irrigación por canales.*

Jj

ja·de·ar *v.* Respirar con dificultad por cansancio o enfermedad. *No digas que estás en forma si no puedes subir diez escalones sin jadear.*

▲ **Sinónimos:** ahogarse, fatigarse

Ll

la·be·rin·to *m.* **1.** Lugar de caminos, cruces y calles sin salida, hecho a propósito para dificultar la salida de quien entra en él. **2.** Poema hecho de tal manera que sus versos puedan leerse al derecho y al revés, o de otras maneras. **3.** Parte interna del oído de los vertebrados.

la·ce·rar *v.* Lastimar o herir. *Se laceró las rodillas al caerse.*

li·mi·tar·se *v.* **1.** Hacer sólo lo que se espera de uno. *Limítate a hacer lo que te dije.* **2.** Ponerse límites.

Mm

ma·gu·lla·do *adj.* Se dice de la persona a la que le duele el cuerpo por algún golpe o esfuerzo físico.

▲ **Sinónimos:** lesionado, lastimado

ma·lo·lien·te *adj.* Que desprende mal olor. *Tuvo náuseas al entrar en aquella casa sucia y maloliente.*

ma·nan·tial *m.* Lugar donde sale agua de la tierra.
▲ **Sinónimos:** nacimiento, fuente, venero

man·dí·bu·la *f.* Cada una de las dos piezas duras que forman la boca de los vertebrados y de los insectos masticadores.

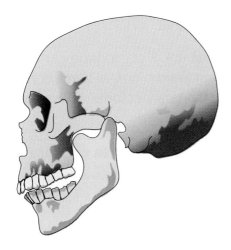

man·tra *m.* Oración breve y repetitiva de la religión hinduista.

ma·ra·vi·lla *f.* Suceso o cosa que causa admiración. *Fue una maravilla que llegaras a tiempo.*
▲ **Sinónimos:** prodigio, milagro

mar·que·si·na *f.* Especie de cubierta o tejado para resguardarse de la lluvia en paradas de autobús, entradas de edificios, etc.

mas·co·ta *f.* **1.** Animal doméstico de compañía. *Los perros y los gatos son las mascotas preferidas de mi clase.* **2.** Persona, animal o cosa que trae buena suerte. *Lleva una mascota al examen porque cree que así aprobará.*

ma·ter·no *adj.* Relativo a la madre. *Mi lengua materna es el español, porque es la primera que aprendí.*

ma·yo·ri·ta·rio *adj.* Se dice de aquello que representa la mayor parte de algo. *El idioma mayoritario en Estados Unidos es el inglés, porque es el que más se habla.*

me·dio am·bien·te *m.* El suelo, el aire, el agua y todas las demás cosas que rodean a una persona, animal o planta. *La industria contamina mucho el medio ambiente.*

me·mo·ri·zar *v.* Aprender algo de memoria, como un poema, un número de teléfono, etc.
▲ **Sinónimo:** retener

me·ne·ar *v.* Mover una cosa de un lado a otro. *El viento meneaba las hojas de los árboles.*
▲ **Sinónimos:** agitar, sacudir

men·ta *f.* Planta de la que se extrae un ingrediente de sabor refrescante muy utilizado en la fabricación de caramelos, licores, pastas de dientes y otros productos.

me·ta *f.* **1.** Lugar donde termina una carrera de atletas, de caballos, etc. *La atleta mexicana atravesó la meta en primer lugar.* **2.** Portería de algunos deportes. *El delantero perdió una buena oportunidad de gol cerca de la meta.*
▲ **Sinónimo: 1.** llegada

mi·cros·co·pio *m.* Aparato que sirve para observar objetos o detalles muy pequeños que no se pueden ver a simple vista. *Las bacterias no pueden verse si no es con un microscopio.*

mi·le·na·rio *adj.* **1.** Que tiene mil o más años de antigüedad. *Las pirámides de Egipto son monumentos milenarios.* **2.** Aniversario número mil de un hecho histórico. *Este año se cumple el segundo milenario del nacimiento de Cristo.*

mu·che·dum·bre *f.* Reunión de muchas personas, animales o cosas. *Se reunió una muchedumbre que no paraba de gritar.*
▲ **Sinónimo:** multitud

mu·dar *v.* **1.** Cambiar ciertos animales de piel y de plumas. *Las culebras mudan de piel.* **2.** Cambiar de forma, de lugar, etc. *Luis se ha mudado a mi barrio.*

mur·mu·rar *v.* **1.** Hablar muy bajo, o producir un ruido muy suave, como el de la brisa. **2.** Hablar mal de alguien.
▲ **Sinónimo: 1.** susurrar

na·tal *adj.* Relacionado con el nacimiento o con el lugar donde ha nacido una persona. *Mi ciudad natal es San Diego.*

> **Historia de la palabra**
>
> La palabra **natal** procede del término latino *nasci*, que significa "nacer".

ne·bli·na *f.* Niebla espesa y baja.
▲ **Sinónimo:** bruma

neu·má·ti·co **1.** *adj.* Se dice de los aparatos o máquinas que funcionan con aire. **2.** *m.* Tubo de goma lleno de aire que sirve de llanta a las ruedas del auto, bicicleta, etc.

ní·ve·o *adj.* Del color de la nieve. *El poeta cantó la blancura de la nívea espuma del mar.*
▲ **Sinónimos:** albo, blanco

o·cul·tar *v.* **1.** Esconder, tapar. **2.** No decir a propósito algo que se debiera decir.
▲ **Sinónimos: 1.** cubrir; **2.** callar, omitir

o·pí·pa·ra·men·te *adv.* De manera abundante y satisfactoria. *Comimos opíparamente.*

o·po·nen·te *m.* y *f.* Persona o grupo que se enfrenta a otra persona u otras en una discusión, competición, etc. *Se enfrentó a sus oponentes con gran valor y logró derrotarlos.*

or·den ver·bal *f.* Palabra generalmente corta y sonora que se le dice a un animal para que obedezca.

or·ga·nis·mo *m.* Ser vivo. *Los animales y las plantas son organismos.*

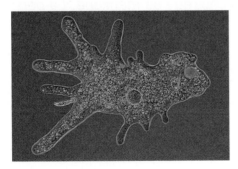

or·ga·ni·za·ción *f.* Grupo de personas asociadas con un fin común y sujetas a una serie de normas.
▲ **Sinónimos:** asociación, institución

o·ri·gi·nal *adj.* **1.** Del principio. *El plan original era viajar a Texas, pero cambiamos de idea y fuimos a California.* **2.** Que no es copia de otra cosa; que es nuevo y diferente, como un cuadro o una película fuera de lo común. **3.** *m.* Escrito que se envía a la imprenta para realizar su impresión. *El original de un libro, por lo general, se escribe en la computadora.*
▲ **Sinónimo: 1.** inicial

Historia de la palabra

La palabra **original** deriva del verbo latino *oriri*, que significa "salir los astros". De ahí viene también la palabra *oriente*, que es por donde sale el Sol.

pa·cien·te 1. *m.* y *f.* Persona enferma o herida que es tratada por un médico o enfermero. *Un médico debe ser amable con sus pacientes.* **2.** *adj.* Que puede esperar, o soportar cosas desagradables con paciencia. *Tienes que ser paciente y callarte hasta que todo se solucione.*
▲ **Sinónimo: 2.** tolerante

pa·cí·fi·ca·men·te *adv.* Aquello que se hace con tranquilidad y sin violencia.

pan·ta·no·so *adj.* Se dice de los terrenos de zonas bajas donde se acumula el agua y que tienen el fondo fangoso.

▲ **Sinónimos:** encharcado, cenagoso

pa·rá·si·to *adj.* Se dice de la planta o animal que se alimenta a costa de otro ser vivo. *Las pulgas son criaturas parásitas de los perros.*

par·lan·te *adj.* Que habla. *Tita tiene un loro parlante que siempre repite: "Lorito quiere cacao".*

par·ti·cu·lar·men·te *adv.* Manera de suceder alguna cosa con más énfasis que otras. *Me gusta mucho la fruta y particularmente las fresas.*

▲ **Sinónimos:** especialmente, en particular

pas·ma·do *adj.* Sin saber qué hacer o qué decir; atontado. *No te quedes pasmado y échame una mano.*

▲ **Sinónimos:** asombrado, atónito, estupefacto

pas·tar *v.* Comer hierba o pasto los animales herbívoros, como las ovejas y las vacas.

▲ **Sinónimo:** pacer

pedigree *m.* Palabra inglesa que se refiere a la genealogía o ascendencia de un animal.

pe·ren·ni·fo·lio *adj.* Se dice de los árboles que conservan sus hojas durante el invierno.

▲ **Sinónimo:** de hoja perenne

per·ju·di·car *v.* Causar daño o perjuicio. *El tabaco perjudica la salud.*

▲ **Sinónimos:** dañar, damnificar

per·sis·ten·te *adj.* **1.** Que dura mucho, que se mantiene. *La persistente nevada duró toda la noche.* **2.** Que conserva una idea o una actitud.

▲ **Sinónimos: 1.** prolongado; **2.** perseverante, tenaz, obstinado

pi·car *v.* **1.** Morder las aves y ciertos reptiles, o hincar el aguijón un insecto. *Mi papá y yo fuimos a acampar y nos picaron los mosquitos.*
2. Producir escozor. *Me pica la nariz.*
3. Morder un pez el anzuelo. *¿Cuántos peces han picado hoy?*

pi·car·dí·a *f.* **1.** Travesura de muchachos. **2.** Astucia y habilidad en la forma de actuar, a fin de conseguir algo en provecho propio. *Me lo preguntó con picardía, a ver si conseguía sacarme información.*

pin·cho *m.* Objeto en forma de punta. *El erizo tiene el cuerpo cubierto de pinchos.*
▲ **Sinónimo:** aguijón

piz·car *v.* En México y el sudoeste de Estados Unidos, recoger los frutos de la tierra.
▲ **Sinónimos:** cosechar, recolectar

pla·ni·fi·ca·ción *f.* Acto de hacer un plan antes de actuar.

plan·ta·ción *f.* **1.** Haciendas del sur de Estados Unidos, donde se cultivaba algodón, tabaco y otros productos mediante la explotación de esclavos de origen africano.
2. Terreno en el que se cultivan plantas de una misma clase. *Es una familia muy rica que tiene varias plantaciones de café.*

plantación

por cien·to *m.* Relación matemática que se emplea para expresar la razón de una parte con el todo, al que se da un valor de cien. *La mitad de los estudiantes de mi clase, o sea el 50 por ciento, son niñas.*

po·ro *m.* Orificio diminuto de la piel de los animales y las hojas de las plantas. Los poros son tan pequeños que no se pueden ver a simple vista. *El sudor sale por los poros de la piel.*

por·tal *m.* Parte delantera de la casa, donde se encuentra la entrada principal. *Los buzones de todos los vecinos están en el portal.*
▲ **Sinónimos:** zaguán, umbral

por·tá·til *adj.* Que se puede llevar de un lado a otro fácilmente. *Manuel lleva todos los días su computadora portátil a la escuela.*
▲ **Sinónimos:** movible, transportable

pre·ca·vi·do *adj.* Se dice de las personas que saben prevenir un daño o riesgo. *Es muy precavida y siempre lleva el pasaporte en el bolso por si acaso tiene que viajar.*

pre·ci·pi·tar·se *v.* Arrojarse, lanzarse, abalanzarse. *El pájaro vio un pez y se precipitó al agua para atraparlo.*

pre·ci·sa·men·te *adv.* Justa y determinadamente, con precisión. *Tengo la cabeza enorme; por eso, precisamente, me compré el sombrero de la talla más grande.*

pre·jui·cio *m.* Idea o creencia que se tiene de una cosa antes de conocerla. *Suponer que todos los mexicanos llevan sombrero es un prejuicio.*
▲ **Sinónimos:** parcialidad, aprensión

pre·o·cu·par *v.* Pensar con inquietud en la posibilidad de que pueda o no suceder algo malo. *Me preocupa el futuro de mis hijos.*
▲ **Sinónimos:** inquietar, intranquilizar

pro·nun·cia·ción *f.* Manera en que se articulan los sonidos al hablar.

pro·vi·sión *f.* Abastecimiento de alimentos, materiales, etc. *Iremos al supermercado porque nos hemos quedado sin provisiones.*

pro·yec·to *m.* **1.** Propósito o plan de hacer alguna cosa. **2.** Conjunto de cálculos que indican cómo ha de ser y cuánto costará una obra de arquitectura o ingeniería.
▲ **Sinónimos: 1.** deseo, idea; **2.** plano

que·re·que·té *m.* Pájaro de color pardo y alas negras que vive en América del Norte, Puerto Rico, Jamaica y Cuba. Es un ave migratoria. Su nombre se debe al parecido de su canto con las sílabas *que-re-que-té.*

Rr

ra·bi·ca·í·do *adj.* Se dice de los perros, cuando tienen la cola entre las patas porque están tristes o tienen miedo.

ra·dian·te *adj.* **1.** Que brilla con intensidad. *Era mediodía y nos iluminaba un sol radiante.* **2.** Contento, muy satisfecho. *Iba radiante a recoger el premio.*
▲ **Sinónimos: 1.** brillante, resplandeciente; **2.** feliz, alegre

ra·íz *f.* **1.** Origen o principio de una cultura, etc. **2.** Parte subterránea de las plantas que absorbe las materias necesarias para su crecimiento. **3.** Parte de los dientes de los vertebrados que está dentro de los huecos de las mandíbulas.

ras·ca·cie·los *m.* Edificio de gran altura y muchos pisos.

ra·zo·na·dor *adj.* Que piensa o reflexiona.

re·ci·tar *v.* Decir versos, discursos y, en general, textos literarios en voz alta y de memoria.
▲ **Sinónimo:** declamar

re·li·quia *f.* **1.** Objeto de cierta antigüedad que tiene valor sentimental. *Este reloj que perteneció a mi abuelo es una reliquia.* **2.** Parte del cuerpo de un santo o posesión de éste, que es objeto de veneración.

re·ma·te *m.* Fin, extremo o punta. *Este alfiler de corbata lleva un brillante como remate.*

re·men·dar *v.* **1.** Unir con aguja e hilo dos extremos de una prenda de vestir rasgada; coser. **2.** Hacer un arreglo frágil y provisional.
▲ **Sinónimo: 1.** zurcir

Historia de la palabra

La palabra **remendar** deriva del verbo latino *emendare*, que significa "corregir las faltas".

---

re·pa·rar *v.* Arreglar o poner en buen estado. *Mi mamá llevó a reparar el televisor que se había dañado.*
▲ **Sinónimos:** componer, enmendar

re·pen·ti·no *adj.* Que sucede inesperadamente, de repente y sin aviso. *Su repentina partida nos sorprendió a todos.*
▲ **Sinónimos:** imprevisto, inesperado

re·po·sar *v.* **1.** Apoyar o poner sobre algo. *Juan reposa la barbilla en las manos cuando lee un libro.* **2.** Descansar del trabajo.

rep·til *m.* Se dice de los animales vertebrados de temperatura variable y respiración pulmonar, que por no tener pies o tenerlos muy cortos, caminan rozando la tierra con el vientre, como las culebras, los caimanes y las tortugas.

re·que·rir *v.* Necesitar o hacer necesaria alguna cosa. *Este problema de matemáticas es muy difícil y requiere mucho esfuerzo.*
▲ **Sinónimos:** precisar, exigir, demandar

re·sig·nar·se *v.* Aceptar algo que no se puede cambiar. *La familia de Tina se mudó y ella tuvo que resignarse a cambiar de escuela.*
▲ **Sinónimo:** conformarse

re·tro·ce·der *v.* Volver o ir hacia atrás. *Se me cayó la bufanda y tuve que retroceder para recogerla.*

reu·ma *m.* Enfermedad que provoca dolor en los huesos y en los músculos.

sa·lu·da·ble *adj.* Que sirve para recuperar o mantener el buen estado de la salud. *Las verduras son un alimento muy saludable.*
▲ **Sinónimos:** sano, fortalecedor

sa·to *adj.* En Puerto Rico y Cuba, perro que no pertenece a ninguna raza especial; callejero.

sa·tis·fe·cho *adj.* **1.** Contento, complacido o conforme. *La maestra estaba satisfecha con mi tarea.* **2.** Que ha calmado una necesidad o deseo, como comer, beber, etc. *Tenía mucha sed, pero me tomé un vaso de agua y quedé satisfecho.*
▲ **Sinónimo: 2.** saciado

Historia de la palabra

La palabra **satisfecho** deriva de la expresión latina *ad satis*, que significa "de manera suficiente".

---

se·gre·ga·ción *f.* Acción de separar una cosa del conjunto en el que estaba. // **segregación racial** Conjunto de leyes y costumbres por las que se niegan ciertos derechos a un grupo racial.

Si·be·ria *n.p.* Región natural de la Confederación Rusa, que ocupa aproximadamente la cuarta parte del continente asiático. Es uno de los lugares más fríos del mundo, con una temperatura media en invierno de -40 °C.

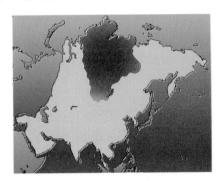

si·glo *m.* **1.** Cada periodo de cien años, empezando desde el nacimiento de Jesucristo. *América se descubrió en el siglo XV.*

sim·bó·li·co *adj.* Se dice de lo que tiene un sentido dado por las personas para representar una idea moral o intelectual. *La paloma es el animal simbólico de la paz.*

so·fo·car *v.* **1.** Ahogar, hacer perder la respiración. *Los asmáticos se sofocan fácilmente.* **2.** Causar vergüenza o bochorno.
▲ **Sinónimos: 1.** asfixiar; **2.** avergonzar, abochornar

sub·sue·lo *m.* Terreno que está debajo del suelo. *El metro va por el subsuelo de la ciudad.*

su·ma·men·te *adv.* Palabra que da un grado superlativo al adjetivo que va después de ella. *Raúl es sumamente listo.*
▲ **Sinónimo:** muy

ta·pa·ra *f.* Vasija hecha con el fruto seco y vacío de un árbol que se llama taparo o calabacero.

ta·ra·re·ar *v.* Cantar entre dientes sin articular las palabras. *Mientras se ducha, siempre tararea una canción.*

ti·tu·be·ar *v.* **1.** Dudar, hacer las cosas con poca decisión. *Si le propones que vaya contigo a la fiesta, a lo mejor titubea al principio, pero seguro que acaba aceptando.* **2.** Pronunciar las palabras con torpeza. *El testigo estaba tan nervioso que titubeaba constantemente.*
▲ **Sinónimos: 1.** vacilar; **2.** balbucear

to·ne·la·da *f.* **1.** En el sistema métrico, peso equivalente a mil kilos. **2.** En el sistema inglés, peso equivalente a dos mil libras.

tra·di·cio·nal *adj.* **1.** Se dice de la persona que actúa según las costumbres y tradiciones. **2.** Se dice de lo que tiene relación con el conjunto de costumbres, ideas y creaciones artísticas de un pueblo, que pasan de una generación a otra.

trans·pa·ren·te *adj.* Se dice del cuerpo a través del cual puede verse claramente. *El agua es transparente.*

tras·lú·ci·do *adj.* Se dice del cuerpo a través del cual pasa la luz pero no la imagen. *Los cristales de la ventana de mi cuarto de baño son traslúcidos.*

tra·ta·mien·to *m.* **1.** Sistema o modo para curar enfermedades. *El enfermo responde al tratamiento y mejora.* **2.** Comportamiento o manera de portarse, de proceder o de hablar con una persona o un animal. *Todos merecemos un tratamiento respetuoso.*
▲ **Sinónimos: 1.** terapia; **2.** trato

tú·ni·ca *f.* Prenda de vestir larga parecida a una capa. *El mago lleva una túnica azul con estrellas bordadas.*

u·ten·si·lio *m.* Herramienta o instrumento con el que se realiza un trabajo.

ve·loz·men·te *adv.* Que se mueve rápido o con velocidad.
▲ **Sinónimos:** rápidamente, apresuradamente

ver·so *m.* Cada línea de un poema que, generalmente, se mide en sílabas.

vio·len·to *adj.* **1.** Con fuerza y brusquedad. **2.** Se dice de las personas proclives a la violencia.

vo·ci·fe·rar *v.* Dar voces o gritos. *Deja de vociferar, que vas a despertar al niño.*
▲ **Sinónimos:** gritar, vocear

zan·ja *f.* Excavación u hoyo largo que se hace en la tierra para echar cimientos, conducir agua, etc. *La calle está en obra y llena de zanjas.*
▲ **Sinónimo:** trinchera

ACKNOWLEDGMENTS

The publisher gratefully acknowledges permission to reprint the following copyrighted material:

"Barcos" by Alberto Blanco from THE TREE IS OLDER THAN YOU ARE: A bilingual Gathering of Poems and Stories from México, selected by Naomi Shihab Nye. Copyright © 1995 Simon & Schuster Books for Young Readers. Used by permission of the publisher.

"Cajas de cartón" by Francisco Jiménez from *The Bilingual Review*, Volume 4, Numbers 1 and 2, 1977. Copyright © Francisco Jiménez. Used by permission of the author.

"Compañeros de equipo" translation of TEAMMATES from TEAMMATES by Peter Golenbock, text copyright © 1990 by Golenbock Communications, reprinted by permission of Harcourt Brace & Company.

"Dos venaditos" by Nicolás Guillén. Copyright © by Heirs of Nicolás Guillén and Agencia Literaria Latinoamericana. Used by permission of the publisher.

Excerpt from "Ecopoemas" from NICANOR PARRA, ANTIPOEMS: NEW AND SELECTED edited by David Unger. © Editorial Universitaria, S.A., 1969. Copyright © 1985 by Nicanor Parra. Reprinted by permission of Editorial Universitaria and New Directions Publishing Corp.

"El arroz del rajá" translation of THE RAJAH'S RICE from THE RAJAH'S RICE by David Barry, illustrated by Donna Perrone. Text Copyright © 1994 by David Barry. Art copyright © 1994 by Donna Perrone. Used with permission of the Author and Bookstop Literary Agency.

"El béisbol nos salvó" translation of BASEBALL SAVED US by Ken Mochizuki, illustrated by Dom Lee. Text copyright © 1993 by Ken Mochizuki. Illustrations copyright © 1993 by Dom Lee. Permission granted by Lee & Low Books Inc., 95 Madison Avenue, New York, NY 10016.

"El gran regalo" from CUENTOS DEL AÑO 2100 by Aarón Cupit. Published by Doncel. Extensive research failed to locate the author and/or copyright holder of this work.

"El Lago Perdido" translation of THE LOST LAKE by Allen Say. Copyright © 1989 by Allen Say. Reprinted by permission of Houghton Mifflin Company. All rights reserved.

"El lápiz poeta" by Jesús Carlos Soto Morfín from THE TREE IS OLDER THAN YOU ARE: A Bilingual Gathering of Poems and Stories from Mexico, selected by Naomi Shihab Nye. Copyright © 1995 Simon & Schuster Books for Young Readers. Used by permission of the publisher.

"El millonario de la pasta de dientes" translation of THE TOOTH-PASTE MILLIONAIRE by Jean Merrill. Copyright © 1972 by Houghton Mifflin Company. Adapted and reprinted by permission of Houghton Mifflin Company. All rights reserved.

"El viaje de las focas" translation of SEAL JOURNEY from SEAL JOURNEY by Richard and Jonah Sobol. Copyright © 1993 Richard Sobol, text and photographs. Used by permission of Cobblehill Books, an affiliate of Dutton Children's Press, a division of Penguin Putnam, Inc.

"En el autobús con Joanna Cole" translation of ON THE BUS WITH JOANNA COLE excerpt from *On the Bus with Joanna Cole: A Creative Autobiography* by Joanna Cole with Wendy Saul. Copyright © 1996 by Joanna Cole. Published by Heinemann, a division of Reed Elsevier Inc. Reprinted by permission of the Publisher. Illustration on page 349 by Bruce Degen from THE MAGIC SCHOOL BUS INSIDE THE HUMAN BODY by Joanna Cole. Illustration copyright © 1989 by Bruce Degen. Reprinted with permission of Scholastic, Inc. THE MAGIC SCHOOL BUS is a registered trademark of Scholastic, Inc.

"Fábula del ciempiés" by Javier Villafañe. Copyright © by Heirs of Javier Villafañe. Used by permission.

"Fuego infantil" by Luis Palés Matos from CULTIVO UNA ROSA BLANCA by Alfonso Chase Brenes. Copyright © by Heirs of Luis Palés Matos. Used by permission.

"Giro final" translation of FINAL CURVE by Langston Hughes from MY BLACK ME: A Beginning Book of Black Poetry, edited by Arnold Adoff. Copyright © 1974. Used by permission of Dutton Books, a division of Penguin Putnam, Inc.

"La mejor amiga de mamá" translation of MOM'S BEST FRIEND by Sally Hobart Alexander, photographs by George Ancona. Text copyright © 1991 by Elizabeth Fitzgerald Howard. Photographs copyright © 1992 by George Ancona. Used with permission of the Author and Bookstop Literary Agency. All rights reserved.

"La piedra del zamuro" from LA PIEDRA DEL ZAMURO by Rafael Rivero Oramas, illustrated by Susana López. Text © Rafael Rivero Oramas. © 1981, Ediciones Ekaré. Av. Luis Roche, Edif. Banco del Libro. Altamira Sur. Caracas 1062 Venezuela. Used by permission of the publisher.

"La tarta de miel" from LOS BATAUTOS by Consuelo Armijo. © Consuelo Armijo, 1982. Used by permission of the author.

"La tortuga" from JUEGOS Y OTROS POEMAS by Mirta Aguirre. Copyright © by Heirs of Mirta Aguirre and Agencia Literaria Latinoamericana. Used by permission.

"Las sandalias de hierba" translation of GRASS SANDALS / THE TRAVELS OF BASHO by Dawnine Spivak, illustrated by Demi. Text copyright © 1997 by Dawnine Spivak, illustrations copyright © 1997 by Demi. Reprinted by permission of Atheneum Books for Young Readers, Simon & Schuster Children's Publishing Division. All rights reserved.

"Lección" by José Antonio Dávila from POESÍA PUERTORRI-QUEÑA PARA LA ESCUELA ELEMENTAL by Carmen Gómez Tejera, Ana María Losada, Jorge Luis Porras. Copyright © 1958 by Estado Libre Asociado de Puerto Rico. Reprinted by permission of the publisher.

"Lechuza" from JAULA ABIERTA by Alberto Serret. Copyright © by Instituto Cubano del Libro. Used by permission of the publisher.

"Los tres pichones" from CABALLITO BLANCO by Onelio Jorge Cardoso. © Onelio Jorge Cardoso. © Lóguez Ediciones. Used by permission of the publisher.

"Pregón" by Antonio Ramírez Granados from DÍAS Y DÍAS DE POESÍA by Alma Flor Ada. Copyright © by Antonio Ramírez Granados. Used by permission of the author.

"Sólo un sueño" translation of JUST A DREAM from JUST A DREAM by Chris Van Allsburg. Copyright © 1990 by Chris Van Allsburg. Reprinted by permission of Houghton Mifflin Company.

"Tatica" from CUENTOS PARA CHICOS Y GRANDES by Hilda Perera. © Hilda Perera, 1980. © Susaeta Ediciones. Used by permission of the publisher.

"Un lugar llamado Libertad" translation of A PLACE CALLED FREEDOM by Scott Russell Sanders, illustrated by Thomas B. Allen. Text copyright © 1997 by Scott Russell Sanders. Illustrations copyright © 1997 by Thomas B. Allen. Reprinted by permission of Atheneum Books for Young Readers.

Cover Illustration
Barbara Lambase

Design
Electronic Production: Kirchoff/Wohlberg, Inc.

Illustration
David Galchutt, 16-17; Gail Piazza, 44-59; Vilma Ortiz-Dillon, 60-61, 117-118, 217, 313, 576, 579, 586; Greg Couch, 98-99; Gerardo Suzán, 100-101; Andy San Diego, 104-115; J. W. Stewart, 190-191; Fredric Winkowski, 194-215; Claude Martinot, 292-293; Bruno Paciulli, 294-295; Randy Hamblin, 298-311; Michael DiGiorgio, 313, 343, 409, 581-582, 587, 595; Biruta Akerburgs Hansen, 320-321, 326-327, 334-335, 338-339; Joe Veno, 320-341 (leaves); Daniel Craig, 384-385; Fabricio Vanden Broeck, 386-387; Lindy Burnett, 390-407; Robert Casilla, 474-475; Linda Wingerter, 476-477; Andy San Diego, 498-521 (borders); David Catrow, 528-549; Shawn Banner, 564-565.

Photography
18-19: c. Fine Art Photographic Library, London/Art Resource, NY. 42-43: Judith F. Baca, 1990; c. SPARC, Venice, CA. 44: Courtesy of Francisco Jiménez. 64-65: c. Shelburne Museum. 88-89: c. E. A. Barton Collection, England. 102-103: Christie's Images/Superstock. 117: Mark Tomalty/Masterfile. 120-121: c. MPTV. 152-153: c. The Bridgeman Art Library International Ltd. 178-179: c. The Bridgeman Art Library International Ltd. 188-189: Richard Haynes. 192-193: Hermitage Museum, St. Petersburg/Scala/Art Resource. 215: Courtesy of Hilda Perera. 220-221: c. The Bridgeman Art Library International Ltd. 254-255: c. The Phillips Collection. 282-283: c. Cordon Art B.V. 296-297: Private Collection/Superstock. 316-317: Wally Findlay Galleries, NY/Superstock. 318-319: Maurice & Sally Landre/Photo Researchers. 320-321: Index Stock Intl. 322: Martin Wendler/Peter Arnold. 323: Richard Weymouth Brooks/Photo Researchers. 325: Will & Deni McIntyre/Photo Researchers. 327: t.l. Renate Hope/Photo Researchers; r. Martin Wendler/Peter Arnold.

328-329: Gregory G. Dimijian/Photo Researchers. 329: r. Leonard L. Rue, Jr./Photo Researchers. 330: Victor Engelbert/Photo Researchers. 331: Jacques Jangoux/Peter Arnold. 332: Renée Lynn/Photo Researchers. 334: François Gohier/Photo Researchers. 336: Farrell Grehan/Photo Researchers. 337, 339: Ray Pfortner/Peter Arnold. 340: Joseph Nettis/Photo Researchers. 346-347: c. Private Collection. 371: Mark Tomalty/Masterfile. 374-375: c. The Bridgeman Art Library International Ltd. 388-389: Milwaukee Art Museum, Gift of Mrs. Harry Lynde Bradley. 407: Courtesy of Editorial Lóguez. 409: PhotoDisc. 412-413: c. Millenium Pictures. 432-433: c. Art Resource. 464-465: c. The Bridgeman Art Library Ltd. 478-479: c. Jonathan Green. 480-481: National Baseball Library, Cooperstown, NY; m. Brooklyn Public Library, Brooklyn Collection, The Eagle Collection. 482-483: National Baseball Library, Cooperstown, NY. 484-485: National Baseball Library, Cooperstown, NY. 485: b.l. Courtesy of National Baseball Library, b.r. Courtesy AP/Wide World Photos. 486: t.l. Courtesy of AP/Wide World Photos. 486-487: m. National Baseball Library, Cooperstown, NY. 487: b.l. From the Private Collection of Herb Ross. 488-489: National Baseball Library, Cooperstown, NY. 490: t., b. From the Private Collection of Herb Ross. 490-491: m. National Baseball Library, Cooperstown, NY. 491: m.l. Rhonda Sonnenberg. 496-497: c. Christies Images. 498: Courtesy of Ediciones Ekaré-Banco del Libro; Courtesy of Susana López. 523: PhotoDisc. 526-527: c. Motion Picture and Television Archives. 554-555: c. The Bridgeman Art Library Ltd. 568: Chris Noble/Tony Stone Images. 569: François Gohier/Photo Researchers. 570: Daniel Cox/Tony Stone Images. 572: Tom Brakefield/The Stock Market. 574: Bob Elsdale/The Image Bank. 575: Gary Vestal/Tony Stone Images. 577: Claude Charlier/The Stock Market. 578: Georg Gerster/Photo Researchers. 580: Tim Davis/Tony Stone Images. 585: Victor Englebert/Photo Researchers. 589: Robert Brons/Tony Stone Images. 590: Charles Krebs/The Stock Market. 591: The Stock Market. 592: John W. Bova/Photo Researchers. 593: James Blank/The Stock Market. 596: Renee Lynn/The Stock Market.